U0111623

大展好書　好書大展
品嘗好書　冠群可期

大展好書　好書大展
品嘗好書　冠群可期

武學釋典：45

太極拳譜釋義

太極拳理的文化學分析

修訂本

阮紀正　著

大展出版社有限公司

太極拳道

　　阮紀正，廣東省社會科學院退休研究員，男，1944年生，廣東中山沙溪聖獅村人。1957年起自學習武，1959年初改練太極拳，為民間知名業餘太極拳師。1968年畢業於北京大學哲學系，曾長期在47軍農場和湖南城步苗族自治縣勞動鍛鍊，當過農村基層幹部、縣五七幹校教員，又從事過水稻雜交制種等工作，並當過縣民族中學教員。

　　1980年12月調回廣東從事建材技工教育，又曾兼職廣州武術館教練、廣州精武體育會太極拳總教練等，曾任中國武術學會第二屆委員、廣州體育科學學會常務理事兼體

育史分會顧問，廣州武術協會顧問、佛山武術協會名譽會長，並兼粵、港多個武術團體顧問；1984年底因武術提供機遇「專業歸口」調廣東省社科院從事理論研究工作，曾任哲學原理研究室主任並聘為哲學研究員，還兼廣東省哲學學會、廣東省系統工程學會等多種學術團體理事。

2004年退休後，轉本院老專家工作室工作，並一度受聘為廣州體育學院武術系教授和廣東省政府參事、暨南大學中印比較研究所兼職研究員等等。現已全面退休，但仍掛名廣東省儒學學會常務理事、廣東省老子文化學會顧問，仍掛常務理事、廣東省文化傳播學會副會長、廣東省國學教育促進會副會長等。

目 錄

| 太極拳譜釋義 太極拳理的文化學分析

｜序｜

煙雨看透是青山

余功保

在中國禪宗的公案中，有一則著名的論述認知境界的說法，即參禪之初，「看山是山，看水是水」；禪有所悟時，「看山不是山，看水不是水」；到了徹悟之時，「看山仍然是山，看水仍然是水」。這既是禪修的境界，也被認為是人生的三個境界。

其實，太極拳的習練、研究，也同樣可依照這三個境界來認識、感悟。

初學太極拳，我們所接觸到的一招一式，清晰明確，拳就是拳，規律性很強，依照拳的規則練拳，中規中矩，即為「學會」，此時「看拳是拳」。進一步深造，逐漸感悟到招式之外的許多東西，對每一練法、要領，在不同階段體會有所不同，對傳統的拳理、拳論，不同的人有不同的解析，自己讀來，從不同角度看，有不同的認知，於是拳有了很大的不確定性，「拳又不是拳」了，這一階段會產生很多的困惑、迷惑。這種「惑」便是進步的台階，就是有了自己的感悟，拳由別人的東西練成了自己的東西，此即為「學好」。

到了第三階段，對許多疑惑有了答案，或有了自己的解決方法、思路，原來看似複雜的「紛紛擾擾」，都變得簡單了，即為「學成」，「看拳又是拳」了。

一般學拳的人都能達到第一種境界。一部分人透過努力，勤奮鍛鍊，用心思索，也能實現第二種境界。但要體驗到第三種境界的妙處，並非所有習拳者都能有此「造化」。需要有好的老師指導，有對拳的「悟性」，有堅持不懈地長期鍛鍊等諸多條件的合成，其中一個重要的有效因素，就是研讀好的、高水準的太極拳研究著作。

阮紀正先生所著的《太極拳譜釋義——太極拳理的文化學分析》就是這樣一本值得學拳者閱讀的書。

這是一本研究中國太極拳古典拳論和太極拳思想的書，而且研究的是太極拳歷史上最為著名、最為重要的典籍，王宗岳的《太極拳論》，並且以此為核心，對中國太極拳的理論體系進行了全面解析。應該說，這是一項難度性較大的工作。所以長期以來，很少有人進行如此全面的精細探考，現在阮紀正先生得以實現這一課題的研究，並將成果問世，對太極拳研究是具有很積極的意義的。

太極拳是一種知性技術，要完整、精準地把握它，除了技術要領的理解之外，要有一定的理論修養。研究古典拳論無疑是一種提高理論修養的良好途徑，也是被實踐證明了的有效途徑。

但古典拳論對於今天的人們來說，還是存在一定的難點：

難點之一，是語言問題。古今文字有一定差異，古文字的一字多義，一些字對今天的閱讀者來說還存在一定的

歧義等，都會給當代人閱讀古典拳論帶來一定的障礙。

難點之二，語境問題。同樣的字、詞在不同的背景中，含義有了變化。在拳論中，某些詞也具有了特定的指義，如果不瞭解太極拳的特性，不熟悉太極拳的語境，在理解上可能產生偏差。

難點之三，語義問題。文字表面上的含義，和它所蘊含的拳學精義，往往不是簡單的對應，望文生義就容易產生理解上的偏差。

難點之四，語感問題。就是太極拳論的書面語言與具體的技術規範之間的對應與感受。

太極拳論來源於實踐，並非空洞的泛泛之論，而是具有確切的實際意義，是在習練中有「感」而「應」，將書面語言與實踐操作準確貫通，這不僅要求閱讀者、研究者有較高的理論素養，還要有深刻的實踐體會。

王宗岳太極拳論研究類似於數論上的「哥德巴赫猜想」，既易又難。

易者，凡練拳者，到處都是說王宗岳拳論者，已被說濫，乃至流俗。無論怎樣都能說出點東西。

難者，正因為已經流俗，若能雅，說出自己的東西，就很不容易了。它是最基礎，卻又是最艱深。

研究王宗岳太極拳論較之其他拳譜面臨更多的難點。

阮紀正先生經由多年的積累，突破了許多障礙，克服了諸多的難點，呈現了一本完整的太極拳研究佳作。

紀正先生是我的學長，他 1968 年畢業於北大哲學系。在他身上依然看到濃郁的北大學人的風骨氣概。

與紀正先生初次相識是 1989 年，在成都體院舉行的

第二屆全國武術科學論文研討會上。那也可稱得上是一次群賢畢至的「武林學術盛會」，參會的許多人後來都成了武術界學術研究上獨當一面的權威。紀正先生的武術研究論文《試談太極拳的文化學研究》備受矚目，作了大會報告，並獲優秀論文獎。因為是北大校友，自然交流多些，談到很多武術研究方面的觀點、課題，印象中那是非常流暢的對話。

其後多年中，無論是見面的交談，還是電子郵件的往來，對太極拳研究的許多方面我們都進行了廣泛的溝通，而在這過程中，我深深感受到紀正先生對太極拳的「深情」。

太極拳研究不是紀正先生的本職工作，也並沒有給他帶來什麼「功利」的收穫。但他始終對太極拳傾注了滿腔的熱情，並且將自己的許多精力、時間投入其中，數十年不輟，其用心之專，涉獵之廣，恆持之久，即使是武術專業人員也比較罕見。在青年時期學習太極拳時，他遍訪百家，廣會名手，練套路，練推手，嘗試各種流派的太極拳。從某種意義上來說，成了一位名副其實的「拳師」。

● 武者阮紀正

我以為，太極拳是一種至情至性之道，非性情中人，難以契合其中的堂奧。「情」到深處，金石為開，方可登堂入室。浮光掠影，只能是空中樓閣或過眼煙雲，不識廬山真面目。

阮紀正先生正是一位執著追求太極之道的性情中人。

每次從他飛揚縱論太極理法時熱烈的眼神，你可以感受到生命熱情的勃動，他把太極拳融匯在了他生命程序之

中。正因為他感受到了太極拳帶給人生命的歡愉與價值，他也就發自內心地將其向社會推介，使之發揮更大的社會價值，這已是一種文化責任感。《太極拳譜釋義——太極拳理的文化學分析》即凝聚濃縮了他的熱情與才學。

●學者阮紀正

2007 年底，他的一本社會科學著作獲得全國性的吳玉章人文社會科學著作優秀獎，他來京領獎，並交給我這本《太極拳譜釋義——太極拳理的文化學分析》最後的定稿，囑我寫序。

我仔細拜讀後，覺得這是一本少見的太極拳學術研究力作。不僅是該書的研究結論，也包括其中的研究思路與方法，值得廣大太極拳研修者學習、借鑑。

●研究太極拳如同看一幅中國山水畫

遠觀，鬱鬱蒼蒼，遼闊浩蕩；近看，線條飛揚，起承轉合。然其中虛實表裏的明晰，不僅要用眼，更要用心。

太極拳的研究，如透過煙雨看青山，既要有遠觀的整體性把握，有宏觀性的大思維，更需要走進去的切入，只有走進去，才能見真面目。這就需要有「實作」的體驗與體悟。

紀正先生正是這樣一個具備了對太極拳研究大思維和實作能力的學者。如此，才能做得起、做得好這篇文章。他在本書中藉助王宗岳《太極拳論》為理論支點，但又並不侷限於該論本身，而是縱論了與之相關的中國傳統文化、哲學，特別是其中關於生命智慧的核心內容。這就使這本書具有了更廣泛的文化意義。

太極拳的發展近些年來取得了很大成就，相比較而

言，太極拳的研究還有很多需要開拓的地方。

研究需要耐得住寂寞，能「守中」，要「靜氣」，我始終認為，從事太極拳的研究沒有靜氣是難以做好的，不能以功利之心來作太極拳的研究。紀正先生就是一位能沉下心來，凝神靜氣從事研究的人，「守中」就是要保持學術上的獨立性，能堅持自己的學術觀點，當然這種觀點是以科學的論證分析為基礎的。

學術也是要講究「氣節」，不為名利、權貴、小集團利益，而是為學術的科學與真實。讀此書我們更感受到作者的這種追求。

這本書凝聚了阮紀正先生很多的心血，精益求精，他曾多次將修改的書稿發給我進行討論，也使我成為最早的受益者。

我想，阮先生這本書是看透太極拳這座山的望遠鏡、顯微鏡和放大鏡。願更多讀者透過本書的閱讀更清晰認識太極拳，獲得一條入得青山採寶歸的通道。

余功保　於北京
（本序作者余功保是中國著名的武術文化研究專家）

序論　以技體道
太極拳理的文化學分析

　　太極拳是道家武術文化的典型載體，而舞陽鹽店《太極拳譜》（亦稱《王宗岳太極拳譜》）則是其經典概括，當是武術文化的「原典」。

　　就源頭說，中國武術理論從先秦《莊子》的《說劍》和《人間世》等篇記載，便有了尚巧不尚力的技術傳統；而《吳越春秋》記載的越女論劍更直接以陰陽變換來解釋手搏之道的操作原則和機理，後來則附在兵技巧中獲得一定發展。

儘管莊子論述明顯帶有政治寓言性質，不是專門討論武術理論之作；而《吳越春秋》則歸於文藝小說，更多有誇張的想像發揮。但問題是當年如果沒有這些武術技術的社會共識，人們便不可能以此作為自己議論和創作的前提。在《史記》和《漢書》中，甚至還有不少非軍事性遊俠和刺客的專門記載。但漢唐滅俠，民間個體性用武之事也就無法進入正史；不過其傳聞史影，仍可從個別人物傳記、民間諸藝類書、唐宋傳奇小說和好事者口耳相傳的民間諺語和技藝歌訣中看到。

　　任何歷史傳統都是不可能真正斷裂的；特別是宋明以降，武術已經完全從兵技巧中分化獨立出來，開始有了拳法和器械的專著和專篇。明清以來，則開始有了綜合操作理論的哲學化成熟拳著作，其中最傑出的代表，則是舞陽鹽店發現的（王宗岳）《太極拳譜》。

　　由於該譜主要是從基本學理上對太極拳進行全面的概括和總結，從技術操作論的理、法、功、技（拳理闡釋、操作原則、勁路運行、招式應對，相應中醫技術的理、法、方、藥）上升到哲學文化學的神、形、體、用（生命旨趣、生活方式、生理潛能、生存技巧），於是超越了各家各派具體操作方式約束，從《「太極拳」論》變成了《「太極」拳論》，具有很大的普適性，對所有的中國武術理論以至整個中國技術哲學影響都很大。

　　有人覺得，把太極拳之論引申為以太極論拳是差之毫釐，謬之千里，這恐怕是不理解事物普遍與特殊、共性與個性的辯證關係。透過對這個拳譜的分析和解讀，可以從根本上把握中國武術文化的基本精神和特色，從而進一步

瞭解中華民族的文化基因和民族精神。

本書透過對《太極拳譜》所載文本理論內容的文化學分析，不但可以為初學者提供一個助學的拐棍，可以為掌握這個拳譜的理論和文化價值提供參照，而且還可以為探究中國人的生活方式和生存策略提供某種啟發。

一 拳譜的歷史由來和內容結構

1852 年（即清代咸豐二年）河北永年人武澄清在任河南舞陽縣縣令時，於該縣某鹽店發現一個殘缺的拳譜抄本，裏面僅剩四篇文章：《太極拳論》、《十三勢歌》、《打手歌》以及《太極拳釋名》（有的抄本題作《十三勢（一名長拳，亦名十三勢）》）；其中《太極拳論》旁署名「山右王宗岳」。據此當今太極拳界普遍把這本拳譜統稱之為《舞陽鹽店太極拳譜》或《王宗岳太極拳譜》。

該譜後來經過武澄清胞弟武禹襄及武禹襄弟子李亦畬的整理、研究，逐步傳播開來，不但被公認為太極拳界的經典著作，而且還被反覆引入其他武術拳種。

一般認為，這四篇文章的作者恐怕都是王宗岳。但也有人覺得，如果各文都出自王氏之手，為何署名不簽在封面而只寫在《太極拳論》旁邊？而且此文跟後面三篇的體裁、文氣、筆法乃至具體觀點和內容也有一定差別。

不過，就其總體理論框架和基本技術傾向來說，則仍屬同一類型而算不上什麼本質的差別，作為文化研究和技術指導都可作整體性理解。

儘管這個拳譜疑有殘缺和潤改，而且四篇文章的觀點和文氣也確有某些不盡相同之處，當為編輯而成；然而其

總體原則和理論傾向卻相當一致，並可以互相補充構成一個較為完整的文化理論和技術操作體系。

其中《太極拳論》論「神」，即論述太極拳的理論基礎或曰基本精神、指導思想；《太極拳釋名》論「形」，即論述太極拳的技術構成或曰表現形式、操作特徵；《十三勢歌》論「體」，即論述太極拳的技術養成或曰修練要領、訓練方法；《打手歌》論「用」，即論述太極拳的技擊應用或曰應敵原則、推手指南。這神、形、體、用四個方面綜合起來，便構成了一個相當完整的太極拳文化和技術系統。

作為一個論述拳理的集子，它可能是經由王宗岳或其弟子的統一收集、整理和編輯。在這個意義上，直接把這本拳譜稱之為《王宗岳太極拳譜》也不是不可以的。

二 拳譜作者（或編者）的討論

王宗岳究竟為何許人也，長期以來真是眾說紛紜；就像兩千多年來人們對《道德經》以及《孫子兵法》、《黃帝內經》等著作的作者究竟為何人，還有這些作者的姓氏、籍貫、出身、行蹤、結局等等都爭論不休一樣，一百多年來人們對王宗岳的姓氏、籍貫、出身、行蹤、結局等等同樣也爭論不休。

王宗岳確是個神龍見首不見尾的神祕人物。有的說他是張三豐的入室弟子，有的說他是太極拳的真正創始人，有的則說他是蔣發的師傅又名王林楨，有的甚至還給他娶妻生子，還有的則說他是陳家溝太極拳的傳人，如此等等。人們長期無法準確得知他是何方人氏和生卒年月，更

不知其武術上的師承源流和具體修為。有人（許禹生、徐致一）說他是元世祖時人，有人（吳圖南、杜元化）考證他是明朝人，但唐豪、顧留馨卻斷然認定他是清代乾隆年間之人（此說影響最大，幾成定論），然而這裏所有的論據均為猜測推斷之說，並無實質性的過硬證明。

對該拳譜考證最為權威並傳播廣泛者，民國年間有唐豪、徐震，當代則有顧留馨、沈壽等等；但改革開放以來隨著市場經濟發展，人們思想認識日趨多元，由此出現不少唐豪、顧留馨意見的激烈批判者。

按唐豪等說法，王宗岳即「山右王先生」，是山西籍武術理論家，晚年活動於河南洛陽、開封一帶，研拳教書，所著尚有《陰符槍譜》等。據清代乾隆六十年乙卯歲（1795）佚名氏《陰符槍譜序》所云：

「山右王先生，自少時經史而外，黃帝、老子之書及兵家言，無書不讀；而兼通擊刺之術，槍法其尤精者也。蓋先生深觀於盈虛消息之機，熟悉於止齊步伐之節，簡練揣摩，自成一家，名曰『陰符槍』……辛亥歲（1791），先生在洛，即以示余。余但觀其大略，而未得深悉其蘊，每以為憾。余應鄉試居汴，而先生適館於汴。退食之餘，復出其稿示余，乃悉心觀之。」

又云：「先生嘗謂余曰：『余本不欲譜，但悉心於此數十年，而始少（稍）有所得，……於是將槍法集成為訣，而明其進退變化之法。』」

上文洛，指的是洛陽；汴，則指開封。說明這位「山右王先生」於 1791 年在河南洛陽，1795 年在開封。他既悉心於武技數十年，此時當已接近晚年了。由此看來，王

宗岳一生主要是生活在清代乾隆年間（1736～1795）。此外有關他平生的事蹟，則別無史料可考。唐豪據此推斷王宗岳的學養和專長。

近年有人懷疑王宗岳是個偽託人物。基於這個拳譜是從武禹襄那裏流傳出來，其他人並沒有見過該譜原件；而武氏也確具有寫作這些理論的條件和能力，因而也就很可能是他本人偽託之作；但這說法不僅缺乏證據，而且也無法解釋其獨特署名方式和已知武禹襄為人。

近十餘年，有人在河南、山西等地又陸續發現一些與王宗岳《太極拳譜》有關的新證據，但疑點眾多、存在爭論、真偽難辨、難成共識，茲不贅述。

本書重點不在歷史考證而著眼理論內容分析，有關作者討論也只能點到為止。

太極拳史研究不能停留在師承源流的史料記載和口碑傳說，這些東西都屬於「史影」而不是「史實」。武術史核心內容當是技術演化；離開技術演化分析，孤立突出師承源流之傳說，儘管有文化學的理由，但卻很難說明實質問題。太極拳不少構成元素歷史上出現極早，但成熟事實上卻拖得很晚，至於最後定型並被冠上「太極拳」名稱，則是清末民初的事情；這說明它只能是歷史長期積澱和演化的結果，很難歸結為一兩個傑出天才人物的一時創造。

任何事物都有自己生、老、病、死或成、住、壞、空的生命週期；所謂武術的出場形態，不外是其在一定歷史背景下自身的演化形態，這裏要釐清而不要混淆史實（佛家所云真如實相）跟史影（佛家所云五蘊名相，可參考柏拉圖之洞穴幻像、培根的四幻像之說；史料記載、口碑傳

說以至文藝作品其實都屬於史影而不是史實。至於正史記載，由於有取捨、褒貶、評價，同樣也是史影）的關係。把一些支離破碎的史料和傳說再加上研究者個人好惡推測拼湊起來，很難說就是真實的武術史。

三 拳譜所載文章的理論內涵分析

1. 《太極拳論》：論「神」

第一篇《太極拳論》以陰陽虛實、往來消長、反向轉換、生剋制化的大道運行論「神」。這是從哲學高度去對太極拳理論基礎運行機理和文化精神加以說明。

拳理闡釋直指其背後的文化精神。它從破題開始就熟練地運用中國古典哲學特別是宋明理學的解釋框架，以太極兩儀立論，全面並高屋建瓴地概括和闡釋太極拳基本原理、操作原則、運行特點和價值追求，由此深刻而且全面地總結了太極拳學習訓練和應用發揮的實踐經驗，並凸現出自身的社會文化意義。

全文可分八段，當為完整操作理論結構：① 破題，② 總綱，③ 進階，④ 要領，⑤ 特徵，⑥ 正誤，⑦ 關鍵，⑧ 歸咎。其中涉及太極拳理論基礎、主要特徵、訓練過程、技術要領、注意事項和易犯毛病等各個方面，核心部分是太極陰陽的創化運行。迄今大凡太極拳學者，都一致推崇此文為太極拳學最重要的基本理論依據。

本文第一句就強調太極為無極而生的陰陽之母，世間萬事萬物均為太極之「道」一氣流行那陰陽虛實變換的顯隱狀態。由此行拳當要合道和體道，太極拳的所有操作都不能

離開太極陰陽之道。全文以動靜、分合、曲伸、剛柔、黏走、順背、急緩、隱現、左右、俯仰、進退等等一系列的對立統一範疇的陰變陽合去說明太極之道的大化流行。

莊子《養生主》論及庖丁解牛時強調，「臣之所好者道也，進乎技矣」；指出只有以道為思想底蘊而用技，才會出現技藝渾然一體的出神入化表現。庖丁解牛時心中所琢磨的並不執著於牛要切割幾塊的具體操作任務，而是目無全牛那「彼節者有閒而刀刃者無厚，以無厚入有間，恢恢乎其於遊刃必有餘地矣」的整體觀照，表現出「以神遇而不以目視，官知止而神欲行」那依乎天理、因其固然的胸有成竹。近代太極名家楊澄甫指出：「中國之拳術雖派別繁多，要知皆寓有哲理之技術。」太極拳是個特別強調哲理指導的哲拳，如果不釐通太極拳背後的哲學依據，缺乏明晰的太極理念，那是絕對練不好太極拳的。

人是一種具有完整自我意識的生物，由此任何人的活動背後，都具有一定的指導思想和相應的文化意義，而這些思想和意義又經由一定的思維方式給表現出來，並進一步體現為身體活動。任何學術、藝術和技術都是在一定社會歷史文化背景下生長出來，並具自身的文化特徵的。就像中醫的理論基礎是中國哲學而不是西方科學一樣，太極拳的理論基礎同樣也是中國哲學而不是西方科學。這並不妨礙該理論曾極大地發揮出強體祛病、防身禦敵、悟道怡情等一系列強大社會功能，也不妨礙它至今在文化上對人們所具那深刻的啟發意義。

天人合一的深刻信念和主客不分的思維方式，使中國人特別喜歡從普遍去推斷特殊，從整體上去把握部分，並

往往從哲學大一統的高度去討論一切具體問題；其優點是概括性強和有全面考慮，其弱點則是淡化了具體分析並經常掩蓋對象自身的特點。而它那以身載道和道進乎技的執著追求，把人文之道與自然之道融為一體，從事物的動靜開合、屈伸進退和虛實剛柔的陰陽變換中去體悟生存競爭中生命應對的大化流行，以及流行中那捨己從人、隨機就勢、以柔克剛、借力打力和引進落空、牽動四兩撥千斤的瀟灑行為方式。它以天人感應（即事物的相互作用）為出發點、萬物調諧（天時、地利、人和）為落腳點，因而使它具有一種可以超越自我中心之身體活動的高雅文化品味（不過如果對此缺乏真正的自覺，卻也確有可能讓人陷入某種自我麻醉的精神自戀當中）。

宋明以來，武術已經從軍事作戰和軍事訓練中全面獨立出來，社會上也慢慢地有了一些較為專門的武術著述，然而主要還是術科的拳法和器械操作方式的記載，作為學科的拳理則多是經驗型的片言隻語被附在術科記述當中（兵書中的「兵技巧」就是術科）。一直到了清代萇乃周撰《萇氏武技書》以後，才有專述拳理的獨立學科著作。《王宗岳太極拳譜》是《萇氏武技書》前後又一本武術學科專著，其內容有不少地方跟《萇氏武技書》相通，但《萇氏武技書》強調氣，《王宗岳太極拳譜》則突出神，理論概括程度遠高於萇書，由此深深地影響著整個中國武術的發展。

它涉及整個武術形態的理論根據、運行機理以及相應的操作方式、訓練方法之方方面面。透過對這個拳譜的分析和解讀，不但可以從根本上把握中國武術的操作特點，

而且還可以把握中國武術文化的基本精神和特色，從而進一步瞭解中華民族的民族精神。作為文化符號，太極拳對自身運作有著極為自覺的理論思考；從文化哲學的高度去討論操作技術，是《太極拳論》的基本特色。

理論研究一直都是傳統武術的薄弱環節，但太極拳卻最大限度地吸收了中國古典文化的養料，由此孕育出「純哲學化」的拳論。其中所蘊含的哲學思想確實是相當令人炫目的，而且它在實踐中也找到不少的對應。

所謂太極拳的神，很大程度就是指太極拳操作運行所包含的生存策略、生活方式和生命智慧、文化精神，涉及太極拳產生的緣由根據和因為究竟；其基本內涵是藉助陰陽五行、生剋制化和虛實變換、剛柔並濟的普遍原理，實施揚長避短、避實擊虛、曲中求直、後發先至的策略原則，追求以靜待動、以弱對強、以小制大、以柔克剛的出奇制勝，突出人的生命權利，實現對動物世界弱肉強食叢林法則的大超越，並把人生命的自然演化提升到自覺的「人文化成」，由此體現人的歷史使命。

於是人是有歷史的。人的類特性恰恰就是自由和自覺的活動，而實踐則是主觀見之於客觀的東西；人類實踐內在地包含了理論自覺和操作自為，缺乏精神導引的本能反應很難稱之為人類實踐。人的肢體鍛鍊還並不直接等於心性修養，但事實上也離不開作為背景的心性修養並可引申到心性修養。

太極拳不但強調「用意不用力」那心主神明的思想引導，高度發揮人類的精神力量，而且還以一種體驗的方式進一步去闡述自然和人生的規律，亦即以流暢和柔緩的肢

體語言去講述中國古人對宇宙、對生命、對運動的理解，並且透過身體技術不斷地探究著自由跟必然的關係。

這顯然是激動人心的；所謂道貫術中和術極然後道化，一種人身存活之術被提升為宇宙生命之道，太極拳因而也就成了具有高文化含量的哲拳。把打太極拳說成是什麼無的放矢那「唐吉訶德式跟空氣作戰」或主觀想像那「緣木求魚般陸上摸蝦」，顯然不理解太極拳的技術特色以及其背後的真正文化含義。例如軍事演習就是在跟虛擬的敵人作戰，但誰也不能否定軍事演習的實戰意義。

2.《太極拳釋名》：論「形」

第二篇《太極拳釋名》從「八門五步、生剋制化」的技術構成和「連綿不斷、一氣流行」的形態特點論「形」，這是對太極拳命名原則、基本技法結構以及運行特徵的說明，著眼點是招式動作背後的勁力關係。

所謂形具而神生，任何精神都須有一定載體。這裏所說的形，強調其總體運行狀態，特別是其招式動作的操作應用狀況；首先則是招式套路的演練狀態。所有武術套路的源頭都包含有原始巫術儀式的殘留，其中不少動作後來還成了行走江湖的身分標識，富含象徵意義。然而其基本屬性卻是肢體打鬥技術而不是形體表演藝術。遵循攻守進退的肢體搏鬥規律和原則。

操作方式直接體現其運行狀態和相應的技術方法論原則。就拳譜的理論框架而言，如果前篇《太極拳論》以太極、陰陽立論，概括和闡釋太極拳基本原理和操作機制、運行特點；那本篇《太極拳釋名》則以五行、八卦立論，

把陰陽觀念具體化和操作化，由此用所謂「八門、五步」的操作規定去具體概括和描述太極拳的技術整體結構演練特色。它並不停留在把握對象的分析框架上面，而著眼於主體操作的運行指導。全文可分五段：① 命名，② 特徵，③ 技法，④ 架構，⑤ 結論。本書對這五個方面的技術內涵特別是其操作規定努力作出較為完整明晰的介紹。

《太極拳論》討論主宰整個技術體系的背後理論依據的「神」，而《太極拳釋名》則討論操作呈現出來那技術構成之「形」，二者分別在不同角度和層面共同地對太極拳作出總體性的對象化說明。不少太極拳家把這二者綜合起來，形象地把太極拳描述為「頭頂太極、懷抱八卦、腳踩五行」的拳術。

頭頂太極，是指頭容正直，以意導氣，全部動作均由意念引導按照太極陰陽相生相濟的演化法則操作；懷抱八卦，是指勁走八方，即上肢活動分別按照掤、捋、擠、按、採、挒、肘、靠八種基本手法、勁法，並向四正四隅八個方向展開；腳踩五行，是步向五方，即下肢和身型則有進、退、顧、盼、定五種基本活動方位和方式。以上規定俗稱八門五步，被納入傳統八卦和五行理論框架進行闡釋。八門為面對敵方的四正四隅共八個攻守進退門戶，操作上主要體現為上盤勁力發揮，同時還有眼法、身法、心法配合；而五步則立足於自身力量配置的前、後、左、右、中五個移動方位，操作上不但依托下盤腰腿功夫運用，而且還配合有眼法、身法和心法全方位支持。其中敵我、內外、上下都必須統一協調，形成一定的對應整合關係。八門五步共十三勢技法結構涵蓋了整個太極拳「手眼

身法步、精神氣力功」之基本規定，是太極拳操作主體；而綜合起來的八卦、五行理論，實際上同時也就是太極、陰陽理論的具體化。

所謂太極者，無極而生；而無者巫也。陰陽、五行觀念源於人類最初精神覺醒操作化的原始巫術，其取象類比方式儘管包含有大量所謂接觸律、互滲律等原始思維因素，在後續發展中還產生了諸如天人相應一類的神祕主義特徵，由此開了中國式利用意象符號抽象推演之前科學或類科學發展的先河，背後則包含了一種敢於面對未知，並藉助取象比類的永恆的探究精神。其中陰陽觀念所代表的原始生殖文化，是現代人文精神的濫觴；其中五行觀念所代表的原始數理文化，則是現代科學精神的源頭。陰陽、五行兩大觀念的融合，表徵人文精神跟科學精神的內在統一。

陰陽學說（八卦是其推演）跟五行學說的互相融合，在方法論上也是有其內在根據的。陰陽和五行同屬意象型的符號系統，陰陽是表示兩種性質相反的特性，五行則是表示五種情況或屬性不同的關係特徵。就操作而言，陰陽和五行這兩大系統同樣也是可以形成一定對應關係的。從哲學上說，陰陽五行學說揭示了宇宙萬物的兩條基本法則：客觀世界是由矛盾對立的雙方所構成的，萬物在互相依存、互相制約和有序循環中獲得動態平衡。這可以說是自然和社會存在和發展的最根本的辯證法，至今還沒有發現有什麼現象能夠超越或違背這兩條法則。就此而言，陰陽和五行學說都可以稱得上是非常深刻的哲學體系。

當然，如果把這個學說作為一種關於具體事物屬性和獨特運動規律的原理，硬把普遍當作特殊、共性當作個

性、哲學思考探究混同於具體科學結論，則是明顯錯誤的。特別是如果把這兩條法則不加分析地亂套在某些具體操作上，那也可能會帶上明顯巫術性質。

陰陽五行是表現為文化象徵的操作規範，這是中國歷史積澱下來的邏輯認知框架和文化心理模式。作為一個「符號的動物」，人的任何認知和操作都是具有一定主體性框架的。陰陽、五行是一個可以藉助但不必拘泥的操作性有效分析框架；其中陰陽是對立統一事象內外基本屬性的分類，八卦是應對環境變遷方位的界定，五行則是操作關係生剋制化的不同方式。

如果操作中僅把這個框架作為一些代表符號，用以組織和整理自己的操作經驗，那這個學說至今仍然具有非常強大的生命力。就像代數中的 a + b =c 一樣，其具體數值完全可以隨便代入，運用起來極為靈活方便。

以現代科技眼光看，用陰陽五行學說來解釋事物本原結構和技術操作體系，確是簡單粗糙以至牽強附會的。然而陰陽五行學說展示的並不是一個實體模型，而是一個象徵性功能模型。陰、陽以及金、木、水、火、土都不是指具體物質實體，而是指依照體驗而歸類的各種事物基本屬性和功能類型，陰陽五行是體驗之象，是使用象徵符號來系統地表達體驗的獨特表述體系。意象思維、族類辨物的符號運算並不能等同於神祕主義和宗教忽悠。

這裏有一種思維簡約性原則，即用盡可能簡約的觀念體系和運算程序，迅速地表達盡可能完整、豐富的系統性複雜思想。人的任何認識（包括所謂最精確的認識）和相應的技術操作都是不完善的，特別是在一個訊息不對稱的

風險社會中，面對未知世界的可能性空間，人們從來都是在自覺脫魅和不自覺返魅這兩極張力中前進的。

如果並不執著於某些經典成說或個人理解，特別是不拘泥於某些流行解釋的束縛，真正懂得對具體問題進行具體分析，那陰陽五行的文化和技術操作框架，還有那陰陽相濟和以柔克剛的操作原則，則仍然包含有很大的解題能力，並且可能對當今複雜環境下面對未知的處理問題方式會有所啟發。

中國文化講究萬物一體、天人合一，認為宇宙間人與萬物存在一種全息對應、互相感應的神祕關係。這些看法儘管帶有某種明顯的原始思維特徵，但它使用象徵符號去把握現實世界的聯繫，並藉助符號推演給予理論上的說明，卻恰好是人類精神自覺的表現。

天人合一確實具有明顯的美學想像成分，然而其背後的深層意蘊，則不但有存在論上萬物一體、全息映照的整體性思考，有演化論上人是自然界的演化產物和有機組成部分，人必須而且只能順應自然的精神自覺，而且還有操作論上改造環境和改造自己雙向活動中「合規律性與合目的性辯證統一」的不倦追求。中國文化中所謂天時、地利、人和以及生命、生活、生態的綜合考慮，就是這個天人合一理論的具體表現。

據文化學者的考證和推測，制約這陰陽五行文化的是深嵌在民族心理深層的兩個文化系統——生殖文化和數理文化。從其發生源頭上說，陰陽文化植根於生殖文化系統，而五行文化則是由數理文化所決定。生殖文化的影響積澱於我們民族意識和民族心理之中，對中國文化的發展

起著特殊的制約作用；而數則是人們對客觀事物理性而有序的認識。借用西方文化比附，如果說生殖文化充滿著奔放豪邁的酒神狄奧尼索斯精神的話，那麼數理文化則閃爍著日神阿波羅的理性之光。中國類酒神精神表現為重視生命、留戀人生、禮讚奔騰不息的運動，而中國類日神精神則在技術上對所謂禮制、術數、命理等各個方面秩序條理的把握。中國的陰陽八卦雖然跟五行術數源自不同的文化系統；但它們的本質則還是相通的。陰陽變化其間充滿了數，天奇地偶又何嘗不是陰陽？陰陽和五行二者在現實中交相輝映而呈現出迷離的色彩，從而形成了獨特的「中國人的思想律」（顧頡剛語）。

太極拳從身體文化這個角度，惟妙惟肖地表現了這個思想律。陰陽觀念所代表的原始生殖文化，是現代人文精神的濫觴，而五行觀念所代表的原始數理文化，則是現代科學精神的源頭。陰陽、五行兩大觀念的融合，表徵人文精神跟科學精神的內在統一。

陰陽學說（八卦是其推演）跟五行學說的互相融合，方法論上也是有其內在根據的。陰陽和五行同屬意象型的符號系統，陰陽是表示事物內部具有兩種相滅相生和相反相成的運動屬性，五行則是表示五種情況或類型不同的生剋制化關係特徵。陰陽和五行這兩大系統同樣也是可以形成一定對應關係的。陰陽和五行僅是一些代表符號，其背景則是由多個側面組成，而這些側面又都是活動的，可以根據實際需要加以伸縮改變。這就像代數中的符號運算一樣，其具體數值是可以隨便代入的。例如陰陽兩個方面，在不同情況下就可以分別解釋為天地、男女、君臣、明

暗、奇偶、正負、上下、動靜、攻守、進退、實虛、剛柔、肯定否定，如此等等。而這每一個側面都是一種最簡單的結構，僅是把功能元素簡單地分成兩類（一般是模糊地分出）；由於作這樣的劃分需要訊息量最少，對稱程度最低，因而絕大多數場合都可以作出這樣的劃分，其可行性很高。五行理論特別是其中的相生相剋關係，也具有同樣的性質。

這就使得陰陽理論和五行理論同具下述三個突出的優點：

第一，是普適性強，大多數系統都可以用這種方式揭示其結構，而且很容易建立一個系統跟另一個系統的對應關係。

第二，是這種結構可以很容易「嵌入」到其他結構中去，例如後來漢代的納甲理論，就把天干地支和五行生剋等等東西，全都「納入」陰陽學說，由此形成一個龐大的陰陽五行和天干地支體系，用以更具體和更細緻地去描述系統的屬性和功能。

第三，是陰陽的背景各側面的活動性，使它在操作上便於作賦形、顯微或簡略、縮影的轉換，便於突出關鍵問題，因而可以用來組織經驗和指導操作。

武術操作講究象形取意，這確實免不了主觀比附和美學想像成分，有的地方甚至還保留有一些諸如交感巫術、模擬思維等原始因素，始終擺脫不了其模糊、籠統和隨意、不規範等弱點；但其背後生命智慧的啟發恐怕也是不能抹殺的。有學者指出：「中國實用理性的一個特徵是不重邏輯推論，而重類比聯想，由類比而得啟發，範圍寬廣，直覺性強，便於由感受而引發聯想。這可以是一種不

同於邏輯推理的思維方法。」這種方法的創造性解題能力及其在中國文化上的功能表現、特別是其應對不同環境所呈現的成敗得失等等，恐怕都不能簡單地套用西方的邏輯推論進行處理。

中國武術理論闡釋所使用那套陰陽相濟、五行生剋、八卦定向、干支記時的符號系統，儘管因為模糊而具有不少神祕的色彩，但其實並不單純只是原始巫術推演和宗教信仰儀式，而是運用中國哲學面對現實生活那自我生命體驗的符號描述，用以表達自己對身體上力量配置變換和相應的生理物理和生物化學運行機制，以及對作為背景的整個宇宙萬物運行規律的符號化理解，其表現確實頗為神奇，但由此卻很難把它簡單地歸結為神祕文化。不符合西方科學分析，並不等於不符合中國人的生存經驗，西方的科學話語並不就是客觀真理的唯一表述。

中國文化方法論上關於精、氣、神「天人全息對應」那整體和過程的感悟，還有所謂意到、氣到、勁到的自我力量操控技巧，確實有其不夠嚴密精確的籠統方面；但跟西方式關於力量速度那局部和瞬時的單向度構成分析學說比較起來，恐怕仍然是各有千秋的。

中華武術背後所包含的生命智慧，並不是時人所理解那先哲聖賢教誨的衍生，而是整個民族世世代代生存狀態和生活方式的內化。它雖然有著身心合一、人我合一、情景合一、天人合一等泛和諧訴求，但卻完全沒有時下某些傳媒所宣揚的那種攀附權貴的調和、妥協、順從、作秀傾向。和諧是鬥爭結果而不是鬥爭前提，訴求源於稀缺而不是滿足，缺乏和諧才會追求和諧；作為一種應對環境的技

太極拳譜釋義 太極拳理的文化學分析

擊技術，武術必須從身心、人我、環境等多方面的現實不平衡中尋找自我新的平衡，由此天然是反抗一切壓迫，而不是接受既定秩序的。

3. 《十三勢歌》：論「體」

第三篇《十三勢歌》從涵養生命、挖掘潛能、功技內化、整合自身的運作原則和操作能力角度論「體」，這是一篇以歌訣形式論述太極拳主體性操作要領的文獻，全文通貫體、用而以體為核心，著眼點是太極功夫技巧的鍛鍊生成。

歌訣主體雖然只有短短的 140 個字，再加上最後四句讚辭也不過是 168 個字，但內容涉及卻十分廣泛。全文可分六段：① 命意源頭，② 鬆靜應敵，③ 正身用腰，④ 體悟自然，⑤ 內練養生，⑥ 幾句忠告。

本書對這六段歌訣所涉及的理論問題結合有關訓練經驗作出自己的理解和闡釋。

武術是中國人身心自我保護、自我涵養和自我發展的環境應對技術，它由身心的自我調控來提高個體自身生理適應、心理適應和社會適應能力，在主客體相互作用過程中養護和提高自身生命能量的操作技巧和價值效應，其科學依據在於中醫的人體模型。武術之道在操作，任何操作技術都要經過後天的訓練並進入應用，由此區別於動物的先天本能和習性。武術主體在於其操作實踐能力（功力、功夫）的演化生成。作為一種必須由身體訓練養成的技術方式，武術的特質首先就表現在其基本的操作要領、訓練原則、訓練過程和運行效應，其著眼點在於提高自身應變

防身的功力（人的操作實踐能力），由此也被稱之為功夫（操作經驗的歷史積澱），講究技術上手和功夫上身的操作效應。

從哲學上看，中國文化是一種環境應對中操作型實用性（所謂「經世致用」）的文化。生命活動不外就是一種應對：對內應對自身異化，對外應對環境變遷。其提問方式是操作上如何處理而不是概念上怎樣分析；基本屬性乃是生存競爭中的生命應對智慧和技巧。就思維方式說，中國哲學屬主體生成論而不是對象構成論；前提預設是功夫即本體而不是對象為本體，中國人提問題更多考慮的是操作原則（「怎麼辦」）而不是對象屬性（「是什麼」），其著眼點不在認知而在行動。這是一種把人文之道與自然之道融合在一起的身心性命之學，是一種自家受用的為己之學，由此功夫就是本體。

西方哲學本體論的水、火、原子、物質以及精神、邏輯、上帝等等，都是對象化客體性因素；而中國哲學本根論的天、道、理、氣以及太極、陰陽、五行、八卦等等，卻是蘊含了人的主體性操作原則。中國哲學缺乏西方式那主客判分、非此即彼的對象考察和自我反思，因而並無唯物、唯心一類絕對對立的說法。我們更多的是天人合一、體用一如的物我同一和環境認同。由此仁者心動、心想事成（佛家稱願力推動、境由心生），一切本來都是因道而起、循道而行（佛家稱因緣假合、緣起性空）的。

在這裏，「道」首先是個基於「天理」而預設的操作原則和運行方式，其基礎是事物運行的客觀機理，還包含有操作實踐的理想和目的；有點接近現在所說的主義或主

張，而不僅是西方式的那個外在強制對象化和別無選擇的什麼「客觀規律」或「歷史宿命」。中國哲學所說的道，並不是離開人類活動的終極存在，而是人類活動本身的「道路」（條件、方法、過程和規則）。道的原義是道路，用以描述達到目標的過程和途徑。任何人的行為目標都是在這實踐探索過程中形成，並非純主觀自生和具有一定的過程性，然而對人又有強制性的作用，並透過人的選擇而進入人的深層意識。由此人們的著眼點便應該是那生生不已的自身創造過程，而不是作為終點預設的最後結果（佛家稱菩薩畏因、凡夫畏果）。

人有生老病死、物有成住壞空、事有興衰成敗、地有滄海桑田、天有春夏秋冬，任何具體事物都有一個從無到有和從有變無的生成、演化和寂滅的過程。作為過程的道於是又被引申為客觀規律和終極價值，並具有某種絕對命令的意義。一種合理的價值取向和相應的操作原則，是基於客觀條件有規律地在實踐中形成的；由此既不能把路徑的探究當作是離經叛道，更不能把基於稀缺的主體訴求說成是已經成就的固有本然。作為人生目標取向和信念支撐的志向抱負，它不但奠基於社會客觀規律和人的終極價值、理想自我，受制於種種環境條件，而且還直接根植於人的生命意志和行動力量，並跟所謂「天命」（「客觀規律」）聯繫在一起，形成隨機就勢把握規律的強大心理動力。基於本根生成的思路，人們的著眼點便是那生生不已的自身創造過程而不是作為起點和終點的本體或結果。中國人所理解的道是主體性的，它要求人們以身載道和以技體道，由此產生宋明理學「功夫即是本體」的說法。

本篇在身心關係上指明太極拳意、氣內導與肢體外動的主從關係，強調意氣為君，骨肉為臣；由此以意導氣、以氣運身、意領身隨、身心合一。人體內外兩個方面既是統一的，但又是分工合作、主次分明的。歌訣指明既要重視姿勢動作要領規範，更要重視命意源頭，氣遍身軀；既要滿身輕利、周身協調，又要神貫於頂、腹內鬆靜、氣勢充盈。通篇緊緊抓住內外兼修、意氣領先的內功拳特點，用內部的文化精神支撐起外部的肢體活動，由此凸現人類精神存在的操作運行特質，並據此開闢了太極拳作為某種現代意識體操的發展方向。特別是在當今物慾膨脹、思想浮躁的背景下，它那心性修養追求和心理調控技術，在某些方面或許可以成為當今人類異化的真正解毒劑。

　　技術構成上它對太極拳的走架和打手兩方面都作了論述，主張既要知己，又要知人。由此引出了因敵變化、捨己從人、隨機應變、因地制宜的戰略、戰術原則，以及以靜待動，動中寓靜的總體技術特點和操作要領。由此體現了中國文化身心合一、體用一如的經驗性實用理性特點。它對己強調培植精氣神的自強不息，待人講究中正不偏的厚德載物，表現出一種明顯的泛和諧取向。這些完全可以泛化為當今面對未知的風險社會中怎樣積極而且謹慎地處理主客體關係的一個重要參照。

　　訓練過程上它強調練功必須遵循正確操作要領，仔細留心向推求。揭示循規矩而脫規矩，脫規矩又合規矩的辯證關係，講求內向挖潛、自我整合跟技術上手、功夫上身的有機融合；與此同時還突出言傳身教的傳承方式，強調師傅領進門，修練在個人的道理。所謂學無止境、藝無止

境，只有堅持不懈地長期鍛鍊追求，精益求精，才能取得真正成功。由此顯示出在尊重前人經驗基礎上探索性自學習發展機制。

生存狀態是運作能力的前提和基礎。太極拳在總體目標上明確了太極拳首先是為了促進人們健康長壽，青春常在。由此把整個訓練的理論基礎放在尊重生命、道在養生的生命哲學上面。太極拳運動要求心靜體鬆，意氣引導，體現了動靜結合、內外兼修、身心協調的中華養生理論和實踐。所以它從產生之初就具備了極高的養生和修性價值，到了今天則在很大程度上演變成為可以同時滿足有氧運動、終身運動、休閒運動三大潮流的新潮「運動項目」。

4. 《打手歌》：論「用」

第四篇《打手歌》從黏走相生、引化拿發、曲中求直、後發先至的衝突應對、技術發揮論「用」，這是用歌訣形式論述太極拳以弱對強、以柔克剛戰略和戰術的文獻，並以此說明太極「打手」的特徵和功能，著眼點在靈活的應對方式而不是簡單的勢力抗衡。

中國武術自其產生之初就具有維繫生命的作用，其核心就是怎樣在生存競爭的內外應對中，更好地保護和發展人的生命；由此是生命存活之術亦即維繫生命的綜合應對實用技術。

後來隨著軍事技術和作戰方式的發展，特別是近代以來熱武器的發展，武術被用於群體社會性衝突的軍事作用日益減弱，但其個體性的自我身心修練和個人防身避險作用卻越來越突出；退出軍事不等於退出生活，時下涉黑組

織、恐怖活動、肢體衝突、群體事件均有擴大趨向（日常出行已有嚴格安檢，甚至醫院和學校也要建立警務室），還有工傷礦難、災害車禍等等也涉及肢體安全：由此法律明確保留有正當防衛、緊急避險條文，不能想當然地否定這些刑法的立論根據，無視掃黑除惡的客觀理由。

它可以泛化為在不能選擇敵人的條件下，一個弱者在激烈的生存競爭中如何處理各種主客體關係的生命智慧，其文化背景則是中國古代的兵家權謀。此歌歷來為太極拳家所重視，被奉為太極拳打手的圭臬。技術是通向目的之手段和過程，任何技術的落腳點都是其操作實際應用。

太極拳歸屬於武術，這裏所說的打手是其肢體應對的實際應用，推手則是其技術應用的模擬訓練；所謂打練結合，二者的操作原則應是同一的。作為整個拳譜的落腳點，本篇言簡意賅，僅僅幾句話就把太極推手和打手的要領進行了高度概括，便於吟誦，不斷領會。

有人認為，太極拳從根本上就不能用來「打」，而只能用來養生和欣賞；這是一種忘本之論。殺人鬥毆確為法律所禁止，但自我防衛卻是人的基本生命權利。肢體衝突對抗要看矛盾性質、激化程度和活動領域，應對方式則要看環境條件、力量對比和操作技能。就其產生的緣由根據來說，太極拳跟其他武術一樣都是以技行擊的「用武之術」。

這裏可以討論的問題是受制於操作主體和環境條件的「怎樣打」，而不是取決於技術性能的「能否打」。太極拳的打法特點在於以弱對強、以小制大、以靜待動、以柔克剛、迂迴走化、曲中求直、引進落空、後發先至，完全

沒有必要做那殺敵一千、自損八百的剛性對抗。以吃飯作喻，無論什麼人都要吃飯，這是無須討論的。可以討論的問題只是怎樣吃飯。西方人由燒烤藉助刀叉吃飯，當然是一種吃法；但中國人由炆煮藉助筷子吃飯，則是另一種可行吃法。不能認為只有由燒烤藉助刀叉才能叫吃飯，由炆煮藉助筷子卻不能叫吃飯。

本篇全文六句，基本內容是：

① **臨事態度**

從自身的學習和處事態度入手提出問題。

② **自我整合**

強調上下相隨的統籌兼顧、上領下沉、周身一家、綜合協調。

③ **敢於面對**

講要正視不能選擇敵人的前提以及相應那敵強我弱的現實，確定捨己從人、以順避害的虛己待敵態度。

④ **應敵原則**

講引進落空、就勢走化和借力還擊的實際操作，要求達到牽動四兩撥千斤的技擊效果。

⑤ **反擊機勢**

強調當合即出，透過以其人之道還治其人之身，亦即藉助敵我雙方的用力結構堅決回擊來犯之敵。

⑥ **活動狀態**

描述敵我雙方攻守往來沾連黏隨不丟頂的連綿不斷運行狀態，強調一個開放主體活動中必須始終保持跟客體對象的訊息交換通道，並由此作出自身的適應性選擇。

然而由於言簡意賅並且流傳不同，其文詞也各有不

同，人們對其理解和闡釋也各有差異，其中令人費解和誤解的地方並不少。不過就大的方面來說，它關於環境應對的戰略思考，至今還有極大的啟發作用。

司馬談《論六家要旨》對道家文化操作運行特點的概括是：「道家無為，又曰無不為。其實易行。其辭難知。其術以虛無為本，以因循為用，無成勢，無常形，故能究萬物之情；不為物先，不為物後，故能為萬物主；有法無法，因時為業；有度無度因物與合。故曰『聖人不巧，時變是守』」。太極拳對此體現是有感而應、因敵成形、隨機就勢、捨己從人、揚長避短、避實擊虛、引進落空、借力打力、沾黏連隨、不丟不頂，由此實現以靜待動、以守為攻、以弱對強、以柔克剛。

有人覺得，這裏涉及的應對策略僅是術的層面，實質上仍然是缺乏道的層面討論。然而操作上「術、道」難以截然分開，這裏反映出中國人的生存策略和生命智慧，背後正是人類進化之道的深入思考。它那順人而不失己的沾黏連隨，要求走出自我中心而又不能迷失自我，恰好就是人類活動合規律性和合目的性的辯證統一，亦即在無目的之社會運行中把握因果循環以實現自己之目的。

有道是「兩強相遇勇者勝，以弱對強智者存」。人無強牙利爪，在自然界是個天生的弱者，面對弱肉強食的生存競爭，如何獲得自身的生存空間和種族繁衍確實是個現實的大問題。

在這裏，太極拳術特別講究隨機就勢、捨己從人、尚智用巧、借力打力，在適應環境的同時改造環境，藉助工具、利用規律（假物就勢、物物而不物於物），由此實現

物質變精神和精神變物質這兩變；這不就是人類高出於一般動物的進化路徑嗎？我們不能離開人的歷史實踐去空談道的問題，特別是不能把既定的統治秩序當作是永恆不變的客觀規律。硬要把統治階級的道德說教說成是萬世一系的道，顯然是有問題的。

人類生存之道並不能限止於泛道德主義的倫理歸因和道德追究，社會上的道德裁判跟肢體應對在客觀上並非都是一致的。中國文化是一種操作型實用性的應對文化，其提問方式是操作上如何處理有利，而不是概念上如何分析清楚。

當然，太極拳是個理論色彩特別濃的拳種，而且十分強調心智的作用。但這一切也首先是直接用來組織經驗和實施操作，而不是用來進行邏輯推演以建造理論體系的。跟中國其他武術觀念一樣，它也最忌別人說自己沒有用。所謂身心合一、體用一如，太極拳的內向圖強和外向用弱是同一個問題的兩個方面。

太極拳技擊技術不僅從人體內部的身心關係中去整合和挖掘自身各個方面的潛能，而且還從人體外部一定環境下的敵我關係去把握多種變化可能中於己有利機勢，進而借力打力以其人之道還治其人之身；這背後是基於人體生理那真正力的科學運勁藝術。於是它著法成形、勁法成勢、聽勁知機、因應自然、借力打力、後發先至、變化守中、虛靜自保，把有力打無力，手慢讓手快的先天自然之能，轉化為耄耋能禦眾之形和四兩撥千斤的學力而有為，亦即把依託勇氣和力量的剛性抗衡，轉化為依託智慧和技巧的柔性競爭，文化於是取代本能成為主導，因而敢於向

恃強凌弱和以眾暴寡那弱肉強食的叢林法則叫板說不，由此讓弱者也能獲得自身的生存空間和行動自由權。

當今時勢多變，社會演化速率加快，各種矛盾錯綜複雜並日益尖銳；然而太極拳技擊技術中依託自身、利用環境、就勢借力、節能減耗、訊息調控和持久作戰、柔韌不屈、把握條件、著眼可能等戰略考慮，在今天資源枯竭、環境污染、兩極分化、生態危機的風險社會、人類困境中，仍有極大的啟發意義。

它那對僵死機械必然秩序的挑戰和對潛在客觀可能變化的探究，在一個被動的形式中包含了極為主動的內容，一定條件下確有可能將人們引向真正的自由。特別是在一個弱肉強食的環境中，它那自強用弱、以柔克剛的方式不失為弱勢群體自我解放和自我發展的一種明智選擇。

第一章　論「神」
《太極拳論》──陰陽之母

■ 拳譜之原文

太極者，無極而生，動靜之機，陰陽之母也。

動之則分，靜之則合。無過不及，隨曲就伸。人剛我柔謂之走，我順人背謂之黏。動急則急應，動緩則緩隨。雖變化萬端，而理唯一貫。

由着熟而漸悟懂勁，由懂勁而階及神明。然非用力之久，不能豁然貫通焉！

虛領頂勁，氣沉丹田。不偏不倚，忽隱忽現。左重則左虛，右重則右杳。仰之則彌高，俯之則彌深。進之則愈長，退之則愈促。一羽不能加，蠅蟲不能落。人不知我，我獨知人。英雄所向無敵，蓋皆由此而及也！

斯技旁門甚多，雖勢有區別，概不外壯欺弱、慢讓快耳！有力打無力，手慢讓手快，是皆先天自然之能，非關學力而有為也！察「四兩撥千斤」之句，顯非力勝；觀耄耋能禦眾之形，快何能為？！

立如平準，活似車輪。偏沉則隨，雙重則滯。每見數年純功，不能運化者，率皆自為人制，雙重之病未悟耳！

欲避此病，須知陰陽：黏即是走，走即是黏；陰不離陽，陽不離陰；陰陽相濟，方為懂勁。懂勁後愈練愈精，默識揣摩，漸至從心所欲。

本是捨己從人，多誤捨近求遠。所謂差之毫釐，謬之千里，學者不可不詳辨焉！是為論。

■ 題解及說明

《太極拳論》，有抄本作《太極拳經》或《太極拳譜》，文章旁邊署名山右王宗岳。此文實為太極拳理論經典之作。據沈壽統計，原文連同後人補充的標點在內，也不過是 366 個字；全文可分八段，是一篇以八股形式寫作的言簡意賅的武術文化哲學論文。全文運用中國古典哲學特別是宋明理學的框架，以太極兩儀立論，突出陰陽相濟原理，表現以柔克剛精神，由此深刻地總結和闡發了太極拳學習訓練和應用實踐的基本經驗，其中涉及太極拳的理論基礎、主要特徵、訓練過程、技術要領、注意事項和易犯毛病等等，深刻地體現了中國人在力量和訊息不均衡條件下生存競爭的智慧和技巧。

迄今大凡太極拳學者，都一致推崇其為太極拳學最重要的基本理論依據。近代太極拳專著中，更把它列為各種拳論之首。民國以來有人把此論理解為闡釋解說《張三豐太極拳歌訣》的註釋文章，但也有人反過來把託名的《張三豐太極拳歌訣》理解為後人概括此論的提綱。然而無論哪種理解，事實上都說明此文跟其他太極拳理論在內容上的相互融攝和有機統一。此文在口傳手抄的傳播過程中，文字上儘管小有錯訛和潤改，但大體的思路和基本的原則卻始終是一以貫之的。

本書文本主要依據中國武術協會審定的沈壽點校考譯本，同時還較多參照唐豪考證過的李亦畬廉讓堂手抄本，

分段較多參考徐震的《太極拳譜箋》，斷句標點以及若干理解，則分別酌取或參考孫祿堂、許禹生、楊澄甫、陳微明、董英傑、陳炎林、陳鑫、唐豪、徐震、顧留馨、徐致一、鄭曼青、吳圖南、王新午、傅鍾文、李雅軒、沈壽、張卓星、郭福厚、趙斌、洪均生、于志鈞、祝大彤、張義敬、李德印、張寶銀等多人的著作或論文，同時結合筆者個人自上世紀 50 年代中、後期以來業餘練拳的個人體會，擇善而從並予以概括和發揮。

本章主題是論「神」，它首先是從哲學的高度去對太極拳的理論基礎或曰基本精神加以說明。作為肢體技術的立論基礎是方法論而不是價值論和倫理學；方法論是操作背後的「道」而不是表現形態的「術」。它以太極、陰陽立論，着眼運行的生剋制化，由此概括和闡釋太極拳基本原理和運行機制，凸現出自身的文化意義。

三 註釋與句讀

「太極者，無極而生」——被稱之為「太極」的東西，是從「無極」狀態中演化出來的。

所謂無極，用以形容宇宙最原始的無形無象那未分化的混沌本體狀態。太極拳借此描述一種無棱角、無虛實、混元一氣那陰陽相合、高度平衡的前運動狀態。《周易正義》所云「謂天地未分之前，元氣混而為一，即太初、太一也」，《列子·湯問》云「物之終始，初無極矣」，即此之謂。

楊澄甫說：「不動為無極」，指太極拳操作前夕體安意靜神閒的預備式。蓋此語源出自《老子》「復歸於無

極」。查「無極」二字，在儒家著作和《易》中皆未出現。至於「太極」，則是形容宇宙發生時的基本狀態和運行機理，太極拳借用以描述自身的操作運行。楊澄甫云：「已動為太極。」這時精神一領、丹田潛運、陰陽判分，操作運行開始了「有形有象」的動靜開合和攻守進退等一系列的變化。陳微明說：「陰陽生於太極，太極本無極，太極拳處處分虛實陰陽，故名太極也。」

　　「太極」一詞最早見於《莊子‧大宗師》「在太極之先而不為高，在太極之上而不為深」，看來是個宇宙論的空間概念。後來則見《易傳‧繫辭上》「易有太極，是生兩儀，兩儀生四象，四象生八卦」，用「太極」範疇象徵並描述整個天地萬物的演化狀態、規律和過程（借用現代科學理言表述，或許有點類似於所謂「二元對立統一的立體雙螺旋結構運行」吧）。但上世紀 70 年代長沙馬王堆出土漢代帛書《周易》中，發現「太極」原為「大恆」的誤植，不知到底是抄寫錯誤還是另有原因，但這文字差異並不改變這個概念最早屬「宇宙演化論」的基本性質，也不否定歷代學者對這個範疇理論探索的社會意義。

　　後來到了宋‧周敦頤參照華山道士陳搏的《無級圖》、《太極圖》、《先天圖》等，作《太極圖說》一文，全面發揮了這個意思，把演化論和修練法的太極概念綜合上升為哲學本體論範疇；其文一開始就說「無極而太極」，這顯然是吸納了道家的「萬物生於有，有生於無」的思想。宋‧朱熹則以為「太極即理」，把太極理解為「總天地萬物」的運行機理，由此「一本萬殊」可以解釋任何一個具體過程。跟西方的哲學本體論不同，中國學術

並不執著太極背後的本體到底是心、是物，是理、是氣，只是強調無論什麼東西的演化運行，其內部都具有相滅相生、相反相成、物極必反、陰陽相濟、對待互根、消長生息、大化流行的共同機理。

「動靜之機」——動靜變化的緣由、機理和表現。

太極內含的陰陽分化和辯證統一，乃是一切動靜變化的緣由機理。哲學上動、靜分別表示事物運行中絕對運動和相對靜止這兩種基本狀態。在太極拳中，「動」具有招式動作的空間位移，體內意、氣、勁的運作變遷，以及敵我相互關係進退往來的意義演化等多重意蘊；「靜」則表示招式動作的停止，肢體運行的穩態控制，還有心神不受干擾的自主狀態等多個方面含義。而「機」字，最初原有器械機關、以及射箭弩機、紡織器具、捕獸機關和危殆狀況、身上髖骨等幾種含義；後來進一步被引申表示樞要關鍵、變之所由、運行機制、轉換機理、素質稟賦；此外機亦通几（原作幾），即變化之微，用以表示出無入有或有復歸於無那變化的朕兆、預兆、跡象以及由此引申的發展時機、機巧靈活之應對等等。

太極拳借此描述操作上陰陽動靜的轉化機制和微妙變換，把動靜從對象認知領域轉換為主體操作領域。有些文本並無此句，出版物最早見於許禹生《太極拳勢圖解》一書，疑為許所添加。但也有人認為此句多見於吳氏一系，當為全佑所加。

「陰陽之母也」——是陰陽變換的緣由根據和運行基礎。

「太極生兩儀、兩儀出變化」，陰陽變換隻能基於所

有事物自己運動的本原屬性，由此可稱太極實為陰陽之母。「陰、陽」，指事物內部相滅相生、相反相成、對待互根、相裁相輔、消長轉換、相濟互補的兩個方面、兩種性質或兩種作用。「母」，這裏可以理解為緣由根據和運行基礎。

有道是孤陰不生、獨陽不長，天下萬物，皆由陰陽，或生或成，本其所由之理。而太極則為陰陽之母，喻太極內部蘊涵陰陽兩個方面的相互作用為整個操作運行中所有變化的基礎，此說源於宋·周敦頤《太極圖說》。

「動之則分，靜之則合」——動的時候體現為「分」，靜的時候體現為「合」。

太極拳操作綜合表現在動靜兩個方面，此處借用周敦頤《太極圖說》中「太極動而生陽，動極而靜，靜而生陰，靜極復動。一動一靜，互為其根；分陰分陽，兩儀立焉」的原理來描述太極拳的操作運行。就盤架而言，動是從自己身上分出陰陽，靜是從自己身上整合陰陽；而就應敵而言，則是以分應對方之動、以合應對方之靜。

有人批評動分靜合說不符合太極「動靜互根、陰變陽合」之理。這是先把動分靜合說絕對化後再加批判，有點無的放矢。這裏說的是整體形態上之「分合」，著眼於太極整體運轉之一氣流行；還不是發勁操作之開合，尚未具體談及主體行為的操作控制。後者待談及勁路運轉時再論。

「無過不及」——沒有「過分」和「不及」的偏頗。

講究操作上的守中、用中、時中和適中；此語據《論語》之「過猶不及」。過，逾也，指過分，不及，未至，

太極拳譜釋義 太極拳理的文化學分析

指不足；二者皆為陰陽不平衡的失中。其說強調要遵循事物運行那內在規定的守規、適度、合宜、恰當，無論何時何地都要求保持其不偏不倚、隨遇平衡、不遲不疾、恰當適宜的「中庸之道」。

朱熹在《四書集注》中對「中庸」的解釋是：「中者，不偏不倚、無過不及之名；庸者，平常也」，「中庸者，不偏不倚、無過不及；而平常之理，乃天命所當然，精微之極致也」。

這裏借用哲學上的中庸之道去說明太極拳操作時行為規範的動靜適當和應敵運勁的粘走得宜。太極運行始終都要守中求正，講究操作的自我平衡（而不是外部規定）和關係得宜（而不是一廂情願），不能把中庸之道跟折中主義、平均主義以及和稀泥混為一談。此外還要注意，中國文化不同流派對中的理解是不同的，儒家講的中是「實」的，道家講的中是「虛」的，佛家講的中是「空」的。由此不同拳家對此解釋和運用也有所不同。不加分析地簡單套用儒家的中庸之道去解釋太極拳的守中、用中，至少是不全面的。

「隨曲就伸」——基於情況變化而隨時自我調整，動作或曲或伸，絕不脫離內外各種情勢變化而任意妄為。

所謂法無定法，太極拳的操作不拘泥執著於原先頂層設計所預設的形式和定勢。在這裏，曲、伸，指動作的收縮、彎曲和伸展、舒展，引申為肢體動作的招式變化和勁力蓄發，描述敵我雙方體態和關係的變化。曲，有的本子寫作屈，其義相同。隨，跟隨、追隨、跟進、呼應，即此走彼應、就勢而行之謂，強調運行發生運行的程序次第和

因應變化的隨遇平衡。就，遷就、跟就、於是、隨即，這裏更多指在適應環境過程中同時施加影響、調整關係（而並非是簡單任人擺佈的隨波逐流；人的活動其實就是在適應環境的同時改造環境的）。隨、就二者同義，均指在適應和順從對方狀態時自身的主動性調整（而不是被動的無奈），其核心精神在於有感即應、因敵成形、乘虛而進、就勢借力。

《說苑》記魯石公劍云：「迫則能應、感則能動、昀穆無窮、變無形象、復柔委從，如影如響、如龍之守戶，如輪之逐馬，響之應聲、影之象形也」，亦此之謂。隨曲就伸不是迷失自我、放棄主宰、依附外物的隨波逐流，而是藉助機勢、因敵成形、就勢跟逼那被動形式中的非被動效應。

道家文化特別注重事物內外變化，強調以物為法、隨感而動、因循響應、與時變化。而這種種變化，又都具有屈伸、開合、升降、浮沉、進退、往來等圓形運動的特點。司馬談在《論六家要旨》中描述這因循為用的具體內涵時說：「無成勢，無常形，故能究萬物之情」；「有法無法，因時為業；有度無度，因物與合。故曰：聖人不朽，時變是守。」這是一種順應時勢、主客互動、捨己從人、揚長避短、因地制宜、與時俱進的追求，用以說明太極拳隨機就勢、進退有序、屈伸自如、攻守同一的操作特點。

「人剛我柔謂之走」──對手剛勁打來我以柔化應對稱之為「走」。

指敵進我退轉移對方攻勢，避其鋒芒不作硬性對抗拼

消耗的隨機「走化」防禦性應敵方式。其性狀有如山溪水草而不類池中浮萍，就勢趨避而不失自身根基。此語中剛、柔原義分別指事物堅剛、固實不變與柔軟堅韌、彈性隨變這樣兩種基本屬性，例如堅硬、沉實、對抗、顯露於形者為剛，虛應、輕靈、化解、隱藏於內者為柔；這裏藉以描述相互作用過程中強力衝擊與彈性應力這樣兩種不同的力量性質和相應的運行方式。

此語源自《易傳・繫辭上》「剛柔相推而生變化」。這裏借用來描述應敵方式。

注意：其中「剛」字有採取主動攻勢的含義，並非單純就是剛猛之堅硬，例如推手的按擠兩個動作就是採用攻勢的，但卻從趁機化解敵力之勢而來；「柔」字則有採用彈性應對的意思，並非純粹是柔弱之綿軟，例如推手的捋掤兩個動作是採取守勢的，但卻有主動引誘對方就勢還擊之意。剛柔不過是攻守兩個方向狀態、關係和屬性動態演化的代名詞，歸屬於後天的技術技巧，完全是用意和講勢，並不是直接用來論說自身那本具不變的先天屬性。

「我順人背謂之黏」——我順勢而對方背勢就叫做黏。

「順」指順勢、即活力對抗中得機得勢所帶來的主動、不受制狀態，「背」指背勢，即失去機勢所造成的被動、受制狀態。我順人背，用以描述我致人而不至於人的自主活動狀態，軍事上稱之為戰爭的主動權。

武術上敵在我所控制的「圈裏」、我在敵所控制的「圈外」則為我順人背，反之便是人順我背。這裏進一步說明上句剛柔運用產生的結果，當為隨曲就伸狀態下的防

守反擊態勢。

注意：順與背範疇跟順與逆範疇有所不同，在活力對抗中，順與背是衝突雙方互相對應的關係態勢範疇，我順則人背、我背則人順，二者對待互根並相互轉化；而順與逆則是主體操作時的具體方法範疇，如陳式太極拳纏絲勁的順纏和逆纏等，應對時各種方法既可順用也可逆用。順背主要是操作主體得勢與不得勢的可能走向區別，推手中能保持重心並可主動應變則得勢為「順」，失去重心並受制於人則失勢為「背」。

至於「黏」字，形容像漿糊或膠水般能使一物附著另一物之狀況。應用時敷蓋對吞以封逼捆住敵勢，借用外力而不形成依賴。據顧留馨考證，武術上「黏」字是三百年前俞大猷、戚繼光等提出來的。最初見之於俞大猷的《劍經》，用以描述槍法中攔拿、黏逼、跟進的運勁制敵方法，後被引入太極拳推手。

「動急則急應，動緩則緩隨」——對手行動快，我反應必須跟得也快；對手行動慢，我隨之自然也就放慢。

強調時態上必須走出自我中心而因應外部環境，不能無視對手而自作主張。這是應對中捨己從人採取防守反攻的說法，反對情況不明決心大、心中無數主意多的主觀預設，講究順人而不失己地真正掌握主動權，絕不可誤作是逆來順受、失去主宰的任人擺佈；須知攻擊在人，應敵在我，無論什麼情況我都應該看菜吃飯，量體裁衣地根據對方情況從容應付。

這是無過不及、隨曲就伸的主體性操作表現。掌握「應」、「隨」功夫，當從聽勁入手。

「雖變化萬端，而理唯一貫」——無論動作怎樣複雜變化，其背後的運行機理和操作原則卻必須始終如一。

任何事物變化背後都有普遍性的運行機理，這就是《易》所謂「變易、簡易、不易」那天地之理。老子云：「聖人抱一為天下式。」孔子云：「吾道一以貫之。」朱熹《四書集注》論《中庸》曰：「其書始言一理，中散為萬物，末復合為一理。放之則彌六合，卷之則退藏於密。氣味無窮，皆實學也。」亦此之意也。

太極運行所說的「一」，是多元運行中的「一」。所謂大道至簡、一本萬殊，練拳和應用中任何一個隨意動作，只要符合太極原則的都可稱為太極拳；如果違反太極原則，那即使有明確的師承和高超的技巧，也是不能稱為太極拳的。

句中理唯一貫，有的本子作為一貫，個別還有唯性一貫，當以理唯一貫傳神。

「由着熟而漸悟懂勁」——從動作熟練而逐步領悟和把握勁路運行的規律。

「着」指攻防進退的技術方法，由外在的肢體動作和內在的勁路運行所構成，也叫招法或招式；所謂見招拆式，表現一種主客應對形態，這是武術操作的基本構成元素。着熟即技法熟練。作為技擊技術，必須講求攻防技法的真正理解和熟練把握。着，有的本子作著，音義均無什麼不同，都是指技術性的着法亦即招法。

至於「勁」，指力量的運用方式和效應，表現為勁力的方向、運行、制動以及其性狀之虛實、剛柔、大小等多種屬性，不要把它跟力完全對立起來。懂勁指理解和把握

勁力變化的技巧和規律。在力量的對抗過程中，必須講求雙方力量的基本結構、關係態勢以及自身力量的靈活應對和有效運用。所謂勁附著而行，任何勁力的變化都是建立在招式動作的基礎上的，由此必須要著熟才能漸悟懂勁。

「由懂勁而階及神明」——在懂勁基礎上則可以階梯式地依次通向神而明之的境界。

所謂「神明」，《淮南子‧兵略》云：「見人所不見謂之明，知人所不知謂之神；神明者，先勝者也。」這裏主要指操作上怎樣藉助智慧、把握規律而逐步攀登從心所欲那「自由王國」的台階，使操作者所有的行為處事都可以得心應手、左右逢源、隨心所欲、心想事成，達到不期然而然那無思無慮而又洞察一切的高度和具有神妙莫測而又能夠自我主宰的功能。

「然非用力之久」——如果不是長時間反覆用功學習和訓練。

這是強調在方向和路線正確的前提下，只要功夫深、鐵杵也能磨成繡花針的經驗性歷史積澱。這裏的力字當作功字解；用力即勞心費力的花氣力、用功夫，而絕不是情況不明決心大、心中無數主意多和憑著一股氣去闖、去冒的使蠻力和靠蠻幹。

作為一種身體訓練，武術之道在於練。有道是熟能生巧，事物演化如果沒有一定量的積累就不可能發生質的飛躍，而技擊上則特別講求有備無患和以練保戰。《論語》有云：「學而時習之，不亦說乎？」把學習後的反覆操作練習看作是一種身心的享受。文化為人類後天的學習和創造，由此區別於動物的先天遺傳本能。

「不能豁然貫通焉」——就不能一下子全面地整體把握。

以技行擊的武術操作特別講究整體把握、個性應對。豁然，形容一下子的突變、飛躍；貫通，指全部透徹地瞭解和把握，以此回應上文理唯一貫說法；不能，則是從反面進行強調。至於豁然貫通一語，源出朱熹《四書集注》。朱熹引用程子語錄解釋格物致知時說道：「至於用力之久，而一旦豁然貫通焉，則眾物之表裏精粗無不到，而吾心之全體大用無不明矣。」清康熙帝為《御纂朱子全書》寫的序文也有「而一旦豁然貫通為要」。陶潛《桃花源記》則有豁然開朗一說。

「虛領頂勁」——頭上的百會穴用意輕輕地向上引領。

百會向上凌虛引領，腎水也就隨督脈而徐徐上升。這是練拳時集中精神、涵養先天、團聚力量和靈活變換的一個要領。「領」，指引領、導向，「虛領」即用意念而不是拙力輕輕地向上引領。領頂勁在意不在力，特別要防止頭頸部位的死板僵硬，由此強調虛字，突出太極拳用意識引導動作的意氣領先原則。

虛領有的本子作虛靈，著眼點從操作要領轉為操作狀態，強調其靈活應對狀態，這亦通，或曰這是更高層次。也有的本子作須領，強調其必須之意。沈壽認為，把虛領頂勁表述為虛靈頂勁，當是陳微明所改。

「氣沉丹田」——形容呼吸沉穩，「內氣」自然鬆落，而不是硬性壓縮到「丹田」。

氣息向下自然鬆落，心火於是也就沿任脈隨之緩緩下

降。丹田，原意為道家煉丹的地力。針灸稱人體臍下氣海穴為丹田，武術一般指人體臍下小腹部為丹田。氣沉首先表現為一種對深呼吸的要求：這個沉字，表明其要求是自然鬆落、跌落、墜落（而不是拙力壓下或憋住）。氣沉丹田跟虛領頂勁是同一個問題互補的兩個不同方面，只有上領才能下沉。

老子云「虛其心而實其腹」；這句跟上句一起體現了太極拳神往上升、氣往下沉那上下對拉爭衡的上虛下實、上懸下墜那「頂天立地」的基本體態，象徵盤古開天清氣上升、濁氣下沉而天地判分，亦類似植物生長苗向上長、根往下扎，其生理機制則是打通任督二脈，以便腎水上升、心火下降、心腎相交、水火相濟。

有批評者認為，這兩句屬於「上下牽扯的意導舉措，不但難以實現，而且還會帶來因兼顧不易之煩躁。」這個意見儘管就其自身定義域說或有一定道理，但就太極拳理念說卻顯然陷於陰陽不分，未能區別神與氣的不同走向，而且技術上也不瞭解上下對拉那通經舒絡的生理作用。

「不偏不倚」——身體中正而不可俯仰歪斜和依賴外力。

這裏所說的偏倚更多的是指身形體態。偏，指偏頗失中；倚，指倚賴失正。「不偏不倚」，形容立身中正沒有偏頗倚賴，而所有行為都能恪守中庸之道。

前面無過不及強調總體性的操作行為，這裏不偏不倚則突出由此產生那防偏的身形體貌。只有身法上的不偏不倚，才能重心穩定，獨立自主，動作靈活，把握主動。它是上面虛領頂勁、氣沉丹田要求所引出的結果。

「忽隱忽現」——力量控制要讓人感到時隱時現、變化莫測。

這裏所說的「隱、現」較多地是指勁路的變換。隱，指隱藏不見；現，指顯露呈現。忽，指忽然、突然、一下子、意料之外。忽隱忽現形容我之勁力變化隱現無常，由此造成人不知我、我獨知人的主動狀態。

事物的本質其實都是顯隱無常的。這句跟上句一起體現了太極拳不偏不倚的外部形態和忽隱忽現的內部勁力變換和互補。

「左重則左虛，右重則右杳」——對手攻我左側，我便把左側變空；對手攻我右側，我又把右側隱蔽不現。

這是對太極拳走化技術的操作說明，主要討論敵我關係。虛和杳，都是指昏暗、深遠、杳茫，形容讓人見不到蹤影、抓不到實處；屬性為陰、技術歸化（但其背後則是陰中有陽、化中有打）。現代漢語中也有「杳無音信」一類說法。

太極拳的應對是一種軸心運動，就對方來勢而旋轉變化。所以《行功心解》上說「氣如車輪，腰如車軸」，就是讓自己的氣有如車輪般左重的向左轉動，右重的向右轉動。

「仰之則彌高，俯之則彌深；進之則愈長，退之則愈促」——對手向上仰攻，我升得更高，使其摸風不到；對手向下攻來，我變得更低，讓其感到如臨深淵；對手進，我就退，使其鞭長莫及（連上兩句共六句都是引進落空之意），對手退，我就乘勢進逼，使其感到窮於應付而手忙腳亂（這句則說對方在我的控制下欲退不能）。

這是敵手對我之勁路變換的感受。彌，即愈、益、甚、更加，語出於《論語》引顏淵對孔子的感嘆云：「仰之彌高，鑽之彌堅；瞻之在前，忽焉在後。」這裏藉以形容他仰攻我，我引得更高，他俯攻我，我引得更深，他直迸我引使他更長。總之順他的來勢而引向空處，既不抵抗也不截擊，而是讓個空位引其入套。無論攻守還是進退，都忌直線運行。六句都是描述太極拳的攻守進退中，我在左右、上下、前後六個方位中給予敵手的感覺。其技法原則在於「引」，亦即引進落空、就勢借力。

「一羽不能加，蠅蟲不能落」──形容力量要判斷準確，一根羽毛的重量也要分辨出來；感覺要十分靈敏，蚊蟲落到身上也要讓其站不住腳。

這是總結太極拳勁路運行特點，突出強調太極拳之輕靈，完全不給對方以著力點。這裏的關鍵在於走出自我中心、把握整體機勢那心靜的聽勁。

「人不知我，我獨知人，英雄所向無敵，蓋皆由此而及也」──應對時讓人摸不到我的底細，而我卻完全把握對方的一切，英雄之所以能夠無敵於天下，完全就是這個戰場訊息單向透明的緣故啊。

進一步談太極拳的勁路效應。人不知我，我獨知人指「拳打不知」的戰場上訊息單向透明狀態；蓋皆由此而及也，指把握戰鬥主動權的英雄所向無敵結果，全都是由於這個原因所造成的。中國兵法突出「知重於兵」的戰爭認識論；它強調訊息是戰略和戰鬥行動的基本依據，揭示了訊息活動在戰略決策和戰術管理中關乎生死的地位。

文中「蓋」字，為歸結起來、追根推源之意；皆則指

都是、全是。此句有的本子少一皆字，亦通。整句突出知己知彼的「知」而不是有力打無力之「力」，公開挑戰動物世界弱肉強食的叢林法則。

「斯技旁門甚多，雖勢有區別，概不外壯欺弱、慢讓快耳」──技擊技術的流派很多，其具體操作方式儘管有所不同，但歸結起來其實都不外是恃強凌弱，以快制慢罷了！

「概不外」指總起來說都不過是。概，即大體、大略。有的本子此句作「概不外乎」，多一語氣詞乎字，加強情感色彩，對恃強凌弱和弱肉強食的叢林法則表示出高度蔑視。

「有力打無力，手慢讓手快， 是皆先天自然之能」──有力打敗無力，手慢輸給手快，這是生物界先天自然的本能。

有力打無力，指有力的欺負無力的。有的本子此句作有力讓無力，讓，古漢語中有以辭相責、互相謙讓、以己所有者與人等多種含義，疑為錯字。

是皆先天自然之能，指都是先天自然的生物遺傳本能。是皆，突出其為普遍性的泛指。有的本子此句作此皆先天自然之能，此皆，則是強調特殊性的特指。

「非關學力而有為也」──並非是後天學習和訓練所能達到的，由此這個問題並不具後天的「文化」意義。

對應上句是皆先天自然之能，強調文化訊息當是一種區別於先天遺傳的後天學習和創造，突出其學力而有為的過程性特徵和實踐性能力。

注意，這學力中所說的「力」主要是指訓練中所獲得

的能力和功力，並不是指先天本能體力表現。有的本子此句作非關學力而有所為也，增一所字，而另一本子此句則作非關學力而有也，少一為子，疑為傳抄過程中的潤改或衍漏。

「察『四兩撥千斤』之句，顯非力勝」——仔細分析一下拳訣中四兩撥千斤的說法，顯然並不僅僅是依靠力氣來取勝的。引用拳訣說明太極拳的技擊特點。

「觀耄耋能禦眾之形，快何能為」——再看看七、八十歲的老人居然能夠抵抗眾人圍攻的情景，這單純靠主觀訴求上的快速怎麼能夠辦得到啊！

這是舉出具體實例以證明太極拳的技擊功能。耄耋，七十為耄、八十為耋，另一說是八十為耄、九十為耋，泛指老年人。能，在這裏是表示其可能性。有的本子此句作觀耄耋禦眾之形，少一能字，在語義上突出其必然性。

「立如平準，活似車輪」——身型、身法要像「平準」一樣中正，轉動變化要像車輪一樣靈活。

平準一詞，最早見《莊子・天道》，原文是「水靜則明燭鬚眉，平中準，大匠取法焉。」漢代設「平準」為掌管物價的官職；地方向中央交納貢物時，由平準官權衡折價，以平抑物價（見《史記》卷三十《平準書》）。一般用以形容處理事物中正不偏、公正準確，由此引申為走架和打手時要中正安舒掌握好自身平衡。也有人認為文中平準是指像天平那樣中正準確。有的本子此句作枰準，亦通；還有的本子此句作秤準，疑為筆誤或刊刻之訛。

「偏沉則隨，雙重則滯」——對手用力進攻，我便鬆開對方著力點，車軸般將力轉向另一側，這樣就會隨對

方來勢而出現圓轉屈伸變化；反之，我如果也同時用力頂抗就形成「雙重」，造成雙方頂牛拼消耗的局面，力量自然僵死呆滯。偏沉是有了陰陽虛實的變化，於是生機運行形成太極創化；雙重是沒有陰陽虛實的變化，於是僵死停滯陷入運作危機。

這句是從操作效果去印證操作原則，用以說明前述「左重則左虛，右重則右杳」。有人解釋雙重說：兩腳同時著地，兩手同進打出是雙重，一腳一手是單重。這是錯誤的理解，要知道單重雙重不在形式而在內容，太極拳是立如平準，活似車輪的軸心運動，找到了軸心所在則觸處成圓，處處單重找不著重心於是使人落空；否則發生頂抗便觸途成滯。處處雙重豈但兩手兩腳，就是一個指頭也免不了雙重。精練已極，極小一圓皆有軸心。由軸心發出來的圓，便無缺陷處，無凹凸處，哪得有雙重。

有批評認為，偏沉是「墮」，失陽重陰，當為毛病。失去主宰、為人所制這確實是病，但因敵成形、隨曲就伸那便不能這樣認為了。太極拳的偏沉其實是運行過程中因應對手而改變原有著力點的圓轉狀態，可以稱之為隨機走化，簡稱便是隨。

「每見數年純功，不能運化者，率皆自為人制，雙重之病未悟耳」——常常看到下過多年苦功仍然不能柔化運轉的人，其實都是自己造成受制於人的局面，這就是沒有領悟到「雙重」毛病及其危害的緣故啊！

「純功」，這裏只是指學習時不用心思的單純摹仿，而不是指功夫練成後的純粹（專業性掌握）程度。「運化」，即運轉、走化，這裏指行拳時能靈活運用並獲得預

期效果。「率」，都是、一概，這是強調原因的單一性。有的本子此句作率自為人制，少一皆字。還有的本子自作白，當為排印錯誤。

有批評者認為，既可稱之為數年純功，則應無陰陽不協調之誤。這恐怕是把純功理解得絕對化了。事實上人的陰陽協調是有不同層次的。這個層次的問題解決了，還得繼續按陰陽之道去解決另一層次之問題；不斷地發現問題和不斷地解決問題，這就是事物不斷發展的關鍵。

「欲避此病，須知陰陽。黏即是走，走即是黏；陰不離陽，陽不離陰；陰陽相濟，方為懂勁」——要避免這種毛病，必須明白萬物一理中陰陽相濟對立統一的消長變換。（在力量不均衡條件下活力博弈）要取得主動就必須因應圓轉、就勢走化、以柔克剛，由此才能變被動為主動，控制對方（黏即控制對方）；走和黏密不可分，正如陰離不開陽，陽也離不開陰；陰陽相輔相成，互相補充依託，才算懂得了勁路運行的規律。

太極是畫圓的中心點，向外半弧為陽，向內半弧為陰，陽的作用為黏為攻，陰的作用為走為守，黏是走的必要條件，走又是黏的必要條件，所以下面緊接著說陰不離陽，陽不離陰，陰陽相濟方為懂勁。就技術發生史說，太極拳的圓轉走化源於古代貼身防衛的劍術，黏逼拿發則源於古代就勢進攻的槍術。然而短兵可長用、長兵也可短用，攻守乃是同一戰鬥的兩個方面，這裏的變換軌跡都是圓。太極拳則把這些經驗全部內化到身手技法上。

有批評認為，前面說的黏走分明是兩回事：即人剛（進）我柔（退）是為之走，我順（進）人背（退）則謂

之黏，此其為二；而到了這裏走黏卻成了一回事。而且陰也可為陽、黏走兩個不同層次的概念平列同提，也讓人無法分辨。

這顯然是不理解陰陽雙方互寓互包、相生變換的辯證法。在技擊博弈中，所謂陰陽黏走，剛柔黏連等等都是攻守兩類動作態勢的代名詞，操作上攻裏有守、守裏有攻（勁路上則是發中寓蓄、蓄中有發的蓄發互寓、手不空回）二者均相互支持、相互補充並立足於打，由此謂之相濟，認識這個便等於懂勁，只有在懂勁的基礎上做功夫，才能做到愈練愈精。

「欲避此病」，有的本子作若欲避此病，多一若字，突出假設語氣。陰不離陽，陽不離陰，強調陰陽兩個方面的對待互根、相生相濟的關係。有的本子此句作陽不離陰，陰不離陽。唐豪認為，這個句子是從《周子全書》裏胡煦的「陰陽不相離，又有相須相互之妙」兩句發揮出來的。

「懂勁後愈練愈精，默識揣摩，漸至從心所欲」——只有懂得勁路運行規律以後才能越練越精，由內心默默比較辨識和反覆捉摸體驗，就會逐漸達到得心應手、隨心所欲的地步。這是說明懂勁後的進步途徑和功效。「默識揣摩」，指默默辨識、暗記不忘和反覆捉摸、比較體驗。

中國文化是一種身體型操作性的實用事功文化，相對於西方文化來說，弱於邏輯概念分析，長於身體內部體驗，講究如魚飲水、冷暖自知的自家體貼和自身受用。默識揣摩是一種區別於外向追求的內向型心理體察，強調認

知問題上反求諸己的去掉遮蔽，著眼於自身內在的認知和操作能力；有學者指出，這是一種區別於感性直觀和理性反思的悟性體驗方式。

「本是『捨己從人』，多誤『捨近求遠』」——本來這種戰術的原則是走出自我中心那捨己從人的隨機應變、揚長避短和引進落空、借力打力（歸屬於出自己意的主體操作），然而許多人卻把它錯誤地理解為失去主宰的對外依賴、妥協臣服和放棄原則、隨波逐流（歸屬於無可奈何為人所制的被動受困），由此離技擊主題越來越遠。

「捨己從人」，原意指放棄己見，服從公論。《書經·大禹謨》云：「稽於眾，捨己從人。」疏曰：「考於眾言，觀其是非。捨己之非，從人之是。」《孟子·公孫丑》云：「大舜有大焉，善與人同；捨己從人，樂取於人以為善。」後引申為一種走出自我中心、正視對象和環境、順應並利用客觀規律從而獲得自由的操作行為方式。

技擊上捨己中的捨字，是指主動的就勢退避、誘敵深入（即人剛我柔謂之走），而不是被動的放棄和妥協；由此捨己並不是失己或迷心的自我異化和任人擺佈。從人中的從字，也是主動的因應承接、跟進黏逼（即我順人背謂之黏），而不是無奈的屈服退讓、依賴順從，其核心當是隨機就勢、反客為主的引進落空、借力打力，致人而不至於人。從理論上說，捨己從人不是道德要求而是作戰原則，內涵是放棄主觀成見和形式定規，因應客觀條件的「有什麼敵人打什麼樣的仗，有什麼樣的武器打什麼樣的仗，有什麼樣的環境打什麼樣的仗」，但其背後實質卻是「你打你的，我打我的」之「由得我而由不得你」。

《老子》有云：「吾不敢為主而為客，不敢進寸而退尺」和「無為而無不為」。《孫子》亦云：「兵形似水」，「水因地而制流，兵因敵而制勝。」即此之謂也。由此當是一種主體性操作，而不是受制性無奈。與此類似的說法還有《論語·子罕》云：「子絕四：毋意，毋必，毋固，毋我。」《四書集注》解曰：「意，私意也。必，期必也。固，執滯也。我，私己也。四者相為終始，起於意，遂於必，留於固，而成於我也。蓋意、必常在事前，固、我常在事後，至於我又生意，則物慾牽引，循環不窮矣。」這就是說，孔子要拒絕四種弊病：不主觀臆斷，不絕對肯定，不固執己見，不唯我獨尊。這些說法不限於認識論，同時還是操作論。

太極拳借此說明自身的一種走出自我中心、發揮主體能力、因應外部環境、彈性回應外敵那「以柔克剛」之戰略和戰術。

至於「捨近求遠」，原意為忽略切近、謀及高遠，由此引申為所求不切實際並且達不到目的；武術技擊上表現為放棄自身專長、遷就敵手安排。《後漢書·藏宮傳》云：「捨近謀遠者，勞而無功。」即此之謂也。《易傳·繫辭下》有云：「近取諸身，遠取諸物」，就一定意義上說，太極拳捨近求遠中的「近」當為自我（心主神明地「出自己意」），而「遠」則為外敵（六神無主而「依從敵心」）。

中國文化講究反求諸己、修身為本（即現在所云從自己做起）的自我主宰，認識問題依託切身經驗，生命博弈的生存競爭只能依靠自力更生而不是對手仁慈。捨近求遠

則是失去主宰而依賴外敵，所謂從人本是由己，捨己從人不能迷失本性而異化為任人宰割的對外依賴。所謂不能捨近求遠，就是從反面對捨己從人作出主體應對的進一步界定。有人從操作與任務的關係上論遠近，由此把捨近求遠理解為不懂隨機就勢的搶先進攻，由此可能暴露弱點，從而導致勞而無功並反為人制，亦通。

　　徐震曾在具體的技術操作上對捨己從人和捨近求遠的類型做過四個方面的分析：「一為既不捨己從人，又復捨近求遠。世俗拳師，但練花拳，或著練硬功，不識門徑，不通勢法，大多如此，此最下也。二為雖知捨己從人，未免捨近求遠。習太極拳功力淺者，易犯此失。三為不能捨己從人，尚非捨近求遠。內功之粗者，外功之精者，往往如此，其用法未嘗不簡捷，特非變化圓融，隨觸即轉，未免有起有落，雖就勢法而言，已不見捨近求遠之失，究極論之，尚未盡切近之能事也。四為太極功夫之歸咎，必於捨己從人中，求其至切近之運用，所爭只在毫釐，功夫若此，方為造微也。故結論云，差之毫釐，謬以千里。意謂太極拳之所以卓絕，正以有此精微之境。不到此精微，不足以識其特異。學者於此，小有差忒，即不得太極拳之真諦，故辨之不可不審也。」這裏從敵我關係討論遠近，跟筆者理解也是一致的。

　　關於「捨近求遠」，張寶銀有個獨特理解。他認為這裏的「誤」當為「悟」字，由此「『捨近求遠』是對『捨己從人』的進一步詮解和具體操作，『捨己』應當『捨近』，『挨何處心便用在何處』，『其小無內』；『從人』應當『求遠』，『彼方挨我之皮毛，我已入彼之骨

裏』，『其大無外』。太極拳之追求，非姿勢之標準，外形之工整，而是『渾然無跡，心體空空』，而『捨近求遠』，則表現為不規則的隨機性，不可預知的靈動性，『恍兮惚兮，其中有物；惚兮恍兮，其中有象』；『混沌藏機，靈機不居，變化莫測』，此正是太極拳尋覓之『神明』境界，亦太極返本還原回歸之『無極』態勢。然『多悟捨近求遠』，歷來誤『悟』為『誤』，結果『差之毫釐，謬以千里』，貽誤後學，將『有感而應』的太極神技誤導為『沾黏連隨』的『繾綣』行為，世人對於太極拳技藝的偏見、曲解、誤會，及貶言，其源蓋出於此。囿於歷史原因，古傳經、論、譜、訣，『忽隱忽現』，讓人『默識揣摩』，『含而不露』，令爾『曲徑探幽』。故凡有志於此學者，對於王宗岳《太極拳論》既應篤學之，勤修之，更應深悟之，慎思之，『詳辨』之。須知『虛則實之，實則虛之』啊！」

此話突出了上面所說那中國人默識揣摩的悟性體知獨特方法，有其一定的認識價值；儘管並不完全符合原意，但卻解放思想並能自圓其說，但卻多涉及玄虛並借題發揮而不大為人們理解，故仍錄下以供參考。

就頂尖高手應對弱勢新手說，法無定法，確實可以透過自身的示形造勢、引進落空去化腐朽為神奇，由此捨近求遠自是曲中求直的高明之舉；但就普遍的進階而言，當是合規矩才能脫規矩，而脫規矩也要合規矩，首先是要做足從自己做起那所謂笨的基礎性功夫。離開基礎性的近，追求虛無縹緲的遠，這大概這也是另一種捨近求遠吧！

「所謂『差之毫釐，謬之千里』，學者不可不詳辨

焉！是為論」——這真是俗話所說的差之毫釐，謬以千里了。學拳的人對此不可以不仔細地加以分辨啊！為此特地作出以上論述。

差之毫釐，謬之千里，「差」指偏離、差錯、失誤。此句語本《漢書・東方朔傳》云：「失之毫釐，差以千里。」《漢書・司馬遷傳》亦云：「差以毫釐，謬以千里」。《文選・齊竟陵文宣王行狀注》則謂其出於《乾鑿度》。《禮經解》云：「《易》曰：君子慎始。差若毫釐，謬以千里。」有的本子此句作「差之毫釐，謬以千里」。李紫劍認為，「差之毫釐，謬之千里」兩句在清代名人著作中，先見於袁枚的《隨園詩話》，繼見於乾隆七年太醫院彙編的《醫宗金鑑》和《靈樞經》條目中，《太極拳論》中的這兩句乃是仿人之作。

四 串講與討論

1. 第一段：破題

本段開門見山點出太極拳的命名由來、哲學基礎和象徵意義，用中國傳統哲學的太極陰陽學說概括和總領太極拳運動。太極拳就是以「太極」原理命名和指導的拳術；僅瞭解其命名由來和簡單操作方式是很不夠的，還須進一步瞭解其哲學基礎和文化特徵。

本段從萬物一體、天人合一的文化觀念出發，以宇宙演化模式和人生發展過程來說明太極拳的運動方式，認為太極拳運動所表達的正是整個宇宙萬事萬物運行之理，突出陰陽相濟、虛實變換的生剋制化。這種從共性去說明個

性的方式，是中國文化多有的論述方法。理論來源可追溯到《易傳》的「易有太極，是生兩儀，兩儀生四象，四象生八卦，八卦定吉凶，吉凶生大業」那「生生不已之謂道」和「一陰一陽之謂道」。還有《老子》的「有物混成，先天地生，寂兮廖兮，獨立不改，周行而不殆，可以為天下母，吾不知其名，字之曰道，強名之曰大」，「道生一，一生二，二生三，三生萬物」，「天下萬物生於有，有生於無」，以及「萬物負陰而抱陽」、「反者道之動、弱者道之用」等等。

後來到了宋朝的周敦頤融合易老，寫出《太極圖說》奠定宋明理學的基本理論框架，提出了本根意義上的太極理論。朱熹認為：「總天地萬物之理，便是太極」。按唐豪等考證，王宗岳《太極拳論》很多思路和提法，直接襲用了乾隆年間出版的《周子全書》（這是一部十一到十八世紀時人闡發宋明理學奠基人周敦頤哲學的總集）。至於周敦頤《太極圖說》圖像的來源，則還可以追溯《參同契》的「水火匡廓圖」，《道藏》裏「上方大洞真元妙經圖」中的「太極先天之圖」，以及道士陳摶的「太極圖」等等。這些圖都是道教的氣功修練方法符號表達，並以宇宙演化普遍規律的面目出現。周敦頤統合儒道釋創立宋明理學，王宗岳則借此解釋太極拳的拳理和運作。

宋明理學是《太極拳論》的基本理論框架，楊澄甫在《太極拳體用全書》例言中總結說：「太極拳本易之太極八卦，曰理、曰氣、曰象以演成。孔子所謂範圍天地之化而不過，豈能出於理氣象乎？惟理氣象乃太極拳之所胚胎也。三者得能兼備，而體用全矣。然象取法太極八卦，氣則不出於

陰陽剛柔，理則主宰變易不易，以窮其化。學者尤宜先求其象，以養其氣，久之自然能得其理矣。」這是用理學框架對太極拳的基本要素和邏輯結構作全面的解釋。

作為一本秘不外傳僅供內部使用的技術指導手冊，《王宗岳太極拳譜》絕不是像時下那樣故弄玄虛借神祕主義到市場上去招搖騙錢，也不是類似道門內丹著作那樣大量使用難懂的象徵隱喻，而是由當時普遍流行的哲學方法論去概括和總結太極拳的實踐經驗，以便門內後世能夠得以世代傳承。

《太極拳論》一開始就引入無極和太極的哲學原理，對太極拳的理論依據進行闡釋。就過程的演化而言，無極指尚未分化的原始混沌狀態，即包含無限可能那無形無象、無可指名的「無規定性」，太極則指開始有了陰陽分化的具體運行狀態，即具有某種方向的「有規定性」。朱熹有云：「物物有一太極，人人有一太極。」任何一個具有規定性的東西都可以把它理解為一個太極。中國文化認為人體內外均是統一同構、全息對應並具有相同的演化運行規律。由此人所有活動都應「提挈天地、把握陰陽」（《內經・素問・上古天真論》）。跟其他傳統技藝一樣，中國武術理論也喜歡借用所謂太極陰陽變化的相互關係，說明招式動作、行功走架、勁路運轉、敵我關係、意念變化、文化意蘊等方方面面的基本規律和操作原則，總結武術實踐各個方面的主要經驗。由於萬物一體、天人合一，因而人的活動也要取象於天並且象天法地。張載有云：「一物兩體，其太極歟！」所謂孤陰不生、獨陽不長、陰陽相交，乃成萬物。太極包含著陰陽，故曰太極為

陰陽之母也。從人體活動的角度看，《內經・素問・陰陽應像大論》有云：「陰陽者，天地之道也，萬物之綱紀，變化之父母，生殺之本始。」於是武術家們便強調以陰陽的互涵互根、消長、轉化來作為武術技法基本原理，並以此來解釋、整理、規範武技功法。

關於無極和太極的關係，哲學史上是有過激烈爭論的。其中最有名的是朱（熹）陸（九淵）之辯。基於本書任務，沒有必要具體介紹和拘泥這些古人辯論。但就相關方法論而言，今人對這個問題的理解同樣大體有兩條思路：一是宇宙演化論的思路，二是哲學本體論的思路。

就前者思路，任何具體過程都有其發生、發展及消亡的歷程，有其發生前的準備和消亡後的超越另類狀態。故自無極而生太極、由太極而復歸無極，無極跟太極是前後相繼的歷時性過程關係，二者形態並非一致。就後者思路，無極而太極即太極本無極，無極、太極是一而二、二而一那無所不在的普遍之理，是同時性的邏輯關係，因而沒有必要去妄分彼此。這裏考察的層次和方式均不同，由此並不存在誰對誰錯的問題，不必過於拘泥執著。

古人以至今人很多都搞不清楚這個道理，因而只好自說自話地爭論不休。太極拳理論對此二者兼收，一方面講一處自有一太極，考慮具體過程的特殊性；另一方面又講處處總此一太極（武禹襄的《十三總勢說略》作一處自有一虛實、處處總此一虛實，以虛實論陰陽，其義亦相同），討論天下萬物的普遍性。

但中國古典哲學更多偏向討論宇宙演化論而不是哲學本體論，或者說是用宇宙演化論去統攝哲學本體論。跟西

方哲學所謂「現者不實、實者不現」的理念不同，我們古人心目中「現者即實、實者即現」，宇宙本體跟現象世界從來都是不即不離，沒有必要去妄分彼此。天地萬物的本根，同時也就是太極拳的本根；天地萬物的規律，同時也就是太極拳的規律。所以此文開宗明義即點明：「太極者，無極而生，動靜之機，陰陽之母也。」之後，下段接著就引申出「動之則分，靜之則合，無過不及，隨曲就伸」等等。這裏無極而生太極，是「道生一」；進入太極後分出陰陽、動靜，是「一生二」；太極中的陰陽、動靜形成一系列急應緩隨動作，又可分為上、中、下三盤以對應天、地、人三才，是「三生萬物」；其雖變化萬端而理為一貫，則是通天下一氣的「道通為一」。

傳為張三豐著《太極拳須斂神聚氣論》云：「太極之先，本為無極。鴻蒙一炁，混然不分，故無極為太極之母，即萬物先天之機也。二炁分，天地判，始成太極。二炁為陰陽，陰靜陽動，陰息陽生。天地分清濁，清浮濁沉，清高濁卑，陰陽相交，清濁相嬗，氤氳化生，始生萬物。人之生世，本有一無極，先天之機是也。迨入後天，即成太極。故萬物莫不有無極，亦莫不有太極也。人之作用，有動必靜，靜極必動，動靜相因，而陰陽分，渾然一太極也。人之生機，全恃神氣。氣清上浮，無異上天；神凝內斂，無異下地。神氣相交，亦宛然一太極也。故傳我太極拳法，即須先明太極妙道。」

清代武禹襄《太極拳論》也說「未有天地以前，太空無窮之中，渾然一氣，乃為無極。無極而太極。太極者，天地之根柢，萬物之原始也。」

許禹生注「太極者，無極而生」說：「太，大也。極者，樞紐根底之謂。太極為天地萬物之根本，而太極拳則為各拳之極至也。無極而生者，本於無極也。」其「以虛無為本，而包羅萬象，故曰無極。」陳微明註釋這句也說：「陰陽生於太極，太極本無極。太極拳處處分虛實陰陽，故名曰太極也。」吳圖南說：「太極之先，本為無極。鴻蒙一氣，混然不分。故無極為太極之母，即萬物先天之機也。二氣分，天地判，始成太極。二氣為陰陽，陰靜陽動，陰息陽生。天地分清濁，清浮濁沉。清高濁卑。陰陽相交，清濁相媾，氤氳化生，始育萬物。」又說：「人之生也，本為一無極。即先天之機是也。迨入後天，始成太極。故萬物莫不有無極，亦莫不有太極也。人之作用，有動有靜。動極必靜，靜極必動，動靜相因，而陰陽分。渾然一太極也。人之生機，全持神氣。卻清上浮，無異於天。神凝內斂，無異於地。神氣相交，亦宛然一太極也。故習太極拳者，須先明太極之妙道。若不明此，徒勞無益也。」

這些太極拳名家都是從本體和規律的高度去論拳的。《老子》云：「昔之得一者：天得一以清，地得一以寧，神得一以靈，谷得一以盈，萬物得一以生，侯王得一以為天下正。」這裡所說的「一」，就是決定事物本質的那個「道」。太極拳是種以技達道的技藝，學拳即為求道，練拳即為體道，用拳即為行道，道貫於術中，術極而又可以道化；演練太極拳必須牢牢地把握住它的本體精神和根本規律，才能一通百通而以至無往不利。

所謂太極者無極而生或者自無極而太極，同時兼有描

述運行狀態、發展過程以及闡釋運行機理、操作原則等多重含義。跟西方哲學從主客對峙去尋找隱藏在現象背後本體的對象化考察思路不同，中國傳統是從萬物一體、天人合一、體用一如、形神兼備的角度，由主體感悟把實然、本然、應然、已然全部圓融無礙地綜合在一起，強調功夫即本體的基本思路。

《易傳》的「太極生兩儀，兩儀生四象，四象生八卦」，或老子的「道生一，一生二，二生三，三生萬物」，表明在中國傳統宇宙論視野中，宇宙和萬事萬物的生成被分為三大階段和三種狀態：「無——有——物」（對應無極——太極——陰陽），即「天下萬物生於有，有生於無」。這也就是說，萬物生成不僅有一個從無到有的過程，而且有一個從隱到顯的過程，而有正是一種隱存在或隱過程的顯現，這正是我們古人關注的重心。中國哲學的「本體論」不是對象構成論而是實踐生成論，它要回答的問題首先不是對象是什麼，而是我要怎麼辦。由此這三大階段和三種狀態，同時又是人們操作的三個機理和三項原則。中國武術對所謂內功的訓練，同樣也是這個思路。所謂太極者無極而生，就是要求根據太極的原理去進行訓練，自能形成真正太極功夫。

在李亦畬廉讓堂手抄本上，此段無「動靜之機」四字，但許禹生《太極拳勢圖解》一書所輯本篇原文，卻多了這幾個字，疑為許禹生增補。顧留馨、沈壽等分析此文時亦論及此事及其意義。許禹生對這四個字的解釋是：「變異物體之位置，或動體進行之方向曰『動』。保存或維持其固有之位置或方向曰『靜』。機者，朕兆也。如

《陰符經》『天發殺機』之『機』。夫動靜無端，陰陽無始。太極者，其樞紐機關而已。太極拳當行功時，中心泰然，抱元守一，未常不靜。及其靜也，神明不測，有觸即發，未常無動。於動時存靜意，於靜時寓動機。一動一靜，互為其根，合乎自然。此太極拳術之所以妙也。」

中國文化看事物特別講究靜以含機、動以變化，於是靜尚勢、動尚法，突出動靜之間的流變貫通。就個人的身體而言，則有靜以養神、動以養形的說法，由此動靜相兼、形神相濟，強調操作主體機制的統一整合。

許禹生接著發揮說：「中國舊日學說，諸凡事物均以陰陽喻之，故陰陽無定位。太極拳之為陰陽亦然：如拳勢之動者為陽、靜者為陰，出手為陽、收手為陰，進步為陽、退步為陰，剛勁為陽、柔勁為陰，發勁為陽、收斂為陰，身軀之仰為陽、俯為陰，升為陽、降為陰；發揮此所喻，無論遇如何變化，內皆含一 O 圓形。故動靜不同時，陰陽不同位，而太極無不在焉。」

許禹生在這裏抓住了太極拳運動中陰陽動靜的對待互根、大化流行，提示演練應用者要懂得由動靜變化知機造勢以求得機得勢，把動靜從對象認知領域引申到主體操作領域，這確有見地。

一切都是在分化中產生的，所謂太極者，蘊動靜於其內，含陰陽於其中，無太極則無動靜，無動靜則無陰陽，故太極乃動靜之契機，陰陽之母體。中國文化講究象天法地，就技術操作層面說，這段用象徵和比附描述了太極拳的運動過程和演化機制，同時也解釋了太極拳的運行規則和操作要領。

徐震解釋說：「習太極造乎最高之境，為能常定常應。常定為『寂然不動』，常應為『感而遂通』。寂然不動，無極也；感而遂通，太極也。應生於定，感生於寂，故曰：『無極而生』。」張卓星也說：「概言之，太極拳的全部功夫不外『無極』和『太極』。『無極』是靜功，專做靜止的功夫；『太極』，包括盤架子、打手及器械等，是行功，專做運動的功夫。」過去練拳，都要從靜功（站樁功）開始打基礎。所以先練無極，再練太極。

無極是陰陽未辨，尚未進入特定操作運動過程的前期準備狀態，這時一切全無定向，由此蘊涵無限發展可能。而太極則是陰陽判分，在身心關係上有了動靜開合、形神體用，在敵我關係上有了攻守進退、虛實剛柔，在天人關係上有了陰陽有無、性情志趣，由此開始了特定的運行過程，所有操作都必須專主一方，亦即有方向性的變化。

歷來行功走架都特別注重起勢和收勢；前者是領會怎樣從無極進入太極，後者則是體會怎樣從太極復歸於無極。這是打好一套拳的真正關鍵，是整套太極拳的入門之階。太極拳從預備式到起式的啟動一剎那，象徵了無極生太極，它蘊含著爾後整個運動過程的全部矛盾。在未有動作之前，周身放鬆、自然站立，「心中空空洞洞，內無所思，外無所視，伸縮往來進退動作，皆無朕兆」（孫祿堂語），模仿天地未分前的渾沌狀態，讓整個人體處於「體無虛實陰陽之分，神無上下南北之感」，消除一切緊張情緒，使精神和肉體感覺不到任何負擔，具有某種如如不動之感；這也就是所謂陰陽不分為無極。然後在這個基礎上，心意一動、丹田潛轉，這時陰陽動靜便隨之分化；由

太極拳譜釋義 太極拳理的文化學分析

此意念一領、神往上升；勁力團聚、氣往下沉。人的體態，造成虛靈頂勁、氣沉丹田的虛胸實腹，進入給定的太極拳運動狀態。

這狀態也就是一物兩體或一體兩面的太極。全身的陰陽、動靜、虛實、屈伸、開合、進退等等，則在這個過程中對待流行地不斷演化出來。借用《易》的說法就是「寂然不動，感而遂通」；於是兩手隨意念前引上牽平抬，分兩點（領勁點、發勁點）、明三節（梢節、中節、根節）、會走化（身跟手走、步隨身換、黏走相生、蓄發互寓）。

所謂「太極者，無極而生」，就是比喻從開始前的無極狀態進入練功或應用的太極狀態。由此意氣運行、勁貫四梢，關節也由此節節鬆開進而節節貫串。而太極為陰陽之母，則指行功時，所有操作都必須要同時包含有對待互根、相濟轉換的兩個方面，由此有上必有下，有前必有後，有左必有右，有進必有退，有內必有外，有攻必有守。徐震指出：「易云：一陰一陽之謂道。謂一切事物，皆相反相濟也。太極拳練法，在開合蓄發、互為根鈕。用法在順逆走黏，一時俱運，皆相反相濟之道。故曰陰陽之母。」從中醫人體模型角度看，這是人體內部心火下降、腎水上升，透過抽離補坎，形成水火匡廓的乾坤交泰生命良性運行狀況。而到了收勢的時候，則把全身運行的內氣收歸到丹田，所謂九九歸一，結束特定的運行過程，由此重新回復到不辨陰陽的原始混沌狀態，體現返璞歸真的價值訴求。

張寶銀不主張從演化階段去區別太極和無極，認為

「拳以『太極』而名，其修持宗旨不是著相迷幻於色彩斑斕的『萬象』，而是追本溯源，覓尋回歸『太極』的原生地『無極』態勢，這種尋覓貫穿於整個修持的內、外、心、形全過程，且由內及外，『心成而形就』，僅將太極『起勢』和『收勢』稱作『無極』勢，『一葉障目，不見泰山；一豆塞耳，不聞雷鳴』。」然而這個意見是就每個動作都是有無相生、陰陽相濟的角度提問題，而不是就套路的編排和過程的有始有終提問題，屬於哲學本體論的解釋而不是過程演化論的描述；其精神儘管確有一定道理，但卻不能由此而否定套路走架過程的始終。隨後他自己也跟著說：「『太極』動而衍生『萬象』，即『道生一，一生二，二生三，三生萬物』，此謂『動之則分』；『萬象』靜而返還太極，回歸無極，謂之『靜之則合』。」這不是又回到具體過程的始終問題了嗎？其實無論一個動作還是一個套路，都可以看作是一個具體過程。

由此「自無極而太極」跟「太極本無極」兩句話當是一而二、二而一的同一個問題兩個方面，我們完全沒有必要把這兩個方面對立起來。硬去妄分彼此，這恐怕也是另一種「著相」吧！

2. 第二段：總綱

在第一段表述關於太極拳基本原理基礎上，論述從宇宙規律進入拳術運行，分別就動靜、分合、曲伸、人我、剛柔、順背、黏走、急緩、變常，以及後面進一步涉及的虛實、剛柔、攻守、進退、形神、體用等等一系列陰陽關係去描述太極拳內涵，並由此體現太極拳運行的操作總綱

領。

「動之則分」即操作展開現出態勢，「靜之則合」為運作暫停相持待動。操作中剛柔、順背、走黏等普適性概念，都有其技術陰陽屬性。所謂太極動而衍生萬象，即「道生一，一生二，二生三，三生萬物」，這就是動之則分；而萬象靜而復歸無極，這就是靜之則合。《太極圖說》云：「太極動而生陽，動極而靜，靜而生陰。靜極復動。一動一靜，互為其根；分陰分陽，兩儀立焉。」太極是陽動陰靜的基點，也是分陰分陽的起點。由此有太極才有陰陽，而太極之所以能夠分出陰陽，則在於太極自身的動靜；太極由自身運動分出陰陽，故太極不僅是動靜的實體，而且是陰陽的母體，其動靜是孳生發展宇宙萬物的基礎和機理。

所有具體過程的運行都是透過分化來進行的（動、分、生，陰陽相濟要以陰陽的分化和互動為條件），而這種分化又只有在該過程結束時才停止（靜、合、滅，任何過程又都有個起止生滅的期限），由此便開始了另一個具體過程的運行。整個宇宙的永恆運動，則是由這些分分合合、生生滅滅的具體過程所構成；從另一方面說，每個過程內部的各個方面和階段又都同樣處於分分合合和生生滅滅的狀態中。由此絕對運動跟相對靜止不僅是分屬兩個不同的階段，而且還是同一過程中的兩個不同方面。中國人所瞭解的歷史發展，也同樣是「天下大勢，分久必合、合久必分」的。自然規律、萬法歸宗，可以互通、可以借鑑；由此我們的行為方式，也應動之則分，靜之則合、成方成圓、可進可退、能屈能伸。

道體全息、一本萬殊，所謂動之則分，靜之則合，是從宇宙運行的整體動靜機理來描述太極拳動靜開合的形態特徵和相應的組合原理，並由此解釋太極拳技法的基本運動規律或基本操作要求。宇宙間一切事物都是連續性和非連續性的統一。就物理學原理比附角度說，太極、無極和動分、靜合，似乎還涉及事物演化過程中的混沌和分形的狀態和機制問題。這裏所謂的動分，是指陰陽變換的太極態；而所謂的靜合，則是指陰陽不辨的無極態。太極拳運行取象於天，由此不僅僅是指形式上用動作走弧線、勁路剛柔相濟和消長變換來與太極圖相合；更重要的是它要傚法天地萬物自然演化之道，體現「萬物與我並生、天地與我為一」境界，把自身融入整個大化流行當中。

　　武澄清在《釋原論》中對動之則分，靜之則合的解釋是：「分為陰陽分，合為陰陽合，大致情況如此。分合皆謂己而言。」強調分合的整體性質以及操作主體自身的動靜分合問題。其要領用徐震的話說，就是「動靜在心，分合在形。心能宰制其形，則一心主政，百骸從令。作止蓄發，無不如志。故曰，動之則分，靜之則合也。」徐震突出太極拳操作主體的用意特徵，指出其動作必須要有自覺意識指導的形神體用特點。

　　太極拳動作的特點是「靜如山岳，動若江河。」拳勢運作講究「一靜無有不靜，一動無有不動」的靜而不滯，動而不亂，動靜相宜，內外合一。其拳勢運作緊湊綿密時，應氣勢凝聚，形體和諧，招式合拍，防守周全，無懈可擊，大氣磅礴，穩重如山。拳勢運作開展時極富變化，表現出流暢飄逸，動如波湧，順達空靈。其打手技巧著重

就勢走化，打手技法講究黏引拿發，突出敵我往來中避實擊虛和虛守實發、避實擊虛的黏走相生。

分合的前提是把打拳者的人體比作太極。分為陰陽分，抬手一動全身處處都分陰分陽，這就不限於肢體屈伸、動作方圓、勁路剛柔和意念虛實，而是包含了拳術實踐中自身內外各個方面可能出現的種種對立統一現象。合為陰陽合，分化出來的陰陽均是太極整體的組成部分。運行中自身內部前後、上下、左右、內外必須周身一家、完整一氣、渾圓一體；與對手接觸過程中，則沾黏連隨、不丟不頂、往來應對、觸手成圓、連成一氣。這裏一方面是陰陽要分得清、虛實要變得靈，另一方面則是陰陽要互寓互根、相濟互補。

所謂動分靜合之說，有廣狹兩個不同層面，例如打拳為動，收拳為靜（舊稱收勢為合太極，即取靜之則合之義；動是進入特定發展過程，靜則是結束這個過程）。再如，打拳雖屬動，但動中也有動分靜合，用以表現特定過程中的階段性轉折、變換、節奏以及過程中的穩態控制；這個運動中的靜，與收勢後或起勢前的靜態，顯然有所不同。即就這個人體自身的動靜而言，動分靜合也有多重含義：其淺表層次，是指動作的開合進退以及相應的節奏聯貫；其核心層次，則指整個陰陽虛實變換的分化和統一。

鄭曼青強調：「太極本體靜合動分。至於開合，以形氣而言。故形開則氣合，形合則氣開。」講求某種陰陽對應。操作上動分靜合是從對象化的整體狀態提出問題，而有開有合則是從主體性的技術操作上提出問題。許禹生說：「剛則化之，故曰分。柔則守之，故曰合。」就是從

操作技術上說的。

動分靜合運行有某種相對性質。王新午說：「開合為太極拳勁之根本。包括甚多。凡進退、上下、前後、左右、陰陽、虛實，皆相對名詞，在應用亦相對聯用。有上即有下、無往而不復，言其象則如圓無端，論其用則所謂開合勁也。以太極拳之妙，專利用往復無端之法以致勝。」在討論動靜問題時，當要注意其提問題的層次和角度，不要把不同方面的東西混為一談。

「無過不及，隨曲就伸」，是描述太極拳主體操作的安舒中正和靈活變通原則。在動分靜合那分合、合分，合分、分合……的生生不已演化過程中，不允許出現「過」與「不及」這樣兩種偏差狀態，始終要講求中正、中和、中定，圓滿、圓融、圓通。這種狀態其小無內消解了自我中心，這就是「隨曲」；但又其大無外遍及了一切，這就是「就伸」。

拳以太極命名，表明它的修持宗旨並不著相迷幻於色彩斑斕的萬象，而是窮根究底地追溯事物的本源和運行機制。不論走架還是推手，操作時動作和勁路都不應過分或不及，孔子云「過猶不及」，兩者皆為毛病。行拳應講究姿勢正確、動作合度、勁路適當、變換靈便。應敵時則更要遵循「沾、黏、連、隨」四要，力避「匾、抗、丟、頂」四病。頂、抗為太過，匾、丟則為不及。走架時要注意上下相隨、前後相連、相連不斷和虛實變換、剛柔並濟、圓轉靈活，變轉虛實時要一氣呵成而不可以出現斷續遲重狀況。至於推手時更要「悉心體認，隨人所動，隨曲就伸，不丟不頂，勿自伸縮」，亦即回應外界變化。

「無過不及」，操作上首先強調走架時身體動作規範正確，以及相應的身體重心和力量的自我節制和調整。就操作要領說，要求尾閭中正神貫頂；就功能表現言，呈現為滿身輕利頂頭懸；就整體狀態看，則是中正安舒的守中和用中。這也就是儒家的中庸之道、醫家的中和之氣、道家的無所待、佛家的破除兩執。

至於「隨曲就伸」，則更多是由無過不及的主體上引申出來應合環境或敵力的那種「沾黏連隨、不丟不頂」的關係和狀態。在這裏，「隨」是跟隨，強調捨己從人、因應變化的隨人所動，而不是自作主張、無視對手的盲目亂動。「曲」和「伸」就外形上是收縮和伸張，技術上則是化勁和發勁，強調就勢的化、發。隨曲就伸不僅有先化後打，而且有化中有打、打中有化和化即是打、打即是化。

過為「頂」，不及為「丟」；無過不及的不丟不頂，描述了在時間和空間四維坐標中這樣的一種關係和狀態：時間上不先不後，恰當敵力將發未發之時；空間上不即不離，正切敵力難轉難化之處。任何主體都是在跟客體發生關係的過程中得到定義的，主體操作事實上無法一廂情願。由此太極拳的無過不及也要在跟對手相互作用的過程中得到定義，強調走出自我中心而因應外界變化的隨曲就伸。

徐震指出：「無過不及，謂應合他力，須時間與方向，兩皆適當。時間則不先不後，正當他力將發未發之際。方向則不即不離，正切他力難轉難化，不可抗拒之處。隨曲就伸，謂應合他力，貴能因事乘便，不與牴牾，則他力皆為我用矣。」

道家方法論特點是虛無為本、因循為用，「守中」即是引進落空、使人入套的守沖（沖虛），由此太極拳也特別強調技術上因應環境、有感即應和應接合拍的無過不及，隨曲就伸。其基本形態便是所謂為客不為主那你來我往、捨己從人、因敵而起、就勢而發、力從人借、步隨身換、沾黏連隨、不丟不頂。這是因應時、地、人、事的不同情勢、不以針鋒相對之預設對抗，但又堅守底線並實現目標之機動靈活的戰略戰術。俗語云看菜吃飯、量體裁衣、到什麼山上唱什麼歌，即此之謂也。

　　太極拳技擊前提假設是以弱對強，反對各種自我中心、無視環境的任意妄為，決不作正面實力抗衡的拚消耗。其基本原則是在運動中審時度勢、隨機應變、因事乘便、就勢借力。因此在操作上就必須充分利用環境訊息，根據客觀情況變化來屈伸進退，依隨敵手力量態勢而變換攻防手段；並在這過程中利用敵手力量以其人之道還治其人之身。隨曲就伸的實際內涵，並不是逆來順受、隨波逐流的任人擺佈，而是隨機就勢、進退自如的自在瀟灑。

　　總之，太極拳形態上立身中正，心理上勿貪勿吝，動作上無過不及，行為上不丟不頂，關係上隨曲就伸。它反映了人類在環境中主體操作的適度、合理、協調、和諧、可行、滿意等一系列原則，講究不占人先、不落人後、事不作絕、勢不用盡，不多一點、不少一分，恰到好處、正當其時、生剋制化、相應適宜；由此說明人類怎樣由適應順從環境而求得自身的生存、發展，並反過來對環境進行調控、改造。

　　文化學上的「無過不及」，可引申作為人、處世、立

身做事的操作原則和規矩，這就是「方」。無規矩不成方圓，任何東西都是有著自己的本質規定性的；不講原則、沒有規範和離開宗旨的隨心所欲只管去幹，很難說它是個什麼東西或不是個什麼東西。而即使有了宗旨、原則和規範，也要嚴格按規矩辦事，不夠不行，過頭也不行。這一切都是做人的主體性原則，表現出天地正氣的光明正直。

與此相應的「隨曲就伸」，更多則是表現出來那待人、接物、處事和應對不同環境的靈活變通，決不恃才傲物、剛愎自用或拘泥執著、死板教條，因人制宜、因地制宜、因時制宜、因事制宜，一切根據時間、地點和條件而轉移，敢於尊重客觀現實和承認自身的不足，在堅持真理的同時還必須不斷修正錯誤，這就是「圓」。孔子當年不但說「過猶不及」，而且還說「逝者如斯夫」、「無可無不可」。無可無不可是過猶不及另一方面的說法。過猶不及正面談操作主體的自我控制，而無可無不可則不去執著和限死這個主體變化的可能性。

「無過不及、隨曲就伸」可以理解為中國人所追求的「中庸之道」。朱熹注《中庸》云：「中庸者，不偏不倚，無過不及，而平常之理，乃天命所當然，精微之極致也。」這就是說，正因為有無過不及，才可能無可無不可；而沒有主體自我的東西，沒有價值參照和行為底線，則是無所謂什麼靈活變通的。所以太極拳的處事原則，便是隨機就勢而不逢迎從眾、特立獨行而不胡闖亂冒、捨己從人而不迷失自我、借力打力而不形成依賴。

有道是「依他起義」，在大化流行的普遍聯繫中，自我跟非我是同一問題的兩個不同方面；由此隨曲就伸並

不是沒有自我，而是要求要有明確的環境意識和對象意識，走出自我中心的自以為是和一廂情願，發展自身的生理適應、心理適應和社會適應能力，從而加強這個自我。作為非我的環境和條件，總是處在不斷流變過程中，由此必須在變化中站穩腳跟並適應環境，才談得上對其改造；「一切都以時間、地點和條件為轉移」。

在技擊技巧上，太極拳表現出以曲為直、以守為攻和曲中求直、蓄而後發的迂直之計，強調智取巧勝的運動戰。即使在身體動作角度說，它也特別講究外形上的占中求圓和功能上的守中取勢，還有訓練過程中的守規矩而脫規矩，脫規矩而合規矩。這一切都是無過不及，隨曲就伸的具體發揮和體現。

「人剛我柔謂之『走』，我順人背謂之『黏』」，這是描述太極拳技擊方式中「走、黏」兩大戰略原則的界定，表明太極拳屬於迂迴曲折的運動戰法。對手強勢衝擊，我不硬性對抗而以彈性應力迂迴運行而使之落空，這就叫做「走」，也稱為走化。當我順勢黏隨尋找戰機，並透過一些技術手段暗暗地跟進逼迫而使對手受我控制，這就叫做「黏」，也稱之為黏逼或黏隨，由此進一步引申到黏發、拿發。

「人剛我柔謂之『走』」，突出走避柔化的運動變化，為潛龍勿用下的陰變。陳鑫《推手三十六病》云：「人以手來，我以手引之使進，令其不得勢擊，是謂之走。」表明這是一種敵進我退、敵退我追、順引敵力，既不抵抗，又不離開的動作。其目的是避讓敵害和尋找戰機。

太極拳退守的技術特色，是把一般格鬥過程中的格擋

太極拳譜釋義 太極拳理的文化學分析

躲閃，融匯發展為順勢走化，由此使敵力處處落空而無法作用於己身；並由此由一個力學結構，借力打力地把敵手的力量「還」給他自己。它把攻防格鬥過程中消極的格擋躲閃退讓變成積極的應接走化還擊，絕不給對手留下可以轉換和逃離的空間，並含誘敵深入之義，在消極的形式中包含著非常積極的內容；所以這是守中寓攻之法，亦即所謂運動戰那「你打你的、我打我的，打得贏就打，打不贏就走」。走並不是逃跑主義，而是引進落空造成對方的被動。所謂「三十六計，走為上計」，活力對抗中弱勢者不能硬擋拼消耗，走的基本功能是敵進我退、隨曲就伸地避敵鋒芒，並在這個過程中發現和造成敵方的空隙，以空間換時間，尋求、創造和積蓄自身的優勢。走是手段，打是目的；走是為了打。

後半句「我順人背謂之『黏』」，強調對敵跟隨牽制的反客為主就勢還擊，屬飛龍在天的「陽合」。「黏」取以膠著物之意；借用氣功的術語描述，就是用「內氣」運轉敷蓋纏鎖對方招式勁路而使之相接吸住連為一體，形成敵手無法逃避控制。從柔、順之形式中產生出來的走、黏二法，一方面守中寓攻，另一方面又攻中有守，二者相輔相成。其功能是就勢利用某種技術動作以形成一定的力學結構，用以引動、封逼、捆住、提放、擊出敵手，讓敵處於背勢受制而感到有力不得力和有力無處使，甚至還身不由己地被黏起拔根凌空擊出；而我自身卻無過不及、中正安舒、巍然不動地穩坐釣魚船。

《打手歌》云：「沾黏連隨不丟頂」，這是一種如膠黏體，密切關注，彼去我隨，隨曲就伸地封逼纏鎖卡住敵

勢而不讓他脫逃的動作，其目的是控制住敵手。太極拳的技術特色，是在防守反擊中把一般格鬥過程的擊打和追趕融匯發展為就勢推按，而在這就勢推按時，又必須拿住敵勢並黏緊捆實纏鎖卡死，整體上絕不打無準備之仗和無把握之仗，要在敵手無法變換還擊的貼身近戰態勢下，持續增加打擊力量。

無論黏、走均以非我的「人」即對手作為參照系；這是一個相互作用的關係性範疇，由此超越自我中心並表現出區別於其他剛性拳種那以柔克剛運行特徵。它是上句無過不及，隨曲就伸操作原則引申出來的結果，更是下述捨己從人、借力打力的內家拳類柔性技術要求，講究博弈雙方的關係態勢而不是突出自我中心的既定屬性，體現了一種「陰性文化」迂迴運行特徵，其關鍵在於「捨己從人」。鄭曼青指出：「捨己從人，謂之順。即彼不動，我不動，人莫能測。與人以隙，謂之背。彼微動，我先動，知彼有隙可乘，我反得先，而彼落後，謂之背。皆由聽勁而得，非黏不可。」所以「黏」字是隨機蓄勢待攻之法，在沒有黏緊拿實纏鎖卡住對方勁路以前，決不輕易發動進攻；此即「克敵制勝，全在用黏」。

走、黏的基本法則，是根據「太極陰陽」相生相剋、相反相成、對待互根、消長變化的基本規律引申出來的。太極拳講究黏走相生、剛柔相濟，「黏」相對從屬於以剛制柔的主動方式，它跟以柔制剛的「走」構成是個互補的循環。以柔制剛的「走」，是避敵鋒芒讓對手進攻失效，改變原有被動格局，特別講究避鋒尋機、蓄勢待發、揚長避短、避實擊虛、引進落空、因應便宜，由此使己轉逆為

順達到我順人背。至於以剛制柔的「黏」，則是就勢黏逼跟進，講究整體調控、乘勢而上、就勢而發、借力打力、適可而止、留有餘地，為反攻創造條件。黏、走本身還不直接是攻，但黏、走又都引而不發包含著攻，為太極戰略中的守中寓攻和以守為攻之法。

拳諺云：「進不離黏，退不忘撑。」這裏無論進退都包含極強的攻防意識，完全沒有脫離武術的技擊本質，但在操作上又努力做到含而不露，不落痕跡；在道義上講求有理、有利、有節，讓人對此無話可說。由此構成一個迂迴圓活的運動戰完整體系。無論剛、柔還是黏、走，都要從人我關係中對技術進行界定，而不能孤立靜止地從主體訴求、自我標榜和未來許諾上對事情當下「本質」進行定義。所謂人、我、剛、柔、順、背、走、黏，全部都是陰陽運行的具體表現，都要注意無過不及的操作把握。

「人剛我柔謂之走」，但走不可過，過則為丟；「我順人背謂之黏」，但黏不可不及，不及便會離。走為化，性屬陰柔；沾卻含發，性屬陽剛。人剛我走，人背我黏，就是隨曲就伸。操作時要求準確無誤、絲絲入扣，結果也就是對抗中的無過不及。

剛，指的是敵手霸蠻硬直死拼「拙力」之強勢衝擊；柔，則指我特有那圓活鬆彈柔韌之「巧勁」彈性應對。順，為從順應中得機得勢；背，為於死拼中失機失勢。走，是撤退避鋒，藉助引進落空於被動中創造主動；黏是就勢反擊、後發先至、借力打力而得以維持主動。

人剛我走，乃因敵強我弱。走則要以隨變的「柔」為條件，死頂硬拚根本走不動。但柔卻不能軟，「走」並不

是逆來順受，儘管不頂不抗卻要引敵落空，為爾後的反擊創造前提，不能失去自己的行動自由權。這種後發先至的技法原則，不但在技術上可以節約體能，達到勁不妄發，發之必中，而且在道義上也可以形成有理、有利、有節的主動狀態。

走、黏戰略的基點，是培植內勁、積蓄力量、常備不懈、挖掘潛能、尋機造勢的自力更生；但其技術關鍵，則是隨機就勢、借力打力的利用對手和藉助環境的「對外開放」。前面已經提及，從技術演化角度看，可以推斷太極拳的走化技術脫胎於中國劍術的順勢圈化，黏（拿）發技術則根源於中國槍棍的黏逼跟進。這都是一些身體操作技術中極深的歷史積澱。

據顧留馨考證，中國武術中的黏字，最初見於俞大猷的《劍經》，而《劍經》是專講長兵棍法的武術專著（槍、棍同源，棍中有槍）。這跟筆者推斷顯然是一致的。至於掌握這剛柔順逆技術的關鍵，則是根據敵手訊息而黏走相生，純任自然地借力使力讓敵手進攻的力量反過來作用於他自己。這也就是中國式智慧那以不爭為爭和無為而無不為。

「動急則急應，動緩則緩隨」，這是描述太極拳技擊方式中把握動作速度的基本原則，體現無過不及、隨曲就伸的運動規律和特點。太極拳練習時動作較慢，但應用時卻並不是簡單和孤立地為慢而慢的。其戰略並不是弱肉強食的搶先進攻，而是講究先讓一步防守反擊的後發先至，但操作上則要以對手動作的緩急為緩急。對手動得快，我也應得快；對手動得慢，我也以慢相隨。這就是捨己從人

的因敵變化示神奇。太極拳在快慢速度問題上的思考，一是以對手為參照（動急則急應，動緩則緩隨），二是看自身的實際需要和可能（當快則快、當慢則慢），三是研究快慢的轉換機制（極慢然後極快）。這確實要比那些主觀主義的一味求快或自以為快要高明得多。

所謂應、隨之法，是跟捨己從人的走、黏的戰略戰術聯繫在一起的；其目標則恰好是以小制大和後發先至的就勢打擊，而並不是什麼自甘落後和無所作為的隨波逐流。在走與黏的互變、互轉、互化中，彼動急我急應之，急在心而不在形，心疾而形不躁；彼動緩我則緩隨之，緩在意而不在身，意緩而身安逸。其理在於協調整合，練養時全身內外上下處處相合相應、全面統籌，應敵時則還要與敵手的力學結構聯為一體，敵快我快，敵慢我慢，不瞻其前，不落其後，快慢相宜，故能制敵而不受制。

太極拳既然講究因應知機、以弱對強，這就絕對不能搞自我中心和一廂情願。格鬥中自己動作的快慢，一定要冷靜地瞭解敵情並取決於敵手動作的快慢，決不能自作主張、剛愎自用。徐震解釋說：「若必以急為善，則有先自見其形勢之失，若必以緩為善，又將失之以遲頓。故不可自用，惟當因彼。」要做到急應緩隨，必須周身放鬆，輕靈圓轉、聽勁靈敏。這一方面是瞭解敵情需要，另一方面又是適應變化，及時調整自身狀態，以挖掘潛能和有效打擊敵手需要。

「雖變化萬端，而理唯一貫」，這是小結概括上述四句，表明太極拳法無固定，理有要歸的一多關係。中國文化講究萬物一體、體用一如、一多貫攝、不裂全分；所以

「易有三義，變易、簡易、不易」。紛紜複雜的事物多樣性運動變化過程中，總有某些穩定不變的基本秩序；五花八門的人類實踐操作過程中，也有一些穩定不變的運行原則。自孔夫子的「吾道一以貫之」，一直到宋明理學的「一本萬殊」或「理一分殊」，都是探討這個問題的。現代哲學的說法，這屬於怎樣把握和處理普遍性與特殊性、個性與共性的關係問題。共性只能存在於個性之中，個性「大於」共性；然而個性最終又都要被歸納為共性（毛澤東認為，矛盾的普遍性和特殊性、共性和個性的關係的道理，是矛盾問題的精髓，也是唯物辯證法的精髓）。

人的認識過程總體上是「從特殊走向普遍」而不是「從普遍推出特殊」的（這跟邏輯推理過程相反）。認識的任務在於「經過感覺而到達於思維」，也就是要從特殊走向普遍，並從現象把握本質；如果把特殊作為追求的目標，讓自己的認識始終停留在自我中心的特殊領域，缺乏一個普遍性總體視野，恐怕很難說形成了什麼完整的理論體系。就技術指導說，任何操作都要有一個帶普遍性框架和要領加以規範和約束，否則過於瑣碎散漫而難以實現目的。

從操作過程看，就是以一定手段和途徑從而達到既定目的；執著於當下途徑而模糊總體目標，讓目的手段化和手段目的化，顯然無法完成既定任務。在南轅北轍條件下無論手段如何高明和完善，也不可能達到原先目的。而且這裏還有所謂萬法歸宗，無論怎樣繁複多樣的動作，最後又都可以歸結為一些最簡單的基本構造原理和相應的運行軌跡。這就是科學上所說的簡單性原則。所謂大道至簡，

中國文化十分講究高深跟簡易的統一。

王宗岳把太極拳的一些最基本的要求作為操作綱領提了出來，認為不管在操作中如何千變萬化，但其動分靜合、無過不及、隨曲就伸、黏走相生、緩急相隨等基本原理卻是一貫的。而這靜動、曲伸、走黏、緩急等對立統一的矛盾現象，又都可以歸結為相生相剋、消長相應、相濟互補的陰陽變換，而陰陽則是統一於太極的。

就武術史看，太極拳在基本成形後很快便有了流派分化，於是風格越來越多樣但理論卻越來越統一，同源異流的分化（如楊式分出吳式、趙堡分出武式）跟異源匯聚的整合（如孫式整合形意、八卦）是太極拳演化中一個問題的兩個方面；整體把握、個性應對，這當是一個拳種真正成熟的標誌。理論統一（理唯一貫）表明人們對其普遍規律的認同，風格各異（變化萬端）則體現其內部具有廣闊的自由發展空間；如果沒有統一理論其演化中將會異化變質，而脫離統一規範的異化狀態則很難稱之為本真規定的特色；但如果把理論絕對化和形式化起來做什麼規格、標準，那也同樣會扼殺其自身的多種發展變化之可能。

有人覺得，武術發展當要「突破傳統、創新理論、專業分工（按工種、年齡、性別等等劃分）、市場運作」。但這不但破壞了「非遺」保護，而且恐怕是想當然的。傳統武術是普通技術而不是專業技術，作為自我修練和自家受用的東西（使用價值）並非是用來交換並為他人所用的商品（交換價值），而作為一種綜合性的實用應對技術，也必須因人、因事、因時、因地而制宜，充分尊重愛好者的個人興趣和發揮操作者的個人特長，不必受職業分工的

限制。武術訓練時所採用的招式設計只是一個方便法門，讓練習者得以跟古人的生命智慧對話，由此逐步提高自己的綜合素質和應變能力。決不能把這些設計絕對化起來。

3. 第三段：進階

本段分析太極拳的建構過程，亦即通常所說的練功過程。「由著熟而漸悟懂勁，由懂勁而階及神明」，指出其學練過程中的三個進步階段（階梯），以及各個階段間演進的基本方式；這裏不但指出了每個階段的任務目標，而且還明確了每個階段那相應的手段形式和操作過程。

第一階段是「著熟」。着也作招，俗稱着（招）術、着數、着勢，用以指太極拳具體操作形式、動作姿勢，也指特定的技擊方法；它在武術中有操作、架式和招式、形制等綜合含義，要求人們講招式、盤架子、正姿勢。

李雅軒云：「拳術中的一腿一腳，一掌一拳，皆可說是一著。」打拳過程中由各種身體動作姿勢構成一定的著法，並透過這各個不同著法的聯貫運轉而構成整套拳術套路。每個著法及其變化都有一定的攻防應對含義，並由一定的手型、步型、身型和手法、步法、身法、眼法的變化組合而成。離開這些具有特定攻防含義和人體運行機理的招式著法及其變化規律，只是漫無目標地手舞足蹈，那是很難稱之為武術太極拳的。

形體招式變化嫻熟，操作自如，謂之着熟；着熟的建構手段是動作，建構方式是模仿，人們跟著老師一遍遍地反覆練習。它由一定的手型、步型、身型和手法、步法、身法、眼法的排列組合。它的動作構成可分為上盤、中

盤、下盤和每盤裏的根節、中節、梢節共三盤九節功夫；在交手應敵過程中又形成手、肘、身三重門戶，並且提出內三合、外三合的技術操作要領。其動作特徵強調鬆靜、柔緩、圓活、聯貫、完整等等。它的技擊內容，這時還屬於知己功夫的見招拆式。這個階段首先需要解決的問題，是智人直立後產生的手腳分工、身心分裂問題。它強調上下相隨、身心合一（而不是手忙腳亂、心神失落）的並敵一向，突出一個整字，著眼於全身內向的協調和諧，反對各行其是的散亂無序。其文化心理意義，是由肢體動作的外在規定性內化積澱為體內的心理感受性，因而在發生心理學上具有根源性的意義。其發展階段相當於皮亞傑所說的那個動作沒有內化的感知運動階段（幼兒期）和動作內化為表象的前運算階段（童年期）。其主要心理學形式是注意、想像、意向和認知；主要心理學內容是身體意識；認識過程尚在自發階段。

着熟就是要瞭解動作的結構、造型、作用、意義、運行、變換；就運動訓練而言，它可以透過行功走架過程中各種招式動作要素組合過程特徵去追溯其構造要領和整體要求，透過各種動作的局部掌握、全面掌握和整體內外各方面的協調掌握，循序漸進地來完成這個任務。這裏任何形體動作都是在敵我攻防關係那力量運行變換中形成的，核心是應對技術性能的實際把握；其關鍵在於過程性的用力方式而不在於結果性的擺款作秀，其目標在於自身體能、技巧和智慧、道德的提高，而不在於對手或觀眾審美的感受。著眼點是技擊應對的技術上手、功夫上身。

徐震指出：「著熟為初步功夫，不過求熟於法而已。

所謂法者，在本身為各部骨節筋腱之動作能相協調。在對角為於彼來力之線路能確實辨認。所以在此一步中，可謂重在應用力學之練習。」這裏的每著招勢，不但都是前人操作經驗的長期歷史積澱，具有較為完整的理論、要領和方法，是經過歷史選擇的極高明的用力技巧，而且還是自我應對經驗的積澱，具有個性處理的感受。着熟的建構含義，就是要把這姿式動作的外在規定性內化為人體自身內部的心理感受性。

着熟強調一個熟字，所謂拳不離手曲不離口、拳以熟為乖，還有什麼拳打千遍身法自然、拳打萬遍神理自現等等。本來太極拳強調以意導氣、以氣運身的用意識指導動作，然而在入門時操作者尚未能掌握太極拳的意念，由此只能是以形導氣、以氣驅意，像氣功入門時那樣講究形正、氣順、神寧，從形正、氣順求得意專、力達。

由此首先就要求人們在招式動作上循規蹈矩、身體力行的熟能生巧。

第二階段是「懂勁」。它要求人們講勁力、悟勁路、會走化，特別講究以意導氣、以氣運身的意到、氣到、勁到。

這裏所謂的勁，是一種可操控的特殊力學結構和用力方式，其要並不在一己力量的絕對值大小，而在不同力量於一定背景上的關係和態勢所形成的力學關係結構運行方式。它透過一定的訓練程式與方法，於己於人在力的大小、方向、作用點和動態傳遞等方面，都已經得到了自身操作目的性和效率性的提高，特別是避免了後天拙力堵死現實力量變換的可能；由此可以看作是昇華了和可調控的

特殊力。這個階段需要解決的問題，是敵手進攻時自身勁路反應和處置運行的問題。它強調隨機就勢、神明脫化（而不是預設情景、動作規範）的因應自如，是應對外敵和實現目的的對立統一：於已注意不平均用勁但又保持平衡，對敵則講究乘虛而進並得實即發的「陰陽相濟」，總體上突出一個「應」字，著眼於外向的因應環境變換，反對自我中心的自以為是。

太極拳有多種類型和不同層次的勁力，這些勁力運轉變換則構成勁路，其發揮威力也稱之為勁道。在防身禦敵過程中，太極拳由這各種不同的勁路去因勢應變地發揮自身的技擊功能。沒有勁路靈活變化運轉的硬拚體力，也是很難稱之為武術太極拳的。招式動作還不直接等於勁路運行，但也不要把動作跟勁路完全對立起來，這裏每種勁路都是由一定的著法和著勢變化而來，勁附著而行，勁是著的核心。練拳就是要由著（招）法練勁法，釐清到底如何透過某種特定方式有效地用力的問題，由此運勁也可以理解為某種特殊的應對用力方式。

張卓星指出：「任何拳術套路都是由若干拳（招）式拆組成，太極拳也是一樣。因此，很多人便以為練拳就是練招法，『學它幾個招式』，練會了套路動作就算畢業。其實不然。為什麼？因為招法本無屬性，而勁法才有屬性。招法的性質是由勁法決定的。一套太極拳，如果用少林拳的勁法去練它，就會變成少林拳，或者說是太極拳其形，少林拳其質；同樣，一套少林拳，如果用太極拳的勁法練它，也會變成太極拳。所以練拳實質上是透過招法練勁法，而招法只是勁法的外部表現而已。有些人不懂太極

拳的勁法，或者懂得不完全，搬用日常的用力方法（太極拳稱之為後天的拙力）練太極拳，練了多年，動作雖已相當熟練，但表現不出拳味，也練不出『內勁』來，成了太極操，就是勁法不對之故。」

徐震指出：「懂勁為第二步功夫，由法之運用漸熟至於習慣自如，使思慮變成本能。在本身為各部內外肌之調適進於形氣之調適。在對角為於來力之線路無需著意辨認，肌膚自有感覺，身體各部反射之機能，極為靈敏。所以在此一步中，可謂重在神經反射之練習。」在這裏，內氣、內勁已經明瞭通達、變換自如，便謂之懂勁；懂勁就是懂得勁路運行的內在規律，並且能夠靈活巧妙把握和運用這種內勁，亦即把死力變為活力。所謂使思慮變成本能，是指透過訓練而形成合乎目的的新動力定型。懂勁由著熟漸悟而來，其建構手段是勁路，建構方式是理解，人們透過老師的餵勁、自己的找勁、同伴的摸勁、應敵的聽勁，逐步懂得力的變化規律和自己到底如何運勁。

這裏的關鍵是個「懂」字，亦即熟練把握和自由運用。這時它已揚棄了動作。它當然也不是沒有動作，而是不執著動作；其中每個動作的幅度都不大（動短、意遠、勁長），並且任何一個動作都可以具有多方面的意義（舉動全無定向，發勁專主一方）。

它的勁路構成可分「掤、捋、擠、按、採、挒、肘、靠」八門勁別（勁的類型）以及剛柔、輕重、長短、明暗等勁屬（勁的性質）。其勁路特徵既有柔韌綿長的長勁，也有閃展驚彈的短勁，勁路性質講究棉裏藏針和剛柔並濟，強調操作中其根於腳、發於腿、主宰於腰、形於手

太極拳譜釋義 太極拳理的文化學分析

指，周身關節節節鬆開又節節貫串，勁由內換、運勁如抽絲、發勁如放箭，蓄而後發、後發先至，還有沾黏連隨、不丟不頂的隨機就勢、捨己從人和虛實變換，並表現出所謂動短、意遠、勁長的特徵。

它的技擊內容由此進入「知人功夫」的勁路自由問答，包括有知己功夫、知人功夫和人我應對這樣三個方面。這時能熟練地掌握聽引化拿發的功夫——聽勁準，引勁妙、化勁巧，拿勁穩，發勁狠。其要點在於順遂；懂勁後才能更好地掌握太極拳的戰術技巧，走以化敵，黏以制敵，黏走互用，攻防相生。工彌久而技彌精，人不知我，我獨知人，由此進一步邁向「神明」之高超境界。它的文化心理意義，是把自身力量充分發揮和把敵手態勢力量的為我所用統一起來，把敵手納入自身的調控系統，表現出順而不屈的巧用外力。

它一方面是隨機就勢的跟著變化走，而不是服從安排的按照計劃辦；另一方面又呈隨心所欲的自我主宰，而不是隨波逐流的任人擺佈。其心理發展階段，近似於皮亞傑所說的那個動作內化為表象的前運算階段（童年期）和聯繫現實事物進行的具體運算階段（少年期）。它的主要心理學形式是感知、判斷、決策；主要心理學內容是對象意識；認識過程開始進入自覺階段。

懂勁不僅要知己之勁，還要知人之勁，更要懂得雙方勁路關係和態勢變換。這就是把主體自身各種潛力的發揮和客體對象各種力量的利用結合在一起，把敵手勁路運行納入操作主體自身的調控系統。懂勁是由著熟漸悟而來，由於勁附著而行，勁貫著中，所以只有在著法極為熟練以

後，才能逐漸領悟出勁路的各種變化規律，達到無微不覺、無處不懂。

這個模式泛化開去，也就是所謂反求諸己的修己治人之道，講究制人必先制己。孫子云「昔之善戰者，先為不可勝」，自我控制是肢體博弈的前提，連自己都控制不了，那是無法控制別人的。有人據此認為，武術的歷史演化是從制人到制己，把橫向的操作控制說成是縱向的歷史演化，這恐怕有點想當然。懂勁的方法論特徵是莊子所說的物物而不物於物，用黑格爾的話說就是「理性的狡猾」。操作技術上可以分為自己的找勁、同伴間的摸勁和老師給的餵勁、切磋時的聽勁等「勁練」（勁的訓練），以及引、化、拿、發等「勁用」（勁的應用）這兩個方面去把握。

這裏三個層次的勁路要區別和分析：一是自己全身各個方面力量的調配和發揮，二是對手力量和態勢的判斷和利用，三是雙方形成於我有利的關係和態勢的綜合發展。懂勁突出一個懂字，這是用心的理解並體現為身的感受，而絕不是主觀亂來的強求，由此強調操作上要悉心體會的漸悟。

第三階段是「神明」。神的原始含義是天上主宰的神靈，後引申為一種陰陽不測、神妙萬物（佛家稱之為不可思議）的功能，由此形容一種主客同一的自由狀態。不過這裏所說的神明，同時還有見微知著、神而明之的形動詞含義，強調其操作上去除盲目性、加強自覺性的過程性實踐生成。

這裏需要解決的問題，是操作者的規律把握、運用和

操作意義問題。它由捨己從人而達到從心所欲，強調萬物一體、天人合一的意氣領先，突出一個「悟」字，反對各種顛倒妄想，把客觀規律性與主體能動性有機地融合統一起來，要求人們講意境、明陰陽、求虛靜。細分起來，太極拳中神具有多方面的含義：

①指人的精神狀態；

②大腦的主宰意識，或大腦功能；

③為人體功能的綜合體，所謂在足能行、在手能握、在舌能言、在鼻能嗅、在耳能聽、在目能視；

④對全身內外的協調能力，所謂神者形之用也，如此等等。

就技擊角度說，神明主要是指讓對手摸不著頭腦的致人而不至於人。《孫子兵法》云：「故兵無常勢，水無常形，能因敵變化而取勝者，謂之神。」戚繼光《紀效新書·拳經》曰：「遇敵制勝，變化無窮，微妙莫測，窈焉冥焉，人不得窺者謂之神。」拳諺云：拳打不知，所謂「人不知我，我獨知人」，亦即此意。

就文化意蘊說，神包含有這樣三個層次的內容：一是人們的心理、意向或意願，二是人的覺悟、自覺意識或自我意識，三是有明確的理想、信念和原則的個體意識和社會意識。這三個層次有著自下而上的遞進關係，英文中mind、consciousness、spirit三個詞，可能較好表現這種遞進關係。人在活動中透過各種意念的組合而形成處理自身跟外界關係的道理，並透過這些道理的領悟和運用而達到人生各個方面的自由。

不過這些東西都是引申之說；它是一定技術操作的文

化背景，然而卻並不就是這操作技術本身。

神明的技術含義，是指建立在高度技巧上的得心應手、左右逢源和從心所欲、心想事成，而它背後的文化內涵，則反映了人們怎樣由自我意識和相應的文化模型來對世界和宇宙進行解釋和操作。就主體狀態而言，心性通明如鏡（空明），形體輕靈虛空（空靈），則可謂之神明；神明由懂勁後階及而來並開始豁然貫通，其建構手段是意念，建構方式是創造性的自由運用和發揮。這時它不但揚棄了動作，而且還揚棄了勁路。這裏發揮的，除了眼前應對的功用外，更為深遠和重要的則是動作和勁路的象徵意義和啟發作用，利用太極的文化模型來對世界或宇宙進行解釋和操作。

操作技術上這個階段無法具體描述，然而又不是無法捉摸。就表現上看，這個階段已從調身、調息、調心這三調，進入忘身、忘息、忘心這三忘，達到所謂神遇、心聽和形無形、意無意，無意之中是真意。所謂千錘百煉而又復歸於平淡、行住坐臥不離這個；這時便到了真正日常生活太極化和太極日常生活化、行走坐臥都可以練功、妙手一著一太極、處處都有一太極而又處處總此一太極了。它一方面是高級、精巧、複雜的，另一方面同時又是平凡、普通、簡易的。完全符合易學中所說的變易、簡易、不易之理，散發出中國文化的特有味道。

徐震指出：「神明為第三步功夫，功夫至此，惟在調伏其心，養成定力，則精神可以控制外物，而他力無異於我力。所以此步功夫，全重精神修養。」這個階段的武技內容進入自知境界，把心身、敵我融合為一個整體在順應

自然、返璞歸真的形勢下求得自身發展的高度自覺的得道狀態。它連接過去、現在、未來，是可能和現實、理想和現狀、偶然和必然、必然和自由等各個方面的統一。當然，這只是在實踐基礎上此時、此地、此情、此景的具體的歷史的統一。

這裏首先強調的是對某一門技藝的長久的極其熟練的掌握運用（熟能生巧），目的在於格物窮理，亦即現代人所謂由實踐去獲得對客觀規律性的深刻把握。所謂熟練的掌握運用，並不僅僅是指認識、知道某一門技藝的操作規則，而且還指因於天性、順其自然的人類主體生命活動。是合規律性、合目的性和合審美性三個方面的辯證統一。沒有工具性的規則和規程當然不行，但若只認識和運用規則，又會受制於那個死的規則，不可能遊刃有餘進行創造而落於匠氣。我們的追求，是循規矩而脫規矩、脫規矩而合規矩；這就像莊子所說的庖丁解牛那樣，依乎天理、因其固然，以無厚入有間從而遊刃有餘；又有孟子所云不失其赤子之心的率性而為，由盡心、知性而知天，達到孔子所云那從心所欲不逾距境界。

這裏最重要的便是在於用以物觀物的忘我態度，超越自我中心去對這技藝內在理則進行長期不斷的潛心體會和體味，參悟天地之造化並且由技達道、指與物化、得心應手，不但以人合天而且還以天合天地巧奪天工，由此循理進達形上之境和循理而行無為之為；表現出一種不思而知、不慮而能的自組織和自動化狀態。有人把這稱之為回復本能，其實它並不是原先那粗陋的動物本能，而是由後天訓練挖掘潛能而形成的新動力定型。

就文化上說，它一方面把道貫於術中，另一方面術極又可以道化，並由此形成主體和客體的統一、人為與自然的統一、形下與形上的統一、特殊與普遍的統一之「化境」，並由此體現出主體在揚棄個體人為侷限性後那獨特個性的自然真情趣和逍遙遊。於是天、地、人全部統一起來，在順應自然、返璞歸真的形式下求得自身發展那得心應手的高度自覺狀態。

　　跟書生們完全無視客觀對象、消解主客對立那想像性的「精神手淫」不同，作為一種技擊技術的太極拳必須要處理實實在在的敵我關係，由一定的客觀力量對比及其相互作用的變換，做到致人而不至於人。它是一種高度自由的產物，當然不可能是所謂絕對的；但事實上卻為人們組織經驗和指導操作提供一個切實可行的模型和框架，就像電腦的運算程序對於運算過程和結果一樣，在人的發展上具有真正普遍的意義。其心理發展階段則近似於皮亞傑所說的那個藉助於符號系統處理可能假設的形式運算階段（青年期），它的主要心理學形式是人格、智慧、情趣，主要心理學內容是自我意識，認識過程進入真正自由、自主而又自動化的狀態。就方法論角度說，它要依託人們基於不同歷史經驗而形成的不同價值體系，依賴於個體經驗積澱而形成的體知和體悟。

　　神明突出個「明」字，它表現為洞見一切、陰陽不測、把握全局、神妙高明的大智大慧。神明是由懂勁階及而來，初步懂勁後有一系列技術和精神境界，人們在鍛鍊過程中必須經由這一系列技術和精神境界階梯的循序逐次昇華，著眼於學無止境、精益求精的永恆追求和逐級超

越，然而又不拘泥於某些固定的框框條條（脫規矩而又合規矩），瀟灑超脫地表現個性，真正體現天人合一。這樣才可能真正逐步登堂入室直至登峰造極。階及，強調其漸變的積累狀態。

在其理論背景的宋明理學中，有關於學習修養積累功夫和工夫次序的深入思考。例如張載，就把學習修養劃分為如下三個階段：

第一是學者階段，這個階段的切近目標是學賢人而不是學聖人。其主要工夫形態是知禮成性、變化氣質。這個階段具有勉勉亦即勉力而為的特點。

第二是賢人階段，這個階段雅意則直要做聖人。賢人術正，與學者相比更能正確地運用修養方法。這個階段具有好學不倦、向學緊亦即自覺性和迫切性的特點。

第三是聖人階段。作為聖人工夫的聖修和聖功，在前兩個階段工夫的基礎上，其火候已經達到了德盛仁熟之致，非智力能強也、熟後無心如天的地步。

與前兩個階段作為有心工夫不同，此時則是虛心、無心工夫，由此才能夠達到性與天道合一存乎誠的聖人境界。此時，聖人之心已是體無偏滯、不累於物。宋明理學的這些說法，有助於我們理解太極拳的練功過程。

「然非用力之久，不能豁然貫通焉」，點出太極拳建構過程的核心就是勤學苦練；所謂拳術之道在於練、練拳百遍、其理自現、學而時習之、不亦說乎，學拳的基本方法就是跟著老師一遍又一遍地反覆練下去。這表現出整個中國文化以身載道、身體力行的操作型身體化傾向。

「用力」是指學習和訓練過程中，必須要付出一定的

時間和精力作為代價（花工夫），而不是指行功走架或交手應敵時只懂得簡單地用拙力或拼體力（拚死力）。這句話屬於假言否定式表達，意謂如果不經過勤學苦練，便不能豁然貫通。這裏的豁然貫通，相當於佛教禪宗所說的頓悟，它是人們認識過程中由感性到理性的飛躍，而這飛躍還應是沒有止境的。所謂學無止境，人的一生各個不同時期，都可以有一次或多次的豁然貫通。而每次豁然貫通又都可以飛躍進入高一層的新境界。

用力即用功當是多個層面的；勤學苦練僅是成功的必要條件而不是充分條件。學拳者如牛毛、得道者如麟角，學拳苦練但勞而無功者大有其人。楊禹廷教學時反覆指出，練拳要有四多：多練、多看、多問、多琢磨。這顯然是手腦並用而不是簡單的動作重複。這裏不但講究明師（明白的老師，而不是有名的老師）和悟性（自身的體驗和理解），而且還要有一些相關的客觀條件；古人練功，講究財（經濟支撐）、侶（練習夥伴）、法（鍛鍊方法）、地（訓練環境）。但不管怎樣，只要肯不斷地付出勞動，那發展的大門始終是打開的。人的進化已經主要是基於後天經驗的文化進化，而不停留在基於先天遺傳的物種演化。人區別於動物的地方並不在於先天帶來的遺傳本能，而是在於後天學習的操作經驗。太極拳強調用力之久，實際就是強調了後天那些區別於動物本能的非生物遺傳訊息的學習、積累、傳承和新的創造。

這個練功過程，除了反映人類認知和實踐過程的共同規律外，還處處表現出中國傳統認知方式知行合一和審美過程情景合一的那種直觀、體驗、玩味和領悟的特點。它

把艱苦鍛鍊過程審美化，練拳亦稱「玩拳」，表現出一種品嚐玩味的審美特徵。由此不但可以使人的知識、智慧在理性的層面上得到昇華，而且還可以使其情志、本能和潛意識在非理性的層面上得到有序化的陶冶。它由着熟而漸悟懂勁，由懂勁而階及神明的個體發育方式，形式上跟系統發育中由本能、技巧而逐步程式化為知識的方向相反，呈現出一種返璞歸真、復歸嬰兒的趨勢，培育出一些類似自動化本能的高級技巧（亦即形成新的動力定型）。

中國武術確有所謂從後天返回先天的超驗性訴求，然而其實質卻不外是經驗的昇華和超越而不是經驗的消解和異化。所謂順則生人，逆則修仙，這種類似反自然的逆向人為過程，目標又恰好是復歸自然的返璞歸真（亦即揚棄異化狀態而返回人類生命的本真）。其文化意義在於把人從現實命運的重壓下提高到一個理想的高度，不再屈服於各種盲目的力量，由隨機就勢地利用客觀規律而獲得自由和快樂。

4. 第四段：要領

本段具體描述太極拳的操作要領和運行功效，是上段的具體化和操作化。

「虛領頂勁，氣沉丹田」，這是身法的基本技術要領，是達到前述無過不及，隨曲就伸狀態的技術保證。行拳時要求做到神往上升、氣往下沉、虛胸實腹、頂天立地那象天法地運動狀態。它象徵和模仿所謂宇宙初開，清氣上升為天，濁氣下沉為地，天輕地實、天高地厚的宇宙演化模型；其背後則是勁路運行基本要求。

中國武術和中國古典舞蹈一樣，都有降低重心、增加穩定以及順應、利用地心引力和蹬地藉助反作用力的傾向，體現了一種戀土歸根的農業民族文化特徵。這跟西方拳擊和舞蹈往往有提高重心、加快速度和利用一些放射性外展動作，象徵努力反抗和擺脫地心引力的企圖，用以表達離土超越的工商民族文化心理，形成了強烈對照。西方拳擊講究拳重、手快、步靈的「手上力量」，中國武術卻強調上虛、下實、中間靈這「下盤功夫」。這些中國式動作原型，可能是自覺不自覺地模仿植物生長過程中苗往上拔、根往下扎的對拉拔長狀態。所以有人比喻說，西方體育是動物式的，然而「中國體育」卻是植物式的。

「虛領頂勁」亦作「虛靈頂勁」，用以描述操作者頭部狀態和心理指向；頂勁者上以神領，直通於天。太極拳關於領頂的提法有虛領頂勁、神貫頂、提頂、頂頭懸，其中的領、貫、提、懸，都屬於陰陽之陽（主動性而不是被動型）。儘管虛懸的狀態本身屬陰，但如果頭上好像有根繩子提吊著，還當歸於主動性的陽。這裏的「領」，強調意念的主動性引導，「靈」則強調運行的自如狀態。

楊澄甫解釋說：「頂勁者，頭容正直，神貫於頂也。不可用力，用力則強，氣血不能流通，須有虛靈自然之意。」用中醫經絡氣血理論解釋其虛靈活潑的運行狀態。突出操作要領在於意念的虛領輕引而不是用力的強撐硬頂，著意於頭頂百會穴（道教稱之為泥丸宮），由意念輕領向上虛虛提起而直指天頂，有點像提線木偶那樣，亦喻為懸罄。這上提下垂、抻筋拔骨、鬆腰落胯，透過上下對拉拔長來保持身體上虛下實的垂直穩定，以便中樞神經能

集中精神並藉助脊柱尾閭活動，輕鬆靈活地指揮和調控動作；這就是精神能提得起，則無遲重之虞的「尾閭中正神貫頂、滿身輕利頂頭懸」。

徐震指出，虛領頂勁是兼及內外的：「虛領頂勁者，自外形言，頭容端正，若以頂勁領起全身。由內心而言，寂然若合體於虛無，而腦間常自爽朗，故虛領頂勁，實兼內外而言，若說外形，則虛義不明，若專說內心，則頂勁何指，故當內外兼及，義乃滿足也。」

有的本子把虛領頂勁表述為虛靈定靜，從強調操作的運行原則轉為強調操作的綜合結果，這亦通。顧留馨說：「虛領頂勁意為頭頂要輕輕往上頂著，便於中樞神經安靜地提起精神來指揮動作。」這是從操作意圖和功效目標兩個角度同時提出問題。沈壽則認為：「領」的本義是以「衣領」借喻為人的頸項部位，全句的原意當是「指頸部的肌筋要放鬆，頭部要正直而自然地向上頂起。」這些不同角度的解釋，包含瞭解釋者的不同練拳體會，其精神是一致的。

至於氣沉丹田中的「氣」，指的是人體「內氣」而不是呼吸的空氣，用以描述操作者體內的某種功能的運行，以及操作者對這種運行的體驗；其丹田之氣必須自然下沉並直通於地，然後反彈自爾騰虛，講究沉穩輕靈。這是一種操作運行的意象型描述。跟西方哲學不同，中國文化中的「氣」字，主要是個意象型功能性範疇，而不是個邏輯型實體性概念；它可以上升為形而上那「道」的物化形式和運動形態，但這裏更多地是用以表達主體操作體驗，而不是分析對象的存在狀態。

氣沉丹田的操作要領在自然鬆落沉墜（而不是故意壓氣或憋氣），並由此用腹式呼吸取代胸式呼吸，因而導致整個重心下沉、腰胯自然鬆落、舒胸斂臀、尾閭垂直微收，同時腳踩湧泉（因發勁方式不同，也有腳踩後踵的）、重力線直指地心，以增加腰腿的平衡穩定和身體的變換幅度，以及在這基礎上增大自身丹田潛轉的爆發力和其根於腳的後續力量。其基本的一個作用，很大程度上則是要把全身的能量儲存起來並建立腹部堅實點，用以防止上身緊張僵死的氣湧胸際。從中醫理論上說，這種體態和意念，有利於人體心火下降、腎水上升以形成心腎相交的生命活力。

張卓星指出：「太極拳要求無論在平時還是在練拳中都要保持腹實胸虛之態」，這種狀態的優越性是「第一、它可以完全避免了因胸部緊張而造成的一切危害；第二、腹內是腸臟的所在，腸的組織堅韌，耐壓耐擊，不易致傷；第三、保持了腹實胸虛的態勢，使人的重心下移，樁步穩定，動作得力」。「建立腹部堅實點以代替胸部堅實點，是太極拳用力的重要功法，是武術上使用『內勁』的精髓之所在，也是內功拳區別於外功拳和其他運動項目的最根本之點。只要有了這個功夫，就是找到了太極拳勁法的真諦了」。

《十三勢行功歌訣》有「腹內鬆淨氣騰然」的說法。這裏的要求到底是氣騰還是氣沉，鬆腹還是實腹？這不同表述涉及中國語言的多義性和思維方式的辯證法。太極拳的氣騰然，實質上是中醫所謂的氣機運行問題，由氣騰凌虛與氣沉落實當是太極中陰陽相濟的兩個方面；它不但不

太極拳譜釋義 太極拳理的文化學分析

允許氣湧胸際的胸、肩以至面部肌肉緊張（氣機呆滯），而且也不允許漫無目標、鬆鬆垮垮的胡擺亂動（氣機散亂）。楊澄甫說：「氣沉丹田，自無血脈僨張之弊。」這抓到問題關鍵。氣騰然的前提條件則是腹內鬆淨；內氣活動全賴鬆靜，非以蠻力使氣所為，而且功到自然成，半點也勉強不得。所謂鬆腹跟實腹是辯證的統一，不必執著於文字上的對立。只有盡可能避免腹肌的不必要緊張，亦即做到鬆腹，才能保持呼吸深長勻靜，加大腹式呼吸或橫膈膜運動，使腹內壓變化加大，從而使腹內臟器得到按摩，改善其血液循環，促使營養的吸收和新陳代謝。這樣漸漸就像有氣充實於小腹氣海裏面，也就是所謂氣沉丹田的實腹。所以能鬆腹才能實腹，實腹絕不是用力使腹肌故意鼓起，而是指腹內鬆淨氣騰然地讓氣自然地下沉充實於腹的感覺。

關鍵是對「氣」的理解。中國文化氣是理解生命活動機理所不可缺的，人們用氣去描述人的生命結構及其活動機制，無論技擊還是養生都莫不談氣（最早在武術集中並明確談氣的是《萇氏武技書》）。查陳王廷《拳經總歌》並沒有一個氣字，到了王宗岳《太極拳論》則有了第一個氣字，但也只是點到關鍵的氣沉就一帶而過，下面沒有旁文。而《十三勢行功歌訣》卻有氣遍身軀、氣騰然、意氣三處關於氣的不同說法，一是講周身之氣，二是講腹中之氣，三是講意與氣的關係。

武禹襄在《打手要言》中提出以心行氣、以氣運身、行氣如九曲珠，無微不到、氣宜鼓盪、氣如車輪、氣斂入骨、氣以直養而無害、意氣須換得靈、全身意在蓄神，不

在氣，在氣則滯等十多條有關氣的要言。其《四字不傳秘訣》：「運氣敷布，以氣蓋彼，以氣對彼和以氣全吞」，深化了氣的運用。後人李亦畬則較為準確並集中提出以意運氣概念，使用「煉氣歸神」這樣一個更多可被自我養生所用而不僅應對彼之侵犯所言的用語。從以心行氣發展到以意運氣，太極拳理論家開始注意到氣的運行。李亦畬解釋氣沉時說：「氣向下沉，由兩肩收於脊骨，注於腰間，此氣之由上而下也，謂之合。由腰形於脊骨，佈於兩膊，施於手指，此氣之由下而上也，謂之開。」到陳鑫論太極之氣就更具體了，他直接引入中醫理論，什麼清氣、濁氣、中氣、橫氣、元氣、浩然之氣等等全部都用上了。但「此言任督之升降順逆，佐中氣以成功」卻是他最具體地對太極拳養生理論的貢獻，而且是別人沒有這麼深刻認識和細緻論述過的。陳鑫著述中儘管有不少確是牽強附會的地方，但他把心、意、氣、經絡等等聯繫在一起融入拳理，豐富和發展了虛靈頂勁、氣沉丹田的認識，形成了有利太極拳向養生方向發展的理論雛形。

虛領頂勁、氣沉丹田，是屬於身心兩個方面的操作調控。它首先是要形成以腰為軸心的最佳用力和方便轉換的身體狀態；而除生理身形控制上頭平項直、中正安舒、穩定重心的基本含義外，它還有心理精神控制方面舒展自然、集中注意、意識引導的含義。沒有意識的引領，頭不可能頂，氣也不可能沉。它不允許有提心吊膽地「把心懸起來」的心理緊張和「氣機不暢」的氣滯感覺，要求達到正心、安心和舒心、放心的安靜自如和泰然自得，所謂提神斂氣，求其放心，亦此之謂也。有人覺得，王宗岳《太

極拳論》尚無意氣領先的明確要求；其實虛領頂達到正心、安心和舒心、放心的安靜自如和泰然自得，所謂提神斂氣、求其放心，亦此勁。虛領頂勁、氣沉丹田，內在地包含意氣領先原則。

「不偏不倚，忽隱忽現」，這是貫徹無過不及，隨曲就伸這個總體原則時自身肢體和勁力時空結構的技術化。不偏不倚，指身體姿勢和力量變換共時性的空間結構不要歪斜而失去中正。任何變化都有其可控範圍，偏離了這一閾值即為「失」。所以「不偏」便要求身體形態和意念追求都要自然中正，強調身體不可歪斜搖擺、前俯後仰；它不是否定變化而是講究變化方式、幅度的原則，亦即強調操作主體沿著正確路線行拳。「不倚」則強調跟敵手關係的不丟不頂，不要依靠或仗持什麼外力來維持自己的平衡，既不依賴對方做力，也不讓對方依賴自己做力，做到中正安舒、重心穩定和獨立自主、變換靈活的「無所待」。這裏的不字，是一種變動中的否定性校正亦即負回饋動態平衡，而不是塑像般的僵硬沒有變化。

至於「忽隱忽現」，是指行氣運勁時候讓對方感到若有若無、忽輕忽重、蓄發無定、高深莫測、變化多端，因而難以適應而弄到顧此失彼。「隱」是指讓人無法覺察的無形無象，任何類軍事對抗行為都講究隱蔽運動；而「現」則為可以讓人感覺或體察的東西，任何類軍事對抗行為，也必須有意誤導對方和取得可以威懾對手的客觀效果。楊澄甫云：「隱者，藏也。現者，露也。」「猶如龍之變化，能升能降。降能隱而藏形，現能飛升太虛。」這裏的「忽」字，則是指自身力量隱現顯微的時間性變換。

虛則實之，實則虛之，虛虛實實，實實虛虛，讓人莫測所以，這就叫做忽隱忽現。這是一種關係性的形態結構，卻經由一個歷時性的過程表現出來。

「虛領頂勁，氣沉丹田」跟「不偏不倚，忽隱忽現」是互補的。前者更多是描述身法，後者更多是描述隱藏在身法背後的勁法；二者共同構成操作上四個操作要領。只有在身體形態和操作方式上真正做到提神、沉氣、自主、守中，才能在氣勢勁路上圓活變化而呈現不偏不倚、忽隱忽現的應物自然。跟力量隱現相關的問題，還有勁路的虛實和剛柔。虛實談的是操作主體對勁路的配置調控，而剛柔則是描述勁路效應呈現出來的基本性質。二者是同一個問題的兩個不同方面，也是力量隱現背後的問題實質。一方面要注意立身中正、不偏不倚不能過於矜持、神氣呆滯、姿勢死板、動作僵硬、運轉不靈，另一方面又用活潑瀟灑的忽隱忽現反過來去規定那嚴肅認真的不偏不倚，並由此去達到變化多端和生生不已的圓活之趣。

「虛領頂勁」是上虛，「氣沉丹田」是下實，「不偏不倚、忽隱忽現」則是中間靈。就這樣，四句話（太極拳身法勁法操作要領）把上、中、下三盤的主要要求都說到了：上以神領，下以氣沉，中現人靈，三者渾然一體，這就是古人所謂參天地、贊化育、奪造化那象天法地、三才貫通的天人合一。

「左重則左虛，右重則右杳」，這是上述操作原則在應敵時由人剛我柔所造成的對手感覺，也是交手應敵時自身虛實變換的基本效果；其總體原則就是不要與敵手相抗而要因勢利導、引進落空。這裏引入新要素，由談自身操

太極拳譜釋義 太極拳理的文化學分析

作進入談敵我關係。與人交手時，我左側的肢體如微感重意，就立即將左側的這一部分肢體變虛；我右側的肢體如微感重意，也立即把右邊的勁隱去，使對手無法「得實」而攻。對手無論從哪個方向用力攻來，我都隱現無常和虛實易位地相應虛而化之、虛而引之，由不與頂抗而使之落空，弄得對手處於有力不得力和有力無處使的尷尬狀態。

「虛」和「杳」均指無影無蹤，都是要讓對手打不到、摸不著、落不實的意思。維持自身的平衡之目的和結果都是造成對手的不平衡和失控。中國文化並沒有什麼「為平衡而平衡」一類形而上追求。李亦畬《五字訣》解釋云：「左重則左虛，而右已去；右重則右虛，而左已去。」此說既本於《太極拳論》，又增添以腰為軸、借力反攻的含義，大體相當於一般拳術所說的左避右趨與右避左趨要求，然而又突出太極拳以靜待動、以守為攻、捨己從人、借力打力、以柔克剛、後發先至的基本特點。

洪均生認為：左重則左虛，右重則右杳是講自身左右手足的上下配合，可以理解為左手重、左步虛，右手沉、右步虛，由此避免操作上的「雙重」。這裏談的都是操作主體自身的虛實配置；由於原文沒有主語和賓語，此說亦通。應敵變化當有主體調控；太極拳攻守進退中的虛實變換，完全是相對的。一般是讓敵先動，也可以是我引敵動，不過無論哪種情況，對手的失控狀態，都是由我這個操作主體致人而不致於人的虛實變換所決定的。

所謂「窮則變、變則通、通則久」，太極拳走架、推手中勁路的虛實變換，是以弱對強和以柔克剛的關鍵所在，因而是整個太極陰陽變換的重要方面。對手的不平

衡，是建立我的平衡之代價。技擊技術的核心，就是以我「從不平衡走向平衡」去導致對手「從平衡走向不平衡」。

「仰之則彌高，俯之則彌深。進之則愈長，退之則愈促」；這是進一步描述虛領頂勁，氣沉丹田，不偏不倚，忽隱忽現這四項操作要領在交手應敵時對手狀態。

這裏首先是描述對方進退失措、無所適從的茫然被動感覺，然而背後則是己方的主體操作。對方如往上攻，我則高而引之，使其高不可攀、腳跟浮起、凌空失重；對方如往下攻，我低而引之，使其如陷深淵、愈陷愈深、不能自拔；對方如向前攻，我前而引之，使其追趕不著、失去目標、企圖落空；對方如後撤，我黏逼跟進，使其無法逃跑、處處受制、內外皆困，由此只能挨打。彌、愈，均指「更加」，是一種正回饋振盪而不是負回饋平衡。

這四句是「左重則左虛，右重則右杳」在敵我關係四個方位的具體化。加上這左、右本身，便是左右、上下、前後六個方位；有人指出這是空間位置虛實變換的「六合」，是前述走、黏戰略和戰術的應用效果。跟敵手失衡感覺相對應，自身操作上則講究有前必有後，有左必有右，有上必有下，自身穩才能導致對手失衡。這裏操作核心是個「引」字，我順應敵招，因勢利導、引進落空、借力打力，處處讓對方感到受控而不得勁。

武澄清《釋原論》說：「『左重』、『右重』、『仰之』、『俯之』，是謂人也。『左虛』、『右杳』，『彌高』、『彌深』，『愈長』，是謂己亦謂人也。『虛』、『杳』、『高』、『深』、『長』，人覺如此，我引使落

空也。『退之則愈促』；乃人退我進，促迫無容身之地也。如懸崖勒馬，非懂勁不能『走』也。」這都是在不丟不頂、捨己從人、隨機就勢、先走後黏、黏走相生、後發先至原則下，我得機得勢而彼失機失勢的情況下出現的，而在這個過程中我則始終掌握著主動權。

于志鈞認為，「仰之則彌高」，意思就是「中正以觀天下」，即立身中正，環顧四面八方。「俯之則彌深」在很大程度上「是臨戰的心理調整，對敵要有必勝的信念」，用一種「居高臨下」的思想武裝頭腦。「進之則愈長」是「剛浸而長」即陽剛迫陰柔，實質是描寫「發勁」。當對方柔化的時候，不要急於發勁，要「逼」到對方山窮水盡，無路可退，擊之。若對手有很大或相當的柔化空間，發勁擊之，收效甚微。故曰「進之則愈長」。「進之則愈長」是發勁穿透對手使其無可逃避，「退之則愈速」則是一瞬間把對手的力量化掉。于志鈞這些說法是從操作主體提問題的。

就哲學角度言，張寶銀指出：「左重左虛，右重右空，仰則彌高，俯則彌深，進則愈長，退則無蹤，一羽不加，蠅蟲不存，凡此種種，均指自體本身，其間要旨，『由虛空之心，修成虛無之身』，『還虛合一，空澈澄明』，此乃『神明』之境，亦太極返本還原，返璞歸真回歸之『無極』態勢。達此境界，『人不知我，我獨知人』，五湖四海，『英雄所向』，不會有任何敵人（『英雄所向無敵』乃『仁者無敵』之另一說，將『無敵』理解為『無敵手』，謬矣。『知己知彼，百戰不殆』，自可不殆；『知己知彼，百戰百勝』，未必能勝）。」這裏談的

更多是主體自身狀況而不是雙方往來關係，但雙方關係很大程度上要取決於操作主體操作，一定意義此說亦通。

兵法有云：「強則攻、弱則守」。以柔弱者自居的太極拳自然以防禦為主，並且力圖避免處處設防、處處樹敵、拒敵於國門之外的正面抗衡拼消耗，十分講究捨己從人、不丟不頂；透過沾黏連隨、隨曲就伸的因敵變化去尋機造勢、引進落空、張網設套、誘敵深入、以順避害、借力打力；突出貴化不貴抗、尚走不尚頂的圓活機動；很有中國軍事游擊戰和運動戰的那種「你打你的，我打我的，你發揮你的長處，我也發揮我的長處，打得贏就打，打不贏就走」和「敵進我退，敵駐我擾，敵疲我打，敵退我追」，「你打我時摸不著打不到，我打你時就由得我由不得你」味道。

作為一種技擊技術，太極拳決不是游而不擊、只有招架之功、沒有還手之力的被動挨打之術。它機動之目的仍是為了制人取勝。但它的進攻卻往往寓於退守避讓的過程當中，把防守跟進攻，撤退跟前進有機地結合起來；此退彼進、此守彼攻。在積極方面說，十分強調沾黏連隨；在消極方面說，又極力避免扁抗丟頂。這裏每個退守動作系統，同時也就是進攻動作系統。它要在逆來順受消極被動形式當中，去實現制人取勝的積極主動內容。

「一羽不能加，蠅蟲不能落。人不知我，我獨知人。英雄所向無敵，蓋皆由此而及也！」這是從敵我關係角度小結本段，指出太極拳技擊時對觸覺聽勁的要求，點出太極拳克敵制勝的關鍵在於敵情訊息的把握和運用。

所謂「一羽不能加，蠅蟲不能落」，是用以形容觸覺

和變換的靈敏，衡量敵勁輕重的準確性，不可有一根羽毛分量的誤差；感覺敏銳的程度，要使蒼蠅、蚊蟲都無法落下。這儘管屬於文學誇張，但在理論上卻引入訊息在應敵過程中巨大意義的思考。一羽不能加講的是感覺靈，蠅蟲不能落講的是變換快。這是個訊息反應和調控問題；而要做到這點，則必須強調操作主體的鬆靜，任何的心浮氣躁和急功近利，都是不利於正確判斷敵情，也不利於自身的有效運轉。

至於「人不知我，我獨知人」，則是說明制敵致勝的基本條件（用現代軍事理論來說，叫做「戰場上的單向透明」）。徐震說：「人不知我則能出其不意，我獨知人則能攻其無備。」兵法有云：「知己知彼、百戰不殆」。世界上確實沒有真正天下無敵的常勝將軍，但在正確的戰略部署下，保存自己以應對危機應是辦得到的。太極拳技擊思想是由重力量、講規範轉為重訊息、就機勢，並由此達以小力打大力的效果。問題不僅在於孤立靜止的力量對比，而且更在於運行中自身的力量合理配置和對敵我雙方力量對比變化所帶來機勢的有效利用。就引申義說，「人不知我，我獨知人」揭示了人類精神活動的基礎、核心和本質，就是「覺知」問題。沒有覺知就談不上任何人類的意識活動。還有「英雄所向無敵」，則表達是技擊上生存競爭個體博弈過程那不畏強暴、克敵制勝和維權自衛的基本要求，並由此引申出人類種群圖強自保、自強不息、追求卓越、講究完美的生命衝動。

所謂「文無第一、武無第二」，技擊搏鬥的基本任務是保存自己、消滅敵人；太極拳源於技擊，技擊搏鬥面對

強敵時必須要在突發、應急、隱蔽和不對等的生存博弈中「壓倒一切敵人而不被敵人所壓倒」。如果在外來侵略面前不能戰而勝之或取而代之，那就無法真正地保存自己，更談不上什麼進一步發展。任何技術的本質屬性都是確定的，否則無法把握。但這種技術應用卻可以泛化多樣的。在討論「英雄所向無敵」時，不少武術書刊把推手訓練、武術較技、技擊搏鬥、軍事鬥爭等等全部都混為一談；其實這四大活動領域的社會內涵和博弈性質是完全不同的。

任何技術的操作要領都必須歸依和從屬於其社會特性和主體功能。武術太極拳本身仍然屬於處理肢體衝突那以技行擊的「用武之術」，這當沒有爭議；但武術作為一種活動，卻滲入很多不同的社會領域，特別是還加入了不少當下的時尚元素。由此其練法、演法、競法、用法等等，表現便可以很不一樣。

儘管在哲學上這些不同活動方法的要素、結構和運行方式有很多相似、相類和相通的地方，其博弈結構也基本一致，然而在操作上卻要分別解決不同的矛盾和遵循自身不同的規律。競技優勝者未必都是技擊搏鬥的贏家，儘管他們在技術、體能和反應方面都占有優勢，然而卻往往擺脫不了規則限制所形成的無傷害性和點數取勝的操作定勢，由此缺乏要害部位的攻防意識和可以真正致命的打擊力量和相應的抗打擊能力。而一些「打遍天下無敵手」的高功夫技擊大師，在國家實力、戰略籌劃、武器裝備、兵員調動、戰陣配置、戰場指揮、後勤保障、社會協調等等方面，則沒有用武之地。有人把競技名次說成是什麼「技擊搏鬥」的偉大成就，又把技擊技術說成是「保家衛國、

拜將封侯」的根據，甚至還把個人私鬥的高功夫說成是「實現社會朝代更替和民間社會穩定」的手段，這都是一些想當然的無知之談。所謂儒以文亂法、俠以武犯禁，歷來的統治階級在大力發展國家軍事力量的同時，則是嚴禁民間練武，把民間的高功夫看作是「社會不穩定因素」；而要讓武術高功夫變成「社會穩定因素」，恐怕只能是收買武林人士並使之變成欺壓老百姓的豪門鷹犬。然而這又恰恰違背了武林人士反抗恃強凌弱和反對以眾暴寡的信念和道德。

當然，一定的技擊訓練可以提高練習者的身心素質和應變能力，這跟近代以來所謂「強國保種」思潮的基本方向或可為一致，然而這還並不直接就是什麼「愛國主義」的社會舉措。例如一些地方豪強、土匪、流氓和黑惡勢力，也往往是利用武功暴力而稱霸橫行的。至於當今一些體育院校把例如拳擊、散打一類的「競技教研室」命名為「技擊教研室」，則顯然是一種張冠李戴的學術錯位，其背後有很濃的商業廣告味道。競技冠軍跟國家命運沒有什麼直接聯繫，也跟老百姓的日用倫常沒有多少關係，很難稱為什麼「百姓英雄」。

誠然，推手練習（身體訓練）、武術較技（技術比賽）、技擊搏鬥（肢體博弈）、軍事鬥爭（群體衝突）這四類活動除了在軍事哲學上有些相通外，在運行形式構成上也有某些類同或相似的地方，這就是同樣屬於（不同層次和不同方面）力量較量，並同樣採取（不同性質和不同方法）攻守進退的博弈爭鬥（即戰鬥）形式。但就運行形式的研究而言，任何博弈都是一種力量的較量；問題在於

這項較量分佈在不同的活動層面上，並且任何力量又都是有限以及相對的。

《孫子》有云：「備前則寡後，備左則寡右，無所不備則無所不寡」，戰鬥力量還不等於戰鬥力量的配置和運用，而且敵我雙方戰鬥力量的強弱又總是相對的；在犬牙交錯瞬息萬變的複雜條件下，為了取得戰鬥勝利，也就必須透過研究敵我雙方時空運動的力量對比和發展態勢，把握對方的意圖，在知己和知彼的情況下因應敵情、隨機就勢才有可能。所以《孫子》極為強調「知己知彼，百戰不殆。」和「兵無常勢，水無常形，能因敵變化而取勝者，謂之神。」這種處理主客體關係方式，跟當代文化精神「內源多樣」的戰略走嚮應是比較吻合的。

文中斷定「英雄所向無敵，蓋皆由此而及也！」說明作者能夠把戰鬥力量跟戰鬥力量的合理配置和運用明確分開，揚棄外在肢體力量的硬性拚搏，關注肢體衝突背後的力量運行關係結構，高揚人的主體操作精神，正確意識到人類「參天地、贊化育、奪造化」那替天行道的超越性質。

作為一種技擊技術，「英雄所向無敵」的百戰不殆確應是其最基本的技術要求和行為狀態。然而這個要求和狀態之實際內涵，則是生存競爭中以柔克剛的保命全身，而並不是競技場上以至社會生活中自我炫耀或橫行霸道；其依託之原始生物學基因是種間競爭的攻擊自衛本能，而不是種內競爭相互爭雄的性炫耀；始終具有某種自我收斂和兵者詭道、兵不厭詐的特點。

它不能是情況不明決心大，心中無數主意多的虛張聲

勢和自吹自擂，而是在人不知我，我獨知人情況下的沉著應對。它並不缺乏藝高人膽大的自尊自信自強，但卻反對意氣用事的好勇鬥狠和爭霸逞強。

中國文化是陰柔型而不是陽剛型的，即使是在以武犯禁的武術活動中，也較多講究自我控制而不習慣自我張揚。在面對凶暴強敵時真正需要的，並不是心浮氣躁的虛張聲勢，而是「猝然臨之而不驚，無故加之而不怒」那沉著冷靜和堅持不懈的韌性戰鬥。所謂出頭的椽子先爛、強梁者不得其死，道家文化提倡「忍一氣、息一怒、饒一著、退一步」的「退一步海闊天空」，認為世界上並沒有真正的常勝將軍，只有無為才能無不為，並不主張爭霸和出頭。由此太極拳的外部表現就絕不是那些譁眾取寵和故弄玄虛的東西，而當是十分平實、平淡、平和、平易的生命活動。

「英雄所向無敵」當是知己知彼後產生那「不殆」的應對自然結果，而不是一個值得不倦追求的「常勝」價值目的；其實際社會內容更多是內向存身的維權自保，而不是外向顯示的奪魁爭霸；其方法論特徵是守靜用虛的引進落空，而不是對抗競爭的實力抗衡；其表現形式是不亢不卑的禮讓三先，而不是虛張聲勢的嚇人戰術。老子有云「勇於敢則殺，勇於不敢則活」，「天之道不爭而善勝，不言而善應，不召而自來，坦然而善謀」。習太極拳者內心的激越情懷往往是以平易修遠的姿態呈現出來的。維權自保不是製造仇恨，反抗壓迫不是挑起爭端、引進落空不是陰謀奸詐、就勢反擊不是謀求霸權；而寬容饒恕則可能是勝利者的擴張謀略，正義公平也只能是失敗者對勝利者

的政策奢求。我們要把生存博弈中「被動」的自衛反抗跟「主動」的實行侵略明確區別開來；應對中講求研幾破執，衝破原有格局的既定秩序規定，不受當下既得利益強勢霸權話語的無形控制。

太極拳確實具有一種該出手時就出手的「仗義」要求（操作技術則是見空就鑽、得實即發），在捨己從人時並不那麼委曲求全；其隨曲就伸背後更是「由得我而不由得你」的依自不依它。然而這「由我」卻是要在「從人」中引發出來的無為而無不為，絕非自我中心的一廂情願和一意孤行那爭霸逞強。

用於日常突發應急的技擊技術之特點，並不是在一個由別人設定和打造的「公平、公開」框架上那體能技能單一層面之一較高低；而是在不能選擇和無法預料情況下，於不同層面並可以相互轉換的比較優勢之揚長避短、生剋制化；其關鍵並不在於接受霸權話語下原有的既定秩序，而是在於打破既得利益所形成的原有格局。所以其基本的觀念也就並不是只此一家，別無分店和莊家通吃的老子天下第一，而是天外有天、人外有人的八仙過海，各顯神通。套用《周易》的話來說，它並不是「乾」卦那「上九，亢龍有悔」，而是「乾」卦之「用九，群龍無首，吉」。任何壓迫別人的人自身也都是不自由的。

老子有云：「天之道其猶張弓與？高者抑之，下者舉之，有餘者損之，不足者補之。天之道，損有餘而補不足。人之道，則不然，損不足以奉有餘。」由此道門的所謂英雄所向無敵，還當要體現一種躬行天道、匡扶正義、扶危濟困、打抱不平的俠性人格。英雄並非霸主，往往出

自於社會邊緣的草莽而不是政治中心的世家。作為社會邊緣群體（而不是統治階級）的武林人士生存條件反映之傳統武德，儘管受到主流文化的種種影響，但其核心部分就不大可能類似當朝的儒、法，強調社會倫理等級差序那對上的忠、對下的恕（或勢）、橫向的仁（或法）；而更為接近在野的墨、道，突出個人道德平等參與那外向的勇、內向的智、平等的義。所謂在家靠父母、出門靠朋友，亦此之謂也。人們其實不難發現，一般百姓所嚮往的武德，往往傾向於講究扶危濟困（反對恃強凌弱的偽自由）、個人承擔（反對以眾暴寡的偽民主）、特立獨行（反對抹殺個性的偽平等）、疾惡如仇（反對放縱邪惡的偽博愛），由此表現出一種跟「以文亂法」完全不同的「以武犯禁」。這種走向不但是權力壟斷那等級差序的道德之對立面，而且更是弱肉強食的市場經濟道德之對立面。

自衛不能只是靠跑，合法沒有必要向不法讓步。傾向於循天道而行的武林道德「該出手時就出手」那「非法制」的打抱不平，儘管無法真正解決社會問題（個人力量無法跟有組織的社會力量對抗），然而也不能給主流菁英那既定秩序提供什麼支撐。真正的武德不但衝破君君臣臣之等級差序結構，而且還敢於向弱肉強食的叢林法則叫板，強調基層群眾的維權自保，追求個體的獨立自由，表現了習武之人那人的自尊，由此可以成為民間正義的守護神。

儘管實力是實施對抗的基礎，但解決對抗問題的關鍵其實並不在於單一層面的實力抗衡。太極拳敢於接受無法迴避的各種挑戰，但卻拒絕力量懸殊的以卵擊石，藉助隨

機就勢的避實擊虛，突出曲徑通幽的長期作戰。無論個體博擊還是群體對抗，其正確的戰鬥力量配置總是跟正確的敵情判斷和機動靈活的戰略戰術聯繫在一起的。《太極拳論》強調：「人不知我，我獨知人，英雄所向無敵，概皆由此而及也。」這是對訊息在戰鬥中的作用和意義進一步做出了明確的分析界定。它繼承中國兵法知重於兵的戰鬥認識論，突出訊息是戰略和戰鬥行動的基本依據，揭示了訊息活動在戰略決策和戰術管理中關乎生死的地位。「知」的問題貫穿於整個戰鬥的全過程。

中國兵法特別講究廟算、運籌和用間。其核心就是對己和彼（即對抗雙方的各種力量因素演化）進行綜合比較，權衡雙方的優劣長短和流變中的現實可能關係；並在這個基礎上進一步講究知常、知變和盡知、先知，亦即從戰爭的一般的普遍規律與戰爭發展和變化規律的關係，從戰爭整體的時空結構與時空競爭的關係，多層面地去把握戰爭勝負的可能性。知己知彼、知常知變、盡知先知三者互相包容和互相補充，既講兩點論又講重點論。三者以知己知彼為核心；知己知彼主要側重於知彼，知常知變主要側重於知變，盡知先知側重於先知。人的一切行為，都是在思想認識指導下進行的。但所有戰鬥的勝負，又有其不以人的意志為轉移的客觀條件和客觀規律，來不得半點情況不明決心大、心中無數主意多和不問對象、只管去幹的主觀盲動主義。

達到這種效果的操作原則，武澄清《釋原論》指出：「『人不知我，我獨知人』；懂勁之謂也。揣摩日久自悉矣。」說明這是一種透過聽勁而達到懂勁的表現。所謂

「聽勁」，是指用肢體皮膚的觸覺為媒介的本體感覺來感知對方勁路的方向、大小、輕重、浮沉、虛實、剛柔以及整個勁路來龍去脈等基本要素，就像用耳朵聽到很細微的聲音一樣。有道是「正確的敵情把握來自於必要而又充分的偵察手段」。在技擊博弈中，人們瞭解敵情的基本偵察手段是眼觀六路、耳聽八方，然而這眼、耳的認知功能卻相當的有限，它們不僅有盲點和錯覺，其情報傳遞到大腦進行判斷後再傳遞到手足等效應器官實施應對又有個時間差，而且眼、耳本身也沒有防衛和攻擊能力。而太極拳特有的一個偵察手段便是著名的「聽勁」。這是人身心合一的綜合性「本體感覺」。它能把審敵和制敵結合在一起，在尋找目標的過程中同時實現目標，因而在實用方面具有很大的優越性。這是太極拳以弱對強、借力打力的基本依據和奧秘之一，也是它「致虛極、守靜篤」的一個方面的實際內容。

從發生學角度說，包括人類在內的所有動物的各類不同感覺，首先都是從身體膚覺派生和分化出來的，因而身體的膚覺的訓練在心理發展上的意義，確是一個很值得深入研究並極富興味的問題。而從哲學上說，較之西方哲學的視覺中心主義，中國哲學凸顯本體的根本方式既非視覺亦非聽覺，而是種全身心的「體」，中國思想可以說是一種體──觸覺性思想。看指向「知」，聽指向「感」，觸指向「會」──全身心的融攝與化用。

這就是說，「本體」的明了必須落實為「發用」的自如，心之「思」必須落實為身之「能」，理之「知」必須落實為手之「會」──「得心應手」。得心、應手的關係

既是並列更是推進；得於心是前提，應於手是落實，心、思、知、解最終必歸於體、行、會、用。只有得心應手才能進入神明之境。

5. 第五段：特徵

本段比較太極拳技擊應對的特點和優長。

「斯技旁門甚多，雖勢有區別，概不外壯欺弱、慢讓快耳！」這是借比較和評論其他拳術流派特徵而揭露一般技擊技術的狀況，並由此突出自身的特點和優長。

「斯技」即這種技術，可以理解為單指太極拳內部不同流派的技擊技術，也可以理解為泛指太極拳和其他所有的武術門派的技擊技術。「旁門甚多」可以理解為太極拳之外的武術門派甚多，也可以理解為當時除自己門派以外的其他技法原則不完全一致的太極拳門派，甚至還可以理解為跟自己同一流派，然而學藝不精而產生流弊的普遍狀況。然而不論作者概括的是哪一種情況，把「旁門」技法不加分析統統說成是「概不外壯欺弱、慢讓快耳」，恐怕有一定片面性。

中國武術在先秦開始就有陰陽變換、取巧用智的傳統，這在《莊子》和《吳越春秋》都說得很清楚。而且，任何人類的身體技術和技巧，也都並不只是「壯欺弱、慢讓快」的。不過，此文所說的也許是當時人們練拳的普遍流弊（這種情況其實現在同樣並更嚴重地存在）。

此文在論及「斯技旁門」時，看來難免有門戶之見，事實上任何個體技擊對抗，都是體能、技能和智能的綜合對比，無論哪個門派的拳術也都有其自身的技巧和優長。

（這就像任何群體對抗的戰爭衝突，都是軍事力量、經濟力量和政治力量、文化力量的綜合博弈，每個方面都各自有優長，而並不簡單地只是軍事力量對比一樣。）但現在問題是除以太極拳為代表的少數幾個拳種外，絕大多數拳種實際上確實主要還是依託體能和技能並運用強硬的暴力手段去制人取勝的。其練功過程和技術技巧，著眼點也主要是為加強自身暴力，而不是為加強相關訊息的收集、鑑別和利用，因而就整體框架說也就離不開「概不外壯欺弱、慢讓快耳」。

「有力打無力，手慢讓手快，是皆先天自然之能，非關學力而有為也！」這承上句，點出有力打無力、手慢讓手快很大程度仍屬先天自然之能，亦即動物式生存本能，不具後天文化學習和創造的進步意義。

前面談到「用力之久」，這裏進一步推崇「學力而有為」，並從反面表示不能僅僅依託先天自然之能，透露出強烈的「非生物遺傳訊息」之文化承傳和文化創造意味。當然，任何剛健拳種同樣都是一種文化現象和文化活動，有著自己的歷史文化積累。它不但同樣具有自身的戰略戰術，而且其訓練也完全可以提高自身力量、速度和技巧方面的素質，大大提高有力打無力、手慢讓手快的效果，因而很難說是純粹的先天自然之能。

此外，先天的力量優勢在生存博弈中也不是沒有意義的，弱肉強食畢竟是動物界中一個方面的生存法則。但問題關鍵還在於人類操作的著眼點到底放在哪裏。這裏討論的著眼點是力量運用而不是力量本身，而力量跟力量的運用畢竟是兩個不同概念。

跟動物界依託先天本能的弱肉強食不同，人是具有利用環境、藉助工具那後天的「理性狡猾」。西哲有云：「只要給我一個支點，就能把地球翻轉過來。」談的也是這個意思。中國武術和道門修練中確實具有從後天返回先天的執著訴求，強調可以開發的生命潛能；內家拳的實質就在於調動先天潛能。然而這種訴求實質當是一種超越當下的訴求，力圖從經驗出發去追求超驗的東西，而絕不是反對後天文化積累而完全無視經驗。

　　力量運用是以一定力量的客觀存在為前提的，任何作功都要耗費能量，自我控制也是需要耗能的。所謂「省力不省功」，太極拳運作並非完全不耗能，它只是強調不能直接用蠻力硬拚消耗，而是「曲中求直」轉移力點，講究「借力打力」那力量運行的性價比而已。何況任何力量和速度都不是沒有極限的，而且我們又都不能選擇敵人，無法保證自己的力量和速度一定大於和快於對手。大力、小力，拙力、巧力，手快、手慢，以及其在操作時的有效和無效，在實踐中都是相對並且可以變化的，由此當要揚長避短、避實擊虛。這裏的一切東西，都只能是在跟敵手相互關係中去定義，而不是用自我的主觀訴求或自我感覺來定義。

　　反對單純的力量迷信，把後天處於關係中的力量運用擺在先天個體的力量本能前面，並不見得就是什麼自我中心、自吹自擂、心理狹隘和門戶之見。文中提到的四兩撥千斤、急應緩隨等技巧，不僅表現太極拳以小勝大、以靜制動、以逸待勞、以柔克剛的技擊特點，其實也是所有個體性技擊技術、軍事攻防戰術乃至對抗性競技體育的重要

組成部分；然而此文卻認為以大勝小、以快制慢僅為先天自然之能，貶低甚至乾脆排除於攻防技術和戰術之外，則當屬為自神其技而過於武斷，把某些技擊共性說成是自身個性。

王壯弘認為，這裏「是皆先天自然之能，非關學力而有為也！」一句，當在「觀耄耋能禦眾之能，快何能為」之後，通行本時下的排列位置是後人由於不理解原意而「妄加移改」的結果。按照佛家「本具」理論，這句本意在肯定而不是否定，是說太極拳乃是「本自具足，不假外求，是向內向自身求的功夫，即去妄存真，開發本具功能的功夫」。於是強調太極勁為「與生俱來，無需學也無從學，而是要修的」；其內涵就是要去掉後天獲得的種種觀念和技法，恢復先天本具技能。由此把整篇《王宗岳太極拳論》概括為三大段：「首段述太極本具之理。次段述人體本具之能（體）。末段發揮心意識之智慧，於陰陽相濟之間，即本具之用。」此說與道門尚自然、反人為那從後天返回先天的「返璞歸真」（即「消除異化、回歸本真」）一定程度或可相通，但卻與當今的文化理論以及中國的經驗主義傳統相悖。

儘管人的先天稟賦為其後天的實踐能力設定了一個客觀的「可能性空間」，然而這個可能性的實現卻是後天學習和訓練的結果。所謂天人合一的觀念，使中國人傾向於把先天後天、自然社會、本然應然圓融貫通，追求合規律性和合目的性辯證統一那物物而不物於物、從心所欲不踰矩之瀟灑境界；由此挖掘潛能的內向修練與學習經驗的外向訓練也當是完全同一的，沒有必要去妄分彼此。

《太極拳論》在前面有云：「然非用力之久，不能豁然貫通焉」，亦即此之謂。從文理和語感來看，恐仍當以通行本為是。

　　此外，還有人詬病此文有「唯武事論」的傾向，根本沒有談及醫療和養生的問題；然而太極拳源於並屬於武術，其拳理自當表現處理敵我關係的技擊攻防規律。儘管近代以來太極拳運動迅速向心身自我調控的「意識柔軟體操」方向變化，在社會效應上發揮了更大的醫療、養生和怡情、養性以至藝術欣賞的作用，技擊功能已經是日漸衰落退化；但其動作結構和行為方式仍然內在地包含有處理敵我關係（亦即主客關係）的技擊攻防含義，始終維持和表現出一定的技擊應對性質。就本真而言，它跟古代的導引、氣功確實有著極為深刻的相互影響和相互作用，但又畢竟有著不同的淵源和發展道路，屬於不同的範疇。而且，技擊技術跟醫療和養生活動其實也並不完全對立；人的生存需要與安全需要恐怕很難徹底分離。所謂「保命全身」，技擊的任務是保護和發展自己，講求人的生命權利，其最終目標跟養生大方向當是完全一致的，它的技擊訓練則可以成為養生的一種手段。

　　世界上所有事物都是相互聯繫的整體性存在，然而我們卻不能因此否定不同事物那各自的本性。以軍事為喻，任何軍事作戰都需要政治、經濟、文化和社會的支撐，並且受到部隊素質、力量對比、技術裝備和環境條件的制約：但我們並不能由此抹殺其暴力對抗之特有對抗屬性。特別是作戰中各有勝負，但我們也不能因而判斷負方並沒有戰鬥；戰場上一時的勝負變化，不能代表整個戰爭的社

太極拳譜釋義 太極拳理的文化學分析

會性質；勝負同為作戰的一個方面，「唯武事論」的批評指責，邏輯上很難成立。

中國文化是種應對的操作文化，技擊是應對外敵的侵犯，而養生則是應對內部的衰退，其處理問題的原則和結構在很大程度上是共通的（所以「不為良相、便為良醫」）。儘管隨著社會法治的日益完備，處理群體內部（而不是群體外部）敵我關係的個人技擊私鬥，開始或當要日漸退出現實的社會需要，然而處理敵我關係的思考卻可以泛化為處理主客體關係的思考，並可以在應對環境、待人處事、經濟競爭、勞動保護、疾病防治、體育競技、藝術表演、救災搶險、警務保安、危機應對等等不同的領域發揮作用。特別是在當今社會利益正在激烈分化而又缺乏一個共識的社會環境中，一些非軍事性的恐怖襲擊、群體事件、治安案件、安全事故、交通肇事和無意突發的個人肢體碰撞，以至蓄意而為那肢體暴力性的強姦、搶掠、凶殺、鬥毆等多有發生，由此自我防衛、緊急避險的技擊技術恐怕還遠遠沒有能夠完全退出歷史舞台。

「別無選擇、並不對等、不受限制」的技擊搏鬥跟「範圍確定、公平公開、規則約束」的競技運動不同，它並沒有「統一法度、規範行為、機會均等、公平競爭」的社會條件，也沒有「特殊政策、靈活措施、重點傾斜、優惠待遇」的權力支撐，所以也絕不會服從什麼費厄潑賴的競技精神。能比的不能用、能用的又不能比，而不是什麼能比就能用、能用就能比。人們具有條件和所處狀況事實上並不平等，而真正搏鬥又是不能選擇敵人的；由此應敵的目標設定也就不能是什麼「更高、更快、更強」，而只

能是「黑貓白貓、抓住老鼠就是好貓」。一個相對弱者面對逆境和強敵時到底應該怎麼辦？其命運是否只有失敗滅亡一途而別無選擇？由此整個世界是否也只有單一弱肉強食的叢林法則？

任何肢體技術都有其自身的運作技術性能和社會歷史侷限，而且個體操作技能高低也不直接等同於普適技術性能好壞。肢體對抗是力量、訊息不對稱條件下不同層面差異組合的隨機錯位博弈，無法透過競技比賽方式全面驗證其技術性能本真的優劣高下。包括競技比賽和衝突應對所體現的，只是操作者理解把握和臨場發揮的操作技能：它並不全等於單純的技術性能，而較多涉及操作雙方背後非技術因素的個體素質、環境條件、生活方式、社會關係、文化背景等多方面影響和制約，特別突出個性化的各有所長而又各有所短。競技比賽由規則限制追求同一層面的可比性，但衝突應對卻突出不同層面那各施各法的不可比性，講究要在「多種因素不同層面的錯位博弈（武打就是不跟你比：你力強我就玩技，你技高我就用謀，你謀多我就力控）」。所謂「一膽、二力、三功大」，勝敗輸贏並不是單一技術因素決定。反正「大路朝天各走半邊」；你打你的、我打我的，你發揮你的長處、我也發揮我的長處，你有你的一套打法、我也有我的一套打法（你上我下，你左我右，橫來直取，直來橫去）。就像貓跟狗打（或雞跟鴨打），儘管都是腳抓牙咬（或翅撲喙啄），但各自所長不一、短板各異（貓極靈巧、狗有耐力，雞可飛撲、鴨善游水）；於是講究在不同條件下不同層面多種因素的揚長避短、避實擊虛，而不是在設定條件下同一層面

的「公平競爭、實力抗衡」。任何東西都不可能是絕對的；技術好壞取決於是否適應環境條件和操作目的，技巧高低表現為操作者理解把握和臨場發揮。個體對抗中一時的勝敗輸贏，並不說明技術性能本真的優劣高下。

據說，近來國家武術管理中心也提出「武術要去體操化和舞蹈化」的口號，意在為競技武術套路入奧創造良好的條件。但問題在於歷史形成的關係結構和發展定勢一時難以改變，而且對抗性競技仍然是競技比賽而不是應對自衛，它受比賽規則節制而不是受國家刑罰節制。

此文用輕蔑的語氣宣佈一些「先天自然之能，非關學力而有為」，把對單一力量的迷信轉換為對勁路變換的運用，強調了人類的主體能動和後天創造的作用，把依託於勇氣和力量的「武勇」，昇華到依託於智慧和技巧的「武藝」、普通相應技術規範的「武術」，還有精神超越的「武道」；這不能不說是文化上的一個飛躍。太極拳所謂的懂勁，就是強調要懂得各種力量的變換和運用規律，並有對經由後天訓練而產生或加強的內勁（即主體性實踐能力）之執著追求。其實質意義，則是把人類文化和智慧擺在生物本能之上。太極拳的著眼點是雙方關係中的最佳用力方式，而不是自身感覺上的最大用力程度，由此也就把追求單項人體技術極限的競技追求，轉向自身多種潛能和有關環境訊息開發的綜合運用。

「察『四兩撥千斤』之句，顯非力勝；觀耄耋能禦眾之形，快何能為？！」這是從理論和實證兩個方面來探討「小力勝大力，手慢打手快」的可能性和現實性。我們研究武術理論中所謂四兩撥千斤的說法就可以知道，它顯然

並非單純地依靠或利用自身體力來取勝的。當然，一切技擊對抗首先都是肢體力量的對比，絕不可能完全不要力量和速度。而且任何身體動作都要耗費一定的體力和表現出一定的速度，何況太極拳講究剛柔並濟、棉花包鋼（棉裏藏針）的用力方式（內勁運轉），更不可能絕對的沒有力量和速度。但有力不會用不可能實現操作目的。

問題的關鍵其實並不在於力量和速度本身，而是在於力量和速度的調控和運用。例如，從用力技巧的角度來看，就有各種力的方向、角度和力點、力臂、合力、分力、力耦、重心、平衡、慣性、作用力與反作用力，還有槓桿、斜面、尖劈、螺旋、滾動、滑動等等各種力學原理可供利用，特別講究用力的技藝。

從生理學、心理學、社會學、人類學等不同角度來看，還有一大堆更為複雜的關係和機制需要考慮。至於從雙方活動的關係來看，除力量和速度的對比外，尚有活動環境、時機位勢、方式手段以及人際關係、社會條件和心理背景等一系列要素的排列組合，以及由此排列組合所形成的一系列不同層面之可能性空間。

任何強大力量都是可以分析並分解的，而任何弱小力量也都可以透過內外各種條件耦合而變得強大起來。所以「力不爭強，捷不爭先，惟在當機赴節處」也。任何力量的運用都是一個過程，而任何對手又都有自己的空隙，當其「舊力已過，新力未生」的時候，這個對手顯然是不堪一擊的。

從實證角度看，「觀耄耋能禦眾之形，快何能為？！」七十為耄，八十為耋，生活中那些七老八十、舉動遲緩的

老人家居然可以抵抗一大群年富力強、手腳靈便的敵手圍攻，這不正說明了天生本能的「快」，是不能跟有修養的操作技藝相比擬的嗎？當然，人老以後體力和反應都會明顯下降並趨於衰竭，老年人並不絕對的能對付年輕人；然而智慧和技巧可以支配力量卻確是不易之理。以弱對強那耄耋禦眾的祕密，在於揚長避短、避實擊虛、以靜待動、引進落空、隨機就勢、借力打力，這跟運動戰中「用隱蔽方式集中優勢兵力來攻擊敵方薄弱環節」的道理完全一致。它並沒有違背或超越客觀規律，而是巧妙地利用客觀規律。太極拳的「耄耋能禦眾之形」高舉弱勢群體維權自衛的大旗，反對恃強凌弱和以眾暴寡的叢林法則，表現了人類文明的勝利。

武澄清《釋原論》於此說法是：「『引進落空』，『四兩撥千斤』；合即撥也。此字能悟，真有夙慧者也。」這裏所說的引進落空，當是《打手歌》中的「引進落空合即出」，這是用來與四兩撥千斤比較對照用的；前者是前提，後者為效應。

他顯然認為，這兩句的意義實質相同，只是從不同的側面提出來的罷了。所以前句的「合」字跟後句的「撥」字，用意用法當為一致。前句的「合」即要出，而「出」則是發、放的表現，在引進落空達到我順人背地「黏」住對方勁路時，便不失時機由合力發勁使之跌出。而後句的「撥」字，即由走化改變對方力的方向，乃為「人剛我柔謂之走」之意。

太極拳技擊原則主要是以柔克剛、捨己從人和藉助機勢、利用合力，技術上反對主觀主義、輕舉妄動和硬性對

抗，由此強調心靜體鬆、連續圓活、走化旋轉、隨曲就伸等等，以求人不知我，我獨知人。

郭福厚認為：「察『四兩撥千斤』之句，顯非力勝中的『察』字，說明了此法乃引自前人的口訣，也間接證明了，作者的太極拳論也有師傳，並非獨創。或問：此語是否引自《打手歌》的『牽動四兩撥千斤』？這固不能斷然肯定或否定。不過引文卻沒有『牽動』二字。而這兩字的意義重大，使技法產生質的差別性。拳理精如王宗岳者，對此是絕不會視而不見，馬虎到這種地步的。而『四兩撥千斤』之句，應用亦甚廣泛，非《打手歌》所專有，不但『旁門』武術也有此訣，中國摔跤亦有此訣，惟『撥』字或作『博』字；一般生活語言也常用此語；『撥』字也可作『破』字。」

總起來說，儘管太極拳跟中國其他武術流派有著很多共通的東西，但它在技擊和養生上以弱對強、以柔克剛和虛實變換、陰陽相濟的個性特點是十分突出的。傳說張三豐「既精於少林，復從而翻之」而創編了太極，極富象徵意義。此外，這裏還可以典型地看到中國武術跟西洋拳擊提問題的顯著區別：中國武術的方法論基礎，是基於元氣論背景發展起來的古典哲學樸素系統論。因而在操作時須圓融功夫、勁路、態勢、時機，強調主客體之間的動態關係，表現主體在這種關係中的自身狀態。而西洋拳擊的方法論基礎，則是基於原子論背景發展起來的機械力學線性分析。因而在操作時要講究力量、速度、距離、時間，強調主體自身的構成要素，表現主體在運動過程中的對象化特徵。

太極拳譜釋義 太極拳理的文化學分析

6. 第六段：正誤

作為一種身體訓練和身體活動，本段集中討論太極拳動作和勁路的正誤得失。

「立如平準，活似車輪」，是從動作的角度形容太極拳守中、用中的運行狀態：身法端正、保持平衡，就像天平的指針一樣；身手圓活、旋轉自如，就像車輪滾動一樣。鄭曼青云：「中須時中、定無常定」，強調「中定」是運動中的隨遇平衡，而不是依樣葫蘆的永恆定在。這是太極拳技法之本（或曰得勢之本），用以說明太極拳運行狀態當以平為準，無論走架還是推手都要重心變換得當，時時掌握好自身各個方面的平衡，自可得機得勢。

「平準」有的本子也作「秤準」。「平」即天平，「準」即準頭，天平中用以表示平衡的指針。「立如平準」，就是要求立身姿勢就像天平那樣中正，亦即前面所說的不偏不倚。《太極平準腰頂解》說：「頂為準頭，故曰『頂頭懸』也；兩手即左右之盤也，腰即根珠也。立如平準，有平準在身，則所謂輕重浮沉，分釐絲毫，莫不顯然可辨矣！」這是把人體比作天平，有天平的準頭在身，那末就能精確地去「稱」人的分量了。

徐震解釋說：「秤之為物，能權輕重而得其平。人能將重心位置得當，則雖在變動之中，全身之力，仍得平衡。就姿勢言之，則有立如平準之象，若能養成此種功夫，則作止變轉之時，自爾穩定便捷，已能保持此種平衡力，方可使全身處處圓轉，則與外力接觸時，可以順勢滑過，故能不受他力，此即活似車輪之義。又圓轉之法，大

圈之中，更包小圈，此種復合之轉法，最能利用他力之來勢而轉變其方向，故立如平準，活似車輪，乃一切勢法之基礎，乃可隨而不滯。」只有不偏不倚的「立如平準」，才有條件做到隨遇平衡「活似車輪」。輪為圓形，又喻拳的姿勢要圓滿，運行軌跡也取圓弧形。輪的運動是以軸帶動輻，拳的運動也取此理；腰為軸，肢為輻，以整個腰胯的轉動來帶動四肢運行。這是太極拳技法對姿勢和動作的基本要求，也是動靜法則的關鍵。

楊式拳訣傳抄本中有《太極平準腰頂解》云：「頂如準，故云『頂頭懸』也。兩手即憑左右之盤也。腰即平之根株也。『立如平準』，所謂輕重浮沉、分釐毫絲，則偏顯然矣！有準頂頭懸，腰之根下株。上下一條線，全憑兩手轉。變換區分毫，尺寸自己辨。車輪兩命門，一轆搖又轉。心令氣旗使，自然隨我便。滿身輕利者，金剛羅漢煉。對待有往來，是早或是晚。合則放發出，不必凌霄箭。涵養有多少，一氣哈而遠。口授須秘傳，開門見中天。」可供參考。

「偏沉則隨，雙重則滯」，是從勁路的角度描述太極拳運行得失之由，涉及自身內外各種不同力量的關係。前述「左重則左虛，右重則右杳」，是就敵我關係的角度來談虛實變化，這裏則是從操作主體力量配置的角度來談虛實變換（我們前面已經指出，虛實變換是以弱對強和以柔克剛的關鍵，這就是所謂「拳有陰陽才能有變化，有變化才能有剛柔」也）。

能分清虛實，並由虛實變換，做到左重則左虛，右重則右杳地引進落空、借力打力，這就叫做「偏沉」，就能

太極拳譜釋義 太極拳理的文化學分析

順隨，使對方有力不得力，有力無處使。這是太極拳應敵順隨的基本方法和效果。當我受到外力壓迫時，一定不要硬性對抗，而要主動隨勢向相應的一側鬆沉，就自然起到「隨」的作用，為引進落空創造前提條件；這也就是前面所講的人剛我柔謂之走也。「雙重則滯」是指與偏沉則隨相對的病手，即以相向的力與對手的進攻正面頂抗，類似戰爭中禦敵於國門之外和全面出擊、兩個拳頭打人，屬頂牛般兩力相抗拼消耗，這就叫做「雙重」。其結果則是力量呆滯運轉不靈且易受人控制，最後當然只能回到先天本能的有力打無力，手慢讓手快了。

在這裏，「中」和「偏」也是互補的。「中」是指不歪的身法，「偏」則是指隨機的勁路。守中和用中，都是在分清虛實從而得以圓轉變化的基礎上產生的。而分清虛實、圓轉變化，又都是以重心穩定、守住中線為前提。所以說，「偏沉」是「抓住主要矛盾」得以守中、用中的結果，而「雙重」則不是兩端持其中，而是棄中而持兩端，因而四面出擊顧此失彼反而導致「失中」。

武澄清《釋原論》對此解釋說：「是比活似車輪而言，乃己之謂也。一邊沉則轉，兩邊重則滯，不使雙重，即不為人制矣。是言己之病也。硬則如此，軟則隨，隨則捨己從人，不致膠柱鼓瑟矣。」強調雙重則滯這個毛病是指操作主體自身而言的。

張寶銀對這兩句的解釋是：「立身中正，神氣中和，心性中定，自可隨機隨勢，隨遇平衡。肘旋臂轉，膝旋腿轉，脊旋腰轉，內旋劉轉，骨旋肌轉，髓旋骨轉，心旋僻轉，謂『活似車輪』。（讀書貴在知要，『天平』、『稱

準』之說，鑽牛角尖，亦不可取）『偏沉』，違『不偏不倚』，謂之『隨』，『隨』即失衡：為人所制；『雙重』，違『忽隱忽現』，謂之『滯』，『滯』則轉關不靈亦為人所制。勤修用功有年而為人制，不知何為『雙重』之病喁！」這第一句解釋，對流行理解作了理論上的進一步概括和提升，但第二句解釋，則一反傳統理解，把「偏沉」作為失衡的病手。基於概念的相對性，或可自圓，錄下作為參考。是否「病手」的關鍵，要看其自身是否「失中」（亦即失去運動的主動權），如果沒有「失中」，不能認為是病手；而如果「失中」，則無可爭議地為病手。

「每見數年純功，不能運化者，率皆自為人制，雙重之病未悟耳」，這是從反面小結本段，指出學練太極拳的偏差失誤、效率不高之基本病根。

練拳要用腦，沒有高度自覺那因襲模仿的簡單重複，顯然不能奏效。不過這裏所說的高度自覺，依託的並不是西方式邏輯推論的顯性知識，而是體知體悟、直覺意會的隱性知識。常常見到一些勤練太極拳和太極推手多年的人，由於不能很好地從身體上領會「懂勁」和「黏隨走化」的道理，因而往往不能控制對手，相反地卻處處授人以柄而被人所控制，這都是只懂得一味用拙力頂抗（不是避實擊虛、以柔克剛，而是蠻力抗衡拼消耗），犯了「雙重」的毛病而未能自覺！

此文把太極拳技法的失敗歸咎於「雙重之病未悟」，提醒後學者當對此提高警惕。從「每見數年純功，不能運化者」之語，可知當時堅持學練的拳家其實不少，這與前面所說的「斯技旁門」概念，可能也有某種內在聯繫。文

章感嘆一些有數年純功而不能運化者怎樣自為人制，蓋因雙重之病未悟。不辨陰陽，難以運化，即為雙重。而在雙重狀態下無論怎樣用功，也總是難以達到預定效果的。

歷來流傳有「太極十年不出門」之說，可見正確的理解和正確的訓練方法之重要。至於要真正懂得並把握這點，則需要操作者特別用心去「悟」，僅從外形的模仿解決不了問題。

這裏所說的「雙重」，是指違背太極拳陰陽兩極運行原則的基本毛病；陰陽不分、虛實不明、平均用力、四面出擊。它既包括彼我雙方力量關係的平衡問題，又包括自身力量配置的平衡問題。就武事對抗（力量博弈）而言，「雙重」違背了集中主要力量、各個擊破敵人的基本原則，處處讓敵有機可乘，於是無法突破當下。

此事曾廣泛引起拳家的重視，然而各家在技術層面上的理解和解釋卻又不盡相同。歸納起來大約有這麼幾種說法：

1、重，指身體的某一部分落實，「雙重」指雙足、雙手不分虛實、陰陽不明；

2、手與足是互為陰陽的兩部分，「雙重」即同側的手、足同時處於實或虛的狀態；

3、「雙」指形、意兩部分，「雙重」是指意與相關的形同為實的狀態；

4、「雙」指敵、我雙方，「雙重」指敵實我實、敵虛我虛，從而喪失了「以柔克剛」原則的僵拙狀態。

但無論哪種理解，最後都要歸結到虛實變轉不靈。從根本上說「一陰一陽謂之道」，由此「體不分陰陽謂雙

重」也。

　　《太極輕重浮沉解》具體分析了太極拳力量配置和運勁方式上的「雙重」問題，其解云：「雙重為病，干於填實，與沉不同也。雙沉不為病，自爾騰虛，與重不一也。雙浮為病，只如縹緲，與輕不例也。雙輕不為病，天然輕靈，與浮不等也。半輕半重不為病，偏輕偏重為病。半者，半有著落也，所以不為病；偏者，偏無著落也，所以為病。偏無著落，必失方圓，半有著落，豈出方圓。半浮半沉為病，失於不及也；偏浮偏沉，欠於太過也。半重偏重，滯而不正也；半輕偏輕，靈而不方也。半沉偏沉，虛而不正也；半浮偏浮，茫而不圓也。夫雙輕不近於浮，則為輕靈；雙沉不近於封，則為離虛。故曰上手輕重，半有著落則為平手。此三者之外，皆為病手。蓋內之虛靈不昧，自能治於外。氣之清明，流行乎肢體也。若不窮研輕重沉浮之手，徒勞掘井不及泉之嘆耳。然有方圓四正之於，表裏精粗無不到，則已太極大成，又何慮四隅出方圓乎。所謂方而圓，圓而方，超乎象外，得其寰中之上手也。」輕重浮沉是用勁的方式和標準，也含有用勁分量和對抗關係演化的因素。此文對打手用勁的情況，做了一個全面的分析，言簡意賅，深入淺出，面面俱到。當是分析「雙重」問題而行之有效的一個好教材。

7. 第七段：關鍵

　　本段承上段的正誤評估，說明只有抓住陰陽演化這個根本，才能克服學練太極拳中的缺點和失誤，提高效率，進入高級水準。

「欲避此病，須知陰陽：黏即是走，走即是黏；陰不離陽，陽不離陰；陰陽相濟，方為懂勁。」這是呼應此文開頭太極兩儀的立論，以陰陽對待、陰變陽合、相濟互補的大化流行來統領起整個太極拳，並從操作行為學角度概括地點明黏走戰略的辯證關係；要想避免用力頂抗、不能走化的「雙重」毛病，不陷入處處窮於應付的被動局面，就一定要懂得陰陽的運化，真正把握陰陽兩端的對待、互根、盈虛、互補、消長、變換的相互關係以及運作機制。「雙重」的理論含義不外是不分虛實、不辨陰陽，即不懂具體問題具體分析和抓不住事物的主要矛盾、平均使用力量。用「陰陽相濟」理論去指導行拳推手，就是要知道並掌握黏引封逼中包含並且可以轉換為就勢走化，所以黏也就是走；而就勢走化中包含並且可以轉化為黏引封逼，所以走也就是黏。

　　武汝清在《結論》（又作《太極拳論》）中說：「夫拳名太極者，陰陽、虛實也。陰陽明，然後知進退。」經楊班侯傳下的《陰陽訣》亦云：「太極陰陽少人修，吞吐開合問剛柔；正隅收放任君走，動靜變化不須愁。生剋二法隨著用，閃進全在動中求；輕重虛實怎的是，重裏現輕勿稍留。」太極拳所有的要求都是「陰陽相濟」的。例如：它所要求的「鬆」，就並不是徹底的鬆散軟弱，而是「節節鬆開、又節節貫串」的鬆中有緊。它所要求的「靜」，也不是完全的寂滅虛無，而是靜以含機、以靜待動的變化準備。它所要求的「柔」，更不是完全放棄的軟弱無力，而是棉裏藏針、以柔克剛的韌性戰鬥。所謂「柔裏有剛攻不破，剛中無柔不為堅」，在太極拳捨己從人的

隨曲就伸活動背後，隱藏著一個高度自覺並超越了自我中心的頑強操作主體。

太極拳的「用意調神」是個根本性的技術支柱，由此反對妄動蠻幹和放任自流。它要求整個操作運行在主體意識的調控下，形態上有開有合，開中有合、合中有開；力量上有虛有實，虛中有實、實中有虛；意念上有陰有陽，陰中有陽。陽中有陰；運用上有蓄有發，蓄中有發、發中有蓄。這樣開合、動靜、虛實、陰陽、蓄發得以靈活運化，才可以使對手顧此失彼、不知所措、應接不暇、處處被動。所以陽剛不能離開陰柔，陰柔也不能離開陽剛；有陰有陽、有虛有實、有剛有柔、有開有合、有動有靜；陰陽相濟、虛實互變、剛柔錯綜、開合有序、動靜相因。整個行拳過程必須分清陰陽虛實又兼有陰陽虛實，其關鍵則在攻守進退的隨機變換之中。只有做到這種狀態，才稱得上是「懂勁」。

「黏即是走，走即是黏」，這是太極拳技法中最為精闢的概括，「黏」與「走」是事物內部對立統一的矛盾的兩個方面，它們互為存在前提、互相包含並且互相轉化，確實誰也離不開誰。這兩句話的字面意義並不難理解，但要恰到好處地處理二者辯證關係、達到有無相生、陰陽相濟的程度卻很不容易。武式太極拳傳人強調，「黏走是一下，不是兩下」，突出每個動作同時兼有黏走的功能，這是高度熟練後形成的狀態，初學時恐怕做不到，但可作為一個目標追求。

在此技法中，「走」是基礎，為陰；「黏」是主導，為陽。其核心在於立足於一個「打」字，其靈魂則是一個

太極拳譜釋義 太極拳理的文化學分析

「變」字。「黏」固然是要把對方捆起來打，「走」則是尋找和製造機會來打，二者由「變」來連結並在「打」字上統一起來。有道是「太極分陰陽、陰陽一太極」；許禹生在解釋「黏即是走，走即是黏」時指出：黏走是「一而二，二而一者也。制敵勁時謂之黏，化敵勁時謂之走。制而化之，化而制之。制即化，化即制也。」

王新午強調黏走的相對性質及轉換變化：黏走二字，「其義本極明顯，惟不可以剛柔順背四字分晰解釋，以字義解則死滯。拳法瞬息萬變，其中常有一活字。故有可意會不可言傳之妙。按人用剛我用柔，是拳法原理，亦對敵一種應用也。雖著勢千變萬化，凡此場合皆名之曰走。走者化也。變化敵之剛勁，使不得加諸吾身。所謂以柔克剛也。因人剛我柔之原理應用，每使我順而人背，即我得勢而人不得勢。至此境界，皆名曰黏。黏者制也。我順人背，則可制人，而不制於人。對敵之時，化為制因，制為化果；化即制，制即化，因果相生，循環不已，無毫釐之間隔。」

而要做到這點，則必須「捨己從人」因應敵情而不斷地進行自我調整。由此產生一系列瞭解敵情和提高自身適應能力的特有訓練方式和方法。此文儘管在太極拳理論和技術兩個方面作了言簡意賅的精到論述，但要真正掌握還得經由長期的實踐積累，「然非用力之久，不能豁然貫通焉！」

所謂「陰不離陽，陽不離陰；陰陽相濟，方為懂勁」，這是用「陰陽相濟」來論證太極拳技法中的「黏即是走，走即是黏」。大道運行不外一個總的「對待流

行」，太極拳則用黏走相生的陰陽相濟去表達對待流行。所謂陰不離陽，陽不離陰中的「不離」二字，跟走黏兩句中的「即是」意義相同，都有不雜不離、相生相濟、互寓制衡、對待互根、消長變換的含義。只有互為存在前提而又互相轉換，才能產生一系列的變化。中國文化的陰陽之道相當於西方文化的對立統一，這是人們對同一宇宙運行總體性規律的不同理解和闡釋，二者同樣貫串於天道人事的萬事萬物之中，區別可能只在於觀察的側面和解釋的任務有所不同。當然，陰陽之道跟對立統一的內涵並不是完全一致的，不要將其混為一談。在存在形態上，陰陽之道強調陰陽兩端的不雜不離、對待互根；而對立統一卻強調矛盾雙方的二律背反、鬥爭否定。在運行機制上，陰陽之道強調自我完善、整體昇華；而對立統一則強調否定超越、衝突揚棄。應當很好地瞭解和把握這兩種文化方式，並由二者互補而達到新的綜合。

「懂勁後愈練愈精，默識揣摩，漸至從心所欲。」說明懂勁後的進步途徑和功效。「懂勁」後建構手段從勁路轉向意念，逐步向「神明」階段逼進。陰陽相濟的技術落腳點是勁路的虛實變換。能虛實變換者，即稱之為懂勁。懂勁後愈練愈精（反襯不懂勁者誤入歧途走錯路，因而愈練愈不精，並由此產生低效率甚至反效果），由默識揣摩向內用功，由修心、養性、悟道、怡情，最後達到「從心所欲」，終於獲得人生必然中的自由。

體驗和直覺是中國生命哲學的根本方法，前者解決人的存在問題，後者解決人的意義問題。是否懂勁，是練拳過程中的一個本質性的飛躍。它不僅是對技術的把握，而

且是對人生態度的理解。不懂勁根本談不上入門，而懂勁後才有可能逐步登堂入室。「從心所欲」有多重的含義：技擊層面指從心所欲地控制住對手，理論層面則是捨己從人從必然中獲取高度自由。老子云：「蓋聞善攝生者，陸行不遇兕虎，入軍不被甲兵。兕無所投其角，虎無所措其爪，兵無所容其刃。夫何故？以其無死地。」即此之謂。

這裏頗為突出地談到了中國人「默識揣摩」那「悟性體知」的獨特方法。一般說來，西方文化強調對象認知，無論什麼事情都要去問個「為什麼」；中國文化卻突出主體操作，凡事開頭卻要講個「怎麼辦」。生命的體驗和直覺是主體講求怎麼辦」的一種基本方法。體驗方法是要解決人的存在問題，包括人的自我實現；直覺方法主要是解決人生的意義和價值問題，包括安身立命之道。二者有機聯繫，密不可分，共同構成「默識揣摩」。這種方法到底是「理性」還是「非理性」的呢？老一輩學者對此爭論不休。

其實這裏很多東西並非都是非此即彼的。跟西方哲學概念不同，中國哲學範疇大多是模糊的。例如這裏所說的「默識揣摩」，就很難在理性和經驗之間二擇其一。它確實是非概念、非邏輯的，甚至有點神祕性。但其中也有類似概念、範疇的符號運用，甚至也可以用辨名析理方法。它確實不是感性的直觀，但也不是理性的反思，而更多的是一種如魚飲水、冷暖自知的體知和體悟。這種方式在古代儒家的格物致知、道家的靜觀玄覽、佛家的親證了悟裏得到體現，這是對對象本性或內涵的一種直覺、明澈的觀照和透察，是內在於自身整體的一種智慧。由此太極拳的

訓練不能停留在聞知水準，而要進入身知，一開始就要找到身體的本體感覺，最後功夫必須練上身。

注意，這裏所說的「悟性體知」並不是西哲康德指的那個「知性思維」（Verstand，過去有人曾把它翻譯為悟性或理智）。康德所說的知性思維，是介於感性與理性之間的一個認知階段，是表現為「規則能力」的工具理性（但中國人的知性思維，卻恰好缺乏作為中介的工具理性，而表現為直接經驗類推能力的情感理性）。這裏所說的「悟性體知」，則是獨立於感性和理性之外的一種認知方式，它不但超越了西方式的工具理性，而且還超越了中國式的經驗理性。有人認為，太極拳的以心行氣和默識揣摩非常典型地反映了中國文化的「坐井觀天」，這當是無知之談。太極拳講究有感而應、因敵成形、聽勁知機、就勢而行，完全是開放式的。感覺是通向外界的門戶而不是隔絕一切的圍牆，因勢利導很難說是井蛙行為。中國文化陰陽相濟著眼完美，不見得要比西方文化「刻舟求劍」般單向線性追求卓越更為封閉保守。

所謂默識揣摩的悟性體知具有自我性、本體性、整體性、直接性和逆向性等等特點，而這些特點又都是在相互作用過程中呈現出來的。中國思維所理解的對象和自身，都不是各自孤立存在的，而是處在普遍性的相互聯繫之中，而且最終都歸於萬物一體、天人合一的整體系統。認識中不僅概念與概念之間，概念與經驗之間，都不是截然分開、各自獨立的。這亦即馮友蘭評論的所謂拖泥帶水。從概念論的觀點看，確是拖泥帶水的，但從存在哲學的觀點看，這又正是中國哲學的特點。中國哲學既不是本體先

於存在，也不是存在先於本質，而是功夫就是本體。當然，真正的實踐操作並不能只停留在主體訴求上面；這裏關鍵是看你具體往哪裏以及怎樣去下工夫。

8. 第八段：歸咎

本段從反面總結全文，說明太極拳功夫之歸咎。

「本是捨己從人，多誤捨近求遠」。本來太極拳的技術和戰術原則只是主體應敵的「捨己從人」（走出自我中心、揚棄主觀想像、破除我執法執、因應對手變化、藉助外部機勢、體現客觀規律），但許多人卻往往錯誤地把它理解為迷失本性的「捨近求遠」（消解操作主體、模糊當前任務、放棄生命權利、完全依賴外力、迷信承諾忽悠、寄託空泛迷思），由此走上自身異化之途。

捨己從人實質是有感而應、因敵成形、藉助機勢、緊急避險的應敵操作，不是感恩奉獻、依附追隨、迷失本性、遷就敵手的接受奴役。它是太極拳揚長避短、避實擊虛、以退為進、以守為攻、以弱對強、以柔克剛技術追求的應對策略。從操作運行上說，「捨己」為「順人不失己」避鋒誘敵，引進落空的「走」，「從人」為「依自不依它」因應環境、就勢制敵的「黏」。由此「捨己從人」，乃「人剛我柔謂之走，我順人背謂之黏」之技術要求，二者均為被動形式中那自我主宰、不失靈明和不偏不倚、中正安舒的主體性行為。由此呈現有感即應、因敵成形、切身就勢、借力反擊、生剋制化、陰陽易位的引進落空合即出，沾連黏隨不丟頂。

要打破對外關係強勢主宰、弱肉強食的既定格局，首

先就要瞭解和把握好這個格局；但這瞭解和把握之目的，卻在調控和改變（破局）而不是依附和屈從（入套）這個格局。人活動中所呈現的主動、被動狀態，都不是單方面憑主觀需要決定和就此永恆不變的；它是一定條件下由雙方互動造成並可經常轉變。在敵強我弱情況下，以靜待動、以逸待勞、隨機就勢、借力打力才是克敵制勝的近道，而輕敵盲動、亂拼消耗、自吹自擂或迷失自我、放棄原則、迎合屈從都是自取滅亡的遠道。

許禹生點評曰：「不知機而妄動者，動則得咎。」離開對象狀態和環境機勢，執著於自我中心，放不下主觀主義，走上以力鬥力拚消耗的歧途；由此自作主張、剛愎自用和先下手為強地使用固定的手法，不顧客觀規律和實際條件，在不得機、不得勢的情況下輕敵盲動暴露勁點，結果反被對手利用借力，或者乾脆以大力制勝於己，這樣貌似主動而實為被動，豈不就是欲速不達、南轅北轍的捨近求遠了嗎？這是從後果上說明什麼是「捨近求遠」。

李雅軒指出：「太極推手在隨機運化本身不可有絲毫安排等待的心思，這就謂之捨己從人，也就是說要在本身確實做到圓活輕靈的地步才可以隨人黏走，毫無障礙，但是有許多人誤認捨己四字，以為是從對方研究來勢早安排一個如你來如何應的心思，這就是捨近求遠了。」強調捨己從人的前提是排除主觀猜測，依託強大內勁並首先要做好自我本身那真正的隨機應對。

揚長避短、以柔克剛作用的核心和關鍵是虛實變換；這裏則進一步說明虛實變換的操作前提和形式便是捨己從人。只有由捨己從人獲得各種必要的訊息，才能做到隨機

就勢、因應自如、避實擊虛、借力打力、曲中求直、後發先至。太極拳技法中如果離開捨己從人這個基本原則，其他所有相應的具體技法也就難以發揮其應有的作用。換句話說，捨己從人要求所有的技法動作都必須根據應敵時的具體情況敢於「捨棄」貪、瞋、癡、慢、疑各種主觀執著（老子云：「吾所以有大患者，為吾有身，及吾無身，吾有何患？」又云「蓋聞善攝生者，陸行不遇兕虎，入軍不被甲兵。兕無所投其角。虎無所用其爪。兵無所容其刃。夫何故？以其無死地。」），一切隨機就勢、應敵而動，絕不能捕風捉影、臆斷妄動、自作主張。只有先讓一步使對方先動從而看到虛實，我才能知人而不為人所知，自己的行動才能有的放矢，這就是「因敵變化示神奇」。

　　「從人」決不是依附外敵的為虎作倀、不是消極避敵的逃跑主義，也不是妥協屈服的投降主義、不是無所作為的任人擺佈；從人只是作戰的策略和方法，目的在於誘敵深入、引進落空從而反客為主、制人取勝。所謂「從人本是由己」並非毫無主張、跟風逢迎、隨波逐流的妥協馴服、聽命於人，而是隨機就勢、尋機造勢、得機得勢的曲中求直、借力打力，這才是從人的本質。從人和由己是操作中陰陽的兩端，從人和由己的辯證統一，就是獨立自主、自力更生、陰變陽合的曲中求直、後發先至；用現代語言說，就是以被動形式實現主動內容，並由此從必然中獲得自由。

　　捨己從人的理論前提，是清醒地意識到在無限發展面前，自身只是普遍聯繫中的一個相當有限的歷史存在，自我當要由非我來定義，由此必須走出自我中心的困境，遵

循客觀規律和利用相關機勢，透過相互作用形成無過不及，隨曲就伸的隨遇平衡狀況；但其操作的目標指向卻是奪取造化、同合大道，亦即由必然獲得自由的從心所欲，歸屬於操作性的主體行為。然而卻有人把這隨機就勢、引進落空的捨己從人誤解為失落靈明、沒有主宰的隨波逐流，由此迷失自我，走上一條對外依賴、任人擺佈的異化道路。隨機就勢不是跟風從眾的趨炎附勢，捨己從人不是迷失自我的依賴屈從。離開操作主體的心主神明，是談不上什麼太極拳的。

就操作認識論言，捨己乃是隱藏自己的人不知我，於是可避其鋒芒並引進落空；從人則是把握對手之我獨知人，由此可利用機勢而借力打力。人不知我能出其不意；我獨知人則能攻其無備，知己知彼便可百戰不殆，英雄所向無敵，蓋皆由此而及也。就人生價值論說，捨己從人的基本內涵不外是走出自我中心、尊重客觀規律、超越五蘊名相、破除我執法執、充分運用機勢、巧妙借用敵力、明確自身使命、融入大化流行。這裏完全沒有當下時髦的什麼感恩、奉獻、給予、包容和寬恕、接受、和諧、共生等意蘊；它既不是處於無奈的逢迎追隨、妥協屈服，也不是居高臨下的寬容接納、施捨恩賜。正如解放思想不是消解信仰一樣，捨己從人不是迷失本性，順應規律不是無所作為，面對現實不是逆來順受，隨機就勢不是機會主義，承認對象不是放棄職責。太極拳講究陰變陽合、相反相因的陰陽相濟；孤立自生、偏於一隅的過與不及，或者張冠李戴、指鹿為馬的定性錯亂，其實都不是真正的太極拳。

動靜開合是活動狀態，取捨予奪是操作行為，其內部

兩兩相對的運行機理是誰也離不開誰。捨己從人是內家拳類面對強敵的運作特徵，屬於操作論手段性命題，而並不是倫理學或審美論的意識形態要求；其基本內涵是適應性創造而不是受控制無奈。其背後力量運行的文化意蘊，跟軍事學的攻守進退、中醫學的扶怯補瀉、社會學的得失損益、行為學的成敗利害一樣，都是陰陽兩極相滅相生、相反相成、物極必反、變化轉換的主體性運作，而不是孤立主體一廂情願並藉以騙人那高、大、上的「道德」想像。

就其實施而言，武術技擊的前提是不能選擇敵人、力量並不對等和不受規則限制，具有突發應急、私下隱蔽、不擇手段和殘酷致命等特點，因而完全無法只由某一單方面的主觀預期、善良願望或頂層設計來決定勝負；於是其操作基點，便在於培植內勁、挖掘潛能的自我主宰和自力更生，講求自身常備不懈的「功力」之雄厚，而並不能心存僥倖或寄希望於對手的寬容和仁慈。任何技術效應都不是孤立主體自我想像或自我標榜得來的；其操作關鍵便是要走出自我中心和充分利用環境訊息的捨己從人，由此達到知己知彼、從容應對的致人而不至於人。

至於「多誤捨近求遠」，則是指實踐上多數人在捨己從人時卻往往迷失了本性，強己就人而受人擺佈，不懂得技擊技術的目標是致人而不致於人。《易傳·繫辭下》有云：「近取諸身，遠取諸物」；就應對上說，「捨近求遠」中的「近」當為切近自身而又獨立自主，而「遠」則為全面依賴外物並拘泥五蘊名相（即佛家所云的「著相」）；由此反求諸己為「近」、依附外物為「遠」。

作為內家拳類的太極拳應對時捨己從人背後，當是依

託自身強大內勁和操作技巧，而並不是依賴外在的花哨技巧和嚇人戰術；其目標和任務在於制人而不制於人，歸屬於改造環境的實現目的；由此絕不能把外在的跟風逢迎、隨波逐流和屈服妥協、依附外敵當作是立身之本。所謂捨己從人的真實表現，是獨立個性和自由精神的瀟灑自如；但這必須走出自我中心，不能由此把有感而應的因敵成形異化作自我中心的一廂情願，更不能把引進落空的借力打力理解為迷失自我的聽命於人。任何生命運行都有受動性和主動性這樣兩個不同方面，人的發展更是要在改造客觀世界的同時改造自己的主觀世界；這裏的辯證關係確實微妙精深，自由自主的隨曲就伸不能混同於為人所制的隨波逐流。

捨己從人背後是反求諸己，講究必捨之需、可捨之處和能捨之力、善捨之功的辯證關係。羅衛民從人生哲學層面對此解釋說：「『捨己』是什麼？捨己其實是一種境界，是一個人全部修養的體現，沒有境界不是說你想捨就能捨的，『從人』是一種功夫，沒有功夫，想從人也從不了。現在比較流行的說法是『捨得』，說有捨才能得。這種說法在邏輯上是說不通的，從邏輯上說，得到了才能捨。從佛教修練的角度來說，一定先要功夫上身以後才能捨。什麼都沒有，怎麼捨？中國禪宗從六祖慧能開始，對中國整個文化產生了極為深遠的影響，那就是所謂的「頓悟」。什麼都不用練，什麼也不用修？只要能夠「頓悟」就行，禪宗實際上演化為一種口頭禪，參話頭，講禪機。禪宗對中國哲學的影響是不可小看的，使中國哲學知行合一的傳統演變為只有知，而不講行。」「從哲學的角度上

來看，光有境界，沒有功夫，是一種空境界，光有功夫，沒有境界，是一種蠻功夫。」

捨己從人必須是主體性操作行為，它必須能自主、有底線、講原則的，它當是一種操控對手的技術自覺而不是犬儒心態的文化囚籠。其必須捨棄的只是「貪、瞋、痴、慢、疑」等偏執妄想，但不能放棄主體性的人格風骨和責任承擔。由此有取有捨、有予有奪、有失有得，操作上取捨、予奪、得失是同一問題的兩個不同方面。明・方以智《東西均・反因》指出：「伏羲方圓，文王貞悔，孔子雜卦，無非錯綜，無非反對。往來交易，消息在此。老子曰『反者道之動也』，非止訓復也。」筆者亦作有《攻守順口溜》云：「抱一得會捨、攝生當自強；非攻不棄武，知兵非好戰；順人不失己，應對反求身；走化非敗退，打蛇隨棍上；黏發非爭霸，就勢便還擊；迂迴見空入，得勢莫遲疑；相反即相成，生生自歸真。」亦此之謂。

中國文化是種講究自家受用的「為己之學」，捨己從人絕不是放棄原則自暴自棄和自我異化。「欲練神功，揮刀自宮」只是一個依託想像的誤導，人的所有操作都必須立身中正並切身從我做起，強化操作主體意識，協調整合內部的各個方面，強化自身生存的操作能力，而不能隨波逐流地簡單妥協遷就服從別人；而當發生問題時，也總是要反求諸己而不能諉過於人。自我是由非我來定義的，由此自我意識與對象意識本是對立統一，走出自我中心與不要迷失本性當是一個問題的兩個方面。先為不可勝是中國兵法的定家計，所謂對外開放當是獨立自主、平等對話、普遍交往、互相溝通的主體性之雙向互動，不能把它等同

於迷失本性、消解主宰、隨波逐流、任人擺佈的對外依附；捨近求遠原因是失去主宰而依附外敵。

所有技術操作都不應該失神無主；這裏強調的捨己從人，當是太極拳技法因應隨變的基本戰略原則，也是太極拳技法攻守進退的具體戰術要領和方式；它必須正視矛盾、尊重現實、藉助機勢、善於抗爭，而不能無視規律、迷失本性、放棄抗爭、依附對手。這是本篇開頭所說「無過不及，隨曲就伸」和後篇《打手歌》所云「沾黏連隨不丟頂」那效應背後的主體性操作要求，也整個是陰陽相濟、以柔克剛戰略得以實現的客觀依據。捨己從人並不要求讓出操作主體身心行為的主動權，而是追求擺脫處處受敵的被動狀態，體現揚長避短那你打你的、我打我的。

捨己的內涵在於破除兩執、因應隨變、避讓走化、引進落空，讓對手無法控制自己；而從人的意義則在於隨緣就便、乘勢跟進，借力打力、黏貼捆拿，不讓對手擺脫逃逸，由此由取捨而牢牢把握整個操作應對的主動權。所謂「從人本是由己」，從人為陰，由己是陽，從人本是由己體現太極運行的陰陽相濟和陰變陽合。這裏全文歸咎又回到了開頭，表明其是一個可以自洽的成熟理論體系。

技擊本質在於處理兩個不同主體生存博弈中的對抗性肢體衝突，但人們在思考這個問題時，卻往往片面地只講自身單方的力量、速度和技術，而不講對立敵方的力量、速度和技術，無視矛盾的結構、關係和性質，因而是自我中心、一廂情願的「憑著一股氣、不顧一切向前闖」。技擊跟軍事一樣，其主旨在致人而不致於人，但對手狀況又不是自我所能選擇的；所謂本是捨己從人，指根本的東西

在於走出自我中心，一切從實際出發；但又不能迷失本性從而喪去靈明主宰，而是要在相互作用中由知己知彼、隨機就勢而踏上無執無痕、無為無待那應物自然的大道。中國文化歷來講究毋意、毋必、毋固、毋我，破除偏執、不拘成見、因應環境、隨機就勢，其背後就是自我操作的主體性行為。

總體說來，「隨機就勢、捨己從人」乃是道門遊世「虛無為本、因循為用」的動作表現，區別於佛家出世「因緣假合、緣起性空」，也區別於儒家入世「建功立業、內聖外王」。時人往往以當下得失論取捨，把一時功利當境界，顯然遠未「明心見性」和「入道歸真」。本書強調捨己從人絕不是迷失本性、遷就屈從、逆來順受、按受奴役的「領導在上我在下，你說幾下就幾下」；而是走出自我中心、就勢弄潮引進落空、制人取勝的「不管風吹浪打，勝似閒庭信步」。太極拳是以弱對強的功夫，極為重視環境訊息的利用，藉助機勢並發揮內勁去因應對手，與人周旋、乘機就勢、揚長避短、順隨不屈，絕不陷入無視對手的自作主張和自以為是；但也絕不因而妥協屈服、自我異化，讓手段變成目的。

一切實踐操作都是主觀見之於客觀的主體性行為，但任何主體又都是在跟客體關係中定義的，而主動權也同樣是在處理跟客體關係過程中展開。所謂從人本是由己，它強調外力干預下尋找自身一個合理的應對方式（特別是一個合理的用力方法和恰當的力量運行路線）；脫離現實、無視對象、不顧環境、迴避矛盾的精神意淫，恰好是喪失真正主動權的根源。必須要走出當代人自我中心的困境，

恰當運用主動和被動相互作用的辯證法。事實上真正的捨己從人是以明確的自我意識和對象意識為前提的，對敵不能存有幻想，對己莫要放鬆要求，認識對手的同時也就是認識自己。捨己從人的內涵當是面對現實、尊重規律、隨機就勢、引進落空、借力打力的「依自不依它、順人不失己」；它既不是不顧現實、無視規律、自我中心、剛愎自用、妄動蠻幹的精神自我擴張，也不是跟風逢迎、隨波逐流、逆來順受、消解個性、苟且偷生的精神自我萎縮；只有走出自我中心才能做到自我主宰。如果捨己從人的走化不當，變成捨近求遠的迷失本性，就授人以柄陷入人順我背的被動局面。

就形式而言，太極拳處處捨己從人好像沒有了自我；但就內容而言，它卻遵循客觀規律和利用環境訊息來達到自己目的，因而又復歸了自我。莊子有云「物物而不物於物」，應物時既要走出自我中心又不能迷失本性。《老子》亦云：「是以聖人後其身而身先；外其身而身存。非以其無私邪？故能成其私。」即此之謂也。中國哲學並沒有西方哲學所謂自由意志、自由選擇一類自我中心說法，更多的只是傚法自然、奪取造化一類模糊性目標追求。鄭玄在註解《禮經‧少儀》中的「請見不請退」時，用了「去止不敢自由」的提法。漢語中「自由」的意思是「出自己意，不受限制」的「從心所欲」和「心想事成」（其反面的「不敢自由」則是受到拘牽而不能聽憑己意）。然而由者循也，己意源於造化，任何自由最後都必須歸結到大道造化的對待流行，亦即萬類霜天競自由之各得其所、操作自如；自我是在跟對象的關係中產生，並由這種關係

進行定義；只有真正走出自我中心的一廂情願，才有可能
找到瀟灑自如那真實的自我。由此，因應環境當是順天循
性，捨己從人不要迷失本真。

中國文化理解的自由並不是孤立主體的一廂情願、一
意孤行，而是隨機就勢、應對自如的瀟灑自得，不是恃強
凌弱、弱肉強食的為所欲為，而是眾生平等、各得其所的
同合大道；由此追求實然與應然、自然與人為辯證統一的
天人合一狀態。我們不能沒有自我，但也不能只有自我；
人跟人的生存條件和生存環境本來就是辯證一的。為了完
成這種統一，人在活動中必須要超越自我中心，並由中介
去作用環境，這就是荀子所說的「假於物」，亦即西哲所
云「製造和運用工具」；但在這過程中，又要注意不能反
過來被工具所利用而形成所謂「物的依賴關係」。

所有手段都是為目的服務的，如果在模糊目的之同時
把手段絕對化（這就是「物於物」，亦即把目的手段化和
把手段目的化），看來好像更為直接快捷，但結果卻只能
是背離人類活動規律的捨近求遠。人們常說「改變不了環
境就改變自己」，然而環境制約卻讓人們無法改變自己。
人只有在改變環境的同時才能改變自己，人與環境的雙向
互動乃是真正的大化流行。放棄執著並非是泯滅本性和為
人作嫁，尊重對象也不是放棄操作並形成依賴。從方法論
說，捨己從人是主體因應環境、維持自我的隨機應變，而
不是失去主宰、任人擺佈的無所作為。人類行為的基本結
構，是在順應環境（對象）的過程中去改造這個環境（對
象），但又在改造環境（對象）的同時改造了自身；這是
人、我或主、客雙向互動的陰陽變換。不過在不同的條件

下，這種陰陽變換又可以具有很不一樣的方式和結果。

中國文化的解釋，確實是「玄」和「神」的；但我們的探討傾向，則更多是從技術本身的合理性和可操作性方面著眼，不相信那些沒有緣由根據和條件約束的神功異能。沒有目的固然不成操作，但是僅有主體性之目的訴求，還不直接地等於對象性的客觀狀況、更不等於操作運行的技術邏輯。所謂有感而應、感而後應、感而遂通、應接合拍，主體性的感和應，都是回應環境和敵手的變化而來的。時下人們往往只是用自我中心一廂情願的訴求和設想，甚至乾脆以一種自吹自擂的自我標榜和華而不實的未來許諾，去理解主客雙方關係的客觀狀況和運行機制，並由此去定義事物的本質；這恐怕是大有問題的。

中國文化確實具有一定的神祕性，然而這是由於人們對它瞭解不夠而產生的，在運行機理分析清楚後，所有神祕感覺都會消失。

「所謂『差之毫釐，謬之千里』，學者不可不詳辨焉！是為論。」它提醒學練太極拳者，必須分清一些關鍵問題的細微差別，按正確的方向去努力，防止各種不同類型的偏差，在避免自我異化的同時走出自我中心、自以為是那一廂情願的困境；否則便會「差之毫釐，謬之千里」地讓錯誤越走越遠的。

這句直接回應上句，指出如果把普遍交往捨己從人的就勢應對，誤作為門戶開放後迷失本性的捨近求遠，把致人而不致於人的應對技術變成無論怎樣都受制於人的奴隸主義，那就是古語所說的差之毫釐，謬之千里。人們不能不對這些貌似一致的歧路和窮途分辨清楚啊！

就社會意義而言，這裏所說的是利益分化後交往應對中不同主體的「主體間關係」而不是一廂情願單向線性的「主客體關係」。社會生活並非只有一個主體，在我旁邊還有你，在你旁邊還有他，在我後面還有我們，在你後面還有你們，在他後面還有他們；這些不同的社會主體有著明顯的利益分化，互相之間除了共同利益以外還有相同利益和不同利益，而這種種利益之間則存在著極為複雜的共生、利用、競爭和頡頏的關係。特定主體自我中心單向線性的瞬時利益衝動，顯然是無法評價不同主體相互作用引出歷史變遷的種種是非對錯的。自我中心、一廂情願那一時性的成敗利害，並不就等於多元互動、普遍交往之歷史性的真假對錯；急功近利帶來的南轅北轍只能把人們引向原先願望的反面。

　　願望、訴求跟效應、結果並非都是絕對同一的。但如果把迷失本性的東施效顰、邯鄲學步當作是捨己從人的對外開放、兼容並包，也同樣會走向原先願望的反面。它提示人們注意，任何事物的發展都有多種因素的作用，並且有著多種可能而不是一種可能，我們應當學會仔細分析各種客觀存在的關係並抓住各種現實可能性的苗頭，在選擇和發展好的可能之同時防止和克服壞的可能，讓自己的努力可以沿著一條正確的道理前進。

　　有人認為這篇拳論有個明顯缺點，就是「只講結果不講過程，只說要求不說條件」；這可能還沒有真正讀懂此文。上面分析可以看到，此文一開始就從理論根據入手，突出技術操作背後的方法論原則，全面討論太極拳普適性的操作綱領、建構過程、運作機理、實施要領、注意事

項、正誤標準、技術歸咎等等，通通都是關於過程和條件的操作性規定；而被認為是結果的論述，也不過是操作的任務目標和演化走勢訴求，一定意義上可以看作是從終點的角度對過程的規定；這些尚未實現的操作要求其實很難簡單稱之為「結果」；作為運作的起點，一些規定確實是先前既往歷史運行的結果，但卻並不就是當下操作運行已得到的結果。

徐震指出，此文主旨為「總論體用」，但這對一種技術體用運行的理論分析並不就是對理想設定的事實認可。時下不少研究氣功和武術的著作，往往把掌故傳聞、個案彙編和個人體驗以至傳聞戲說等等全都當作是過程和機理的分析，熱衷於各種各樣經驗案例的堆砌，而且還把目標任務、理想設定和自我標榜、未來許諾等等說成是操作效用和最後結果，還借用古人語錄把它包裝起來。然而案例堆積、自我標榜並不等於實際過程，目標任務、理想設定更不就等於最後結果，理想結果是需要藉勢假物並努力爭取才能逐步達到的。把一篇操作指導的技術性論文說成只是對某種結果的事實描述或理想追求，恐怕很不可靠。

五 參考譯文

（太極拳中）被稱之為「太極」的東西，是由「無極」狀態演化而成，它體現了一切動靜變換的關竅和奧秘，是所有陰陽變換消長的根據和理由。

（它在）「動」的時候表現為陰陽矛盾分化，「靜」的時候又體現為陰陽互補整合。操作時要注意不可過分和不足，一切都因應順隨情況的變化而屈伸進退。對手剛猛

打來，我則以柔化應接，這就叫做「走」；我由此就勢跟逼纏鎖使對方陷入被動、劣勢，這便稱作「黏」。對手行動快我反應得也快；對手行動慢我隨之也就放慢。雖然運行中關係和機勢經常千變萬化，然而它的道理卻是始終一樣的。

由招式熟練而逐漸懂得勁路運行的規律，再由明白勁路運行規律進而達到運用自如、得心應手而讓人感到神妙莫測。然而不經過長期的用功刻苦，就絕對不可能領悟精通。

頭要用意念自然向上面輕輕地領起，「氣」則向下邊自然鬆沉落到小腹。身體不可俯仰歪斜和依賴外力，力量控制要讓人感到時隱時現、變化莫測。對手攻我左側，我便把左側變空；對手攻我右側，我又把右側隱藏。對手向上仰攻，我升得更高，使其摸風不到；對手向下攻來，我變得更低，讓其感到深不可測。對手進，我就退，使其鞭長莫及，對手退，我就乘勢進逼，使其感到窮於應付而手忙腳亂。力量要判斷準確，一根羽毛的重量也要分辨出來；感覺要十分靈敏，蚊蟲落到身上也要讓其站不住腳。要讓人摸不到我的底細，而我卻完全把握對方的一切，英雄之所以能夠無敵於天下，完全就是這個緣故啊。

技擊技術的流派很多，其具體操作方式儘管有所不同，但歸結起來都不外是恃強凌弱，以快制慢罷了！有力打敗無力，手慢輸給手快，這是生物界先天自然的本能，絕不是後天訓練所取得的本事和作為。仔細分析一下拳訣中所謂「四兩撥千斤」說法，顯然並不僅僅是依靠大力來取勝的；再看看七八十歲的老人居然能夠抵抗眾人圍攻的

情景，這單純靠主觀上的快速怎麼能夠辦得到啊！

身型、身法必須要像「平準」一樣中正，轉動變化則要像車輪一樣靈活。對手用力進攻，我便要放鬆，將力偏向另一側，這樣就會隨對方來勢而出現屈伸變化；反之，我如果也同時用力頂抗就形成「雙重」，造成雙方頂牛拼消耗的局面，力量自然僵死呆滯。常常看到下過多年苦功仍然不能柔化運轉的人，其實都是自己造成受制於人的局面，這就是沒有領悟到「雙重」毛病及其危害的緣故啊！

要避免這種毛病，必須明白陰陽相濟對立統一的消長變換。（在力量不均衡條件下活力博弈）要取得主動就必須走化，以柔克剛，只有走化運轉才能變被動為主動，控制對方，走和黏密不可分，正如陰離不開陽，陽也離不開陰；陰陽相輔相成，互相補充依託。才算懂得了勁路運行的規律。只有懂得勁路運行規律以後才能越練越精，由內心默默比較辨識和反覆捉摸體驗，就會逐漸達到得心應手、隨心所欲地步。

本來這種戰術的原則是因應情勢「捨己從人」的隨機應變，然而許多人卻錯誤地理解為迷失本性那「捨近求遠」的對外依賴，這真是俗話所說的「差之毫釐，謬以千里」了。學拳的人對此不可以不仔細地加以分辨啊！為此特地作出以上論述。

第二章 論「形」
《太極拳釋名》——八門五步

一 拳譜之原文

太極拳，一名長拳，又名十三勢。

長拳者，如長江大海，滔滔不絕也。

十三勢者，分掤、捋、擠、按、採、挒、肘、靠、進、退、顧、盼、定也。

掤、捋、擠、按，即坎、離、震、兌，四正方也；採、挒、肘、靠，即乾、坤、艮、巽，四斜角也。此八卦也。進步、退步、左顧、右盼、中定，即金、木、水、火、土也。此五行也。合而言之，曰十三勢。

是技也，一著一勢，均不外乎陰陽，故又名太極拳。

二 老版本比較

馬印書（即馬同文，李亦畬外甥）抄本（據稱抄自李亦畬同治六年即 1867 年寫本）無篇名，篇首亦無太極拳三字。全文如下：

一名長拳，一名十三勢。長拳者，如長江大海滔滔不絕；十三勢者，分掤、捋、擠、按、採、挒、肘、靠、進退、顧盼、中定。掤、捋、擠、按，即坎、離、震、兌四正方也。採、挒、肘、靠，即乾、坤、艮、巽四斜角也。此八卦也。進步、退步、左顧、右盼、中定，此金、木、

水、火、土也，五行也。總而言之曰十三勢也。

關葆謙（1911 年）於京師所得（楊氏）抄本，篇名《太極拳解》，全文如下：

太極拳，一名長拳，一名十三勢。長拳者，如長江大海滔滔不絕：十三勢者，掤、捋、擠、按、採、挒、肘，靠，此八卦也。進步、退步、左顧、右盼，中定，此五行也。合而言之曰十三勢。掤、捋、擠、按，即坎、離、震、兌四正方也。採、挒、肘、靠，即乾、坤、艮、巽四斜角也。進、退、顧、盼、定，即水、火、木、金、土也。

郝和所存的李亦畬手寫本，篇名《十三勢》。篇名旁註：

一名長拳，一名十三勢九字。全文如下：「長拳者，如長江大海滔滔不絕也。十三勢者，掤、捋、擠、按、採、挒、肘、靠、進退、顧盼、定也。掤、捋、擠、按，即坎、離、震、兌四正方也。採，挒，肘，靠，即乾、坤、艮、巽四斜角也。此八卦也。進步、退步、左頤、右盼、中定，即金、木、水、火、土也，此五行也。合而言之曰十三勢。

本書文本據李福蔭石印李亦畬廉讓堂本。唐豪對上述幾個文本考釋說：

李福蔭本，此篇為其伯祖李亦畬於 1880 年(光緒六年庚辰)所遺留。馬印書本此篇，為其姨丈李亦畬於 1867 年(同治六年丁卯)所遺留。亦畬則得自其母舅武禹襄。關葆謙本，此篇於 1911 年據京師楊氏傳抄本。楊氏本與李福蔭本同源，經都門弟子潤改，故其文較簡。

此為王宗岳太極拳譜中之一篇，陳家溝所無也。禹襄於1852年(咸豐二年壬子)赴豫，得王譜於舞陽縣鹽店。上距王宗岳之健在已59年，可斷非親得於宗岳。得譜之後，以授其外甥李亦畬，馬印書所抄，當據1867年(同治六年)或更早之文。既無篇名、篇首，復有缺佚，此可推見禹襄所得上譜已有漫漶。篇名及篇首《太極拳》三字則亦畬所後加。禹襄未得陳溝長拳之傳，故亦畬將「一名十三勢」改為「又名十三勢」。光緒七年，亦畬寫貽郝和之本，又將《太極拳釋名》改題篇名為《十三勢》，移「一名長拳一名十三勢」九字於篇名旁，此同源諸本，可以對照考出者也。徐震《太極拳譜理董》於亦畬寫貽郝和本，篇名十三勢旁刪去原文「一名十三勢」五字，若不從郝少如處親見，安知篇名出後加九字，由正文移為旁註乎？徐震主張十三勢，係王宗岳據陳溝長拳所改編，其刪削豈偶然哉。田鎮峰所著太極拳中之譜，此篇僅作：十三勢者，掤、捋、擠、按、採、挒、肘、靠、進、退、顧、盼、中定是也。徐震推定鎮峰出其師葛蘭蓀而得楊氏舊傳，以其文之簡，遂認為宗岳原作。1955年，余始獲見鎮峰，舉以面質，始知鎮峰係取其他太極拳書所刪改。詢之親見鎮峰編寫之李天驥所言，亦復相同。徐震與鎮峰為多年舊交，不面質或函質後，而遽予率斷，蓋為十三勢係宗岳取長拳改編立說，以成其《太極拳考信錄》也。不知宗岳《太極拳論》與此篇內容思想一貫，《太極拳論》云：太極者，無極而生。本週敦頤《太極圖說》，周又本老子有生於無。此篇以五行釋進、退、顧、盼、定，可見同本週說。以八卦釋掤、捋、擠、按、採、挒、肘、靠，本《易

繫辭》。《陰符槍譜》敘稱：宗岳少時自經史而外，黃帝、老子之書及兵家言，無書不讀。《太極拳論》以太極兩儀立說，此篇以八卦、五行立說，余故並斷此篇為王宗岳所作。禹襄在舞陽具鹽店所得太極拳譜，馬印書手抄此篇，當為宗岳原文。

三 題解及說明

《太極拳釋名》，這是對太極拳命名原則及基本技法結構的說明，全文五句話連標點 185 個字，但卻涉及命名原則、運行特徵、技法名稱、技術結構等多個方面。原無標題或標題遺失，有的本子作《十三勢》、《一名長拳、一名十三勢》或《太極拳解》等等，這所有題名，恐均為後人所加或所改。此文也是太極拳經典之作，其主文內容，相信源出自舞陽鹽店的《王宗岳太極拳譜》殘抄本。

本書採用文本，為經唐豪考釋過的李亦畬遺留下來之《廉讓堂本太極拳譜》。標題以及開頭、結尾兩段，學界多懷疑為李亦畬所添加或潤改（但不同文本的異文到底是後來所添加還是後來所刪掉，學術界仍有不少爭議，尚待進一步考證）；然而從文章結構來說卻頗為順理成章。如果說《太極拳論》以太極、陰陽立論，概括和闡釋太極拳基本原理和運行機制；那《太極拳釋名》則以五行、八卦立論，把陰陽觀念具體化，由此具體描述太極拳的技術整體結構和操作演練特色。

「人是符號的動物」。十分明顯，太極拳就是利用陰陽和五行這兩個意象符號系統來組織經驗和指導操作的。這是一個古老的「訊息轉換系統」。既定的陰陽、五行和

八卦、六十四卦等等，在一定程度和範圍內起到整理經驗、儲存訊息和指導操作的作用。由於它的理論結構中並存著意象和符號兩種訊息系統的特色，因而在相互轉換中有著可以馳騁想像、發揮創造的廣闊天地。中國文化那極強的解題能力，當與此密切相關。當代社會可以參考藉助但卻不必執著拘泥這套符號系統。

當今流傳的楊式太極拳家藏傳抄拳譜中，至少就有九篇論及這「五行八卦十三勢」的：它們的名稱是《八門五步》、《八門五步用功法》、《太極進退不已功》、《太極上下名天地》、《太極四隅解》、和《十三字行功訣》、《十三字用功訣》、《八字訣》、《十八在訣》，由此可見其技術上地位。

王前、金福在《中國技術思想史論》中指出：「陰陽五行學說的主要功能，在於為提煉和發展程序化知識提供規則和模式。程序總是要由人來制定和操作的。確定程序要考慮到人與自然、人與人、人與社會以及人之身心的和諧，要以此為基礎對程序加以加以控制、發展和完善。程序又是用來變化天地萬物的。程序的運作既要首尾聯結，環環相扣，又要保持動態平衡和結構穩定。從這個角度看，陰陽互滲互補、相反相成的觀念，至少有助於防止程序失控而誤入歧途。事實上『陰』與『陽』的規定並不是絕對的，而是在不同的關係下有所變化。但『陽』的因素一般說來起主動、改造、建構、進攻的作用，『陰』的因素一般說來起穩定、調整、保持、守護的作用。兩者合理配置，相互配合，才能使某種程序穩定運行，不斷引出新的結果。至於五行相生相剋的觀念，至少有助於建立諸因

素的制衡和協調關係，並使各種程序化知識在結構上相互借鑑和啟發。」

四 句讀與註釋

「太極拳，一名長拳，又名十三勢」——太極拳的另一個名稱叫做「長拳」，又稱之為「十三勢」。

這是太極拳命名的說明。有人認為譜中原文當為「一名長拳，一名十三勢」而不是「一名長拳，又名十三勢」，長拳與十三勢為平列的並立關係而不是遞進的解釋關係。其中長拳指的是太極拳套路，而十三勢指的是太極推手；太極拳的技法結構包含有套路和推手這樣兩個組成部分，前者練知己功夫，後者練知人功夫。此說亦通，或可備一說。但這跟後面著重用八卦、五行去解釋太極拳八門、五步的寫法，多少有點脫離。

「長拳者，如長江大海，滔滔不絕也」——它之所以被叫做「長拳」，是因為操作起來像長江大海的波浪一樣滔滔不絕地連綿不斷。

清代楊氏傳抄老譜《八五十三勢長拳解》云：「自己用功，一勢一式，用成之後，合之為『長』；滔滔不絕，週而復始，所以命名『長拳』也」。這是形容太極拳的運行特徵，它既是外在招式動作的特徵，又是勁路運行的特徵。「滔滔」形容大水瀰漫而又難以捉摸；而「斷」即「絕」，喻抽刀斷水水更流。整句喻太極拳貫徹太極陰陽變換原理，而所有陰陽變換，又都是週而復始，因而難溯其始、難極其終，故稱之為「長拳」。這當是此句本義。至於陳微明說「太極拳亦名長拳，楊氏所傳有太極拳，更

有長拳，名目稍異，其意相同。」則是說太極拳架子中還有一個稱之為「長拳」的，這須進一步考證。此外，還有人把這裏所說的長拳附會為太祖長拳或山西洪洞尚存的通背拳，證據不足。

「十三勢者，分掤、捋、擠、按、採、挒、肘、靠、進、退、顧、盼、定也」——它之所以被叫做「十三勢」則是其技法由掤、捋、擠、按、採、挒、肘、靠、進、退、顧、盼、定這樣十三種法式所構成。這十三種法式的基本操作方法是：

「掤」，操作時前臂由下向前捧架承托，橫於體前，掌心向內，臂要圓撐並保持弧形，力點在前臂外側，但另一側手也要同時向側後方微微撐開以求平衡。

「捋」，操作時兩手斜斜相對，隨轉腰由前向後同時劃弧順捋拖帶至腹前或側後方，力點在兩掌，注意涵胸收胯，身手引化的轉換。

「擠」，操作時後手推送前手的前臂內側，兩臂由屈而伸向前合力擠壓，著力點在前手前臂外側送出。擠出後兩臂亦須撐圓，高不過肩，注意意氣透過兩手前臂一齊送出。

「按」，操作時單掌或雙掌自上而下沉壓，化去敵力後就勢用腰腿力沉聚合併繼續向前推出。力點在掌中，注意兩手同時控制對手的重心。

以上四種手法和勁法的方位是上盤前後左右四個方向，稱之為「四正」，即四個正面門戶。

「採」，操作時用掌採花般輕扣，由上向下採帶牽引，力點在五指，注意手指的輕拿輕放。

「挒」，操作時掌向左或向右轉移其力橫向擊打或扭

轉放勁，注意蹬腿和轉胯的整合。

「肘」，操作時屈臂握掌，就勢以肘力撞擊對方，力點在肘尖，注意就勢入位貼身撞出。

「靠」，操作時就勢用肩、背或上臂向外擠壓衝撞，注意衝撞那驚彈之力。

以上四種手法和勁法的方位是上身的四個斜角，稱之為「四隅」，即四個側面門戶。

「進」，又稱「進步」，操作時身步向前逼進，同時還要注意自身防衛和後續跟上，不讓對手得以逃離。

「退」，又稱「退步」，操作時身步向後撤退，脫離對手控制並注意斷後，防止對手追擊。

「顧」，又稱「左顧」，操作時身步向左關照，同時不失右面的警戒。

「盼」，又稱「右盼」，操作時身步向右關照，同時也不失左面的警戒。

「定」，又稱「中定」，操作時全面維持重心並守住身體的中線，講究八面支撐、氣勢騰然，其關鍵則在心法的調控。

以上五種法式稱之為「五步」，亦即下盤的五個步向。

「十三勢」，指構成太極拳技術的十三種法式或方式。這裏有人在理解中把這「十三勢」說成是十三個姿勢或十三種招式，這是有問題的。實際上太極十三勢是兩類共十三種操作技法，這就是我們平時所講的掤、捋、擠、按、採、挒、肘、靠，以及進、退、顧、盼、定。其中前八個字是上盤的八種手法和勁法，後五個字則是下盤的五

種步法和身法，俗稱八門五步，或稱八卦五行，合起來就是十三種技法。

「掤、捋、擠、按，即坎、離、震、兌，四正方也；採、挒、肘、靠，即乾、坤、艮、巽，四斜角也。此八卦也。進步、退步、左顧、右盼、中定，即金、木、水、火、土也。此五行也。合而言之，曰十三勢」——掤、捋、擠、按，對應坎、離、震、兌四個方面。採、挒、肘、靠，對應乾、坤、艮、巽，四個斜角。這八個方向的門戶就是「八卦」。進步、退步、左顧、右盼、中定，對應金、木、水、火、土，這五個進退的方位就是「五行」。這八門、五步合稱「十三勢」。

這段介紹太極拳的技法構成。下面再進一步介紹八卦和五行的象徵意義：

「乾」，卦畫為「☰」，由三個陽爻組成，形為「三連」，表示純陽。「乾，健也。」乾的性質為「健」，取象為天，天不停地運轉，故性質剛健；就人體對應部位來說，「乾為首」。

「坤」，卦畫為「☷」，由三個陰爻組成，形為「六斷」，表示純陰。「坤，順也。」坤的性質為「順」，取象為地，地順承天而運行，故性質柔順；就人體對應部位來說，「坤為腹」。

「坎」，卦畫為「☵」，一陽陷入二陰當中，形為「中滿」。「坎，陷也。」坎的性質為「陷」，取象為水，水流入低處，故性質為陷；就人體對應部位來說，「坎為耳」。

「離」，卦畫為「☲」，一個陰爻附著於兩個陽爻之

間，形為「中空」。「離，麗也。」離的性質為「麗」即附著，取象為火，火附著於可燃之物，性質為附麗；就人體對應部位來說，「離為目」。

「震」，卦畫為「☳」，一陽生於二陰下，形為「仰盂」。「震，動也。」震的性質為「動」，取象為雷，動而上進，有震動之象；雷能驚動萬物，故性質為動；就人體對應部位來說，「震為足」。

「巽」，卦畫為「☴」，一陰伏於二陽下形為「下斷」。「巽，入也。」巽的性質為「入」，取象為風，風無孔不入；象徵伏順，順從則易被接納，故性質為入。就人體對應部位來說，「巽為股」。

「兌」，卦畫為「☱」，一陰前進到二陽上，形為「上缺」。「兌，悅也。」兌的性質為「悅」，取象為澤，澤氣洋溢，故性質為悅；就人體對應部位來說，「兌為口」。

「艮」，卦畫為「☶」，一陽居二陰之上，形為「覆碗」。「艮，止也。」兌的性質為「止」，取象為山，山巋然不動，故性質為停止；就人體對應部位來說，「艮為手」。

本書引用文本是李亦畬遺留下來之《廉讓堂本太極拳譜》，其「八門」跟「八卦」的對應是按「後天八卦」即「文王八卦」方式排列的。跟這個本子相同的有萬縣傳抄本、陳微明本、郝和本、馬同文本等。而另外一些本子，如楊澄甫的《太極拳使用法》、杜元化的《太極正宗》和徐致一、陳炎林等的文本，則是按「先天八卦」即「伏羲八卦」方式排列。「八卦」作為一種符號，其意義是相對

的，問題在於人們賦予這個符號的意義。不能執著於這些符號的具體對應方式，而應關注人們賦予這些符號背後的操作引申。

「金」，泛指金屬類屬性，其性「金曰從革」，其味「從革作辛」，色白，方位在西。就人體對應部位來說，「肺屬金」。

「木」，泛指草木類屬性，其性「木曰曲直」，其味「曲直作酸」，色青，方位在東。就人體對應部位來說，「肝屬木」。

「水」，泛指液態類屬性，其性「水曰潤下」，其味「潤下作鹹」，色黑，方位在北。就人體對應部位來說，「腎屬水」。

「火」，泛指燃燒類屬性，其性「火曰炎上」，其味「炎上作苦」，色赤，方位在南。就人體對應部位來說，「心屬火」。

「土」，泛指泥土類屬性，其性「土爰稼穡」，其味「稼穡作甘」，色黃，方位在中。就人體對應部位來說，「脾屬土」。

「是技也，一著一勢，均不外乎陰陽，故又名太極拳」──這種技術每一招一勢都是陰陽的變換，所以又被命名為「太極拳」。這句是全文的結論。

五 串講與討論

1. 第一句：命名

「太極拳，一名長拳，又名十三勢。」太極拳這個名

稱是因為其技法突出內在力量的陰陽變換，其動作則表現為環環相扣、變幻無窮、生生不已的一個變化過程；人們遂用中國古代的陰陽、太極這個理論框架來解釋拳理。太極拳最初可能是叫長拳、十三勢（也有叫軟拳、沾綿拳等），後來人們根據《周易》陰陽動靜的道理去解釋它的運行機理，並以太極範疇進行概括，於是命名為「太極拳」。

「太極」一詞一般認為是源出《易傳》：「易有太極，是生兩儀。」太就是大的意思，極就是開始或頂點的意思。馬王堆漢代抄本太極作大恆，極的著眼點是空間，恆的著眼點卻是在時間；但二者宇宙論之意蘊相同。宋朝周敦頤在《太極圖說》中第一句話就是「無極而太極」，並引起整個宋明理學的有關討論。

太極圖是我國古人一種原始世界觀的符號表示，象徵萬事萬物的運行機理。太極拳行功走架、運勁取勢，強調純任自然、無中生有，這就是所謂「無極而太極」。太極拳動作圓活，像環一樣沒有端點，不知終止處，則又謂「太極本無極」。太極拳勢勢之中，著著之內，都含有無限多個圓形的變換。人們以身體語言，表達自己對太極原理的理解。不能過多執著於歷史上人們對太極二字背後的神祕解釋，而要直奔其對立統一辯證轉化機理的主題。

許禹生說：「夫太極拳者，形而上之學也。法易中陰陽動靜之理，而運勁作勢，純任自然，無中生有，所謂無極而太極也。至其運用圓活，如環無端，莫知所止，則又所謂太極本無極也。勢勢之中，著著之內，均含一圓形，故借太極之理以說明之，而以陰陽動靜剛柔進退等，喻其

太極拳譜釋義 太極拳理的文化學分析

作用焉。」

　　徐致一當年在回答「太極拳緣何名太極」時也說：
「太極者陰陽未分之謂也。動之則分而為陰陽。靜之則合
而為太極。太極拳從修養方面說，須由動處向靜處練，是
猶陰陽之合而為太極也。從技擊方面說，其虛實變化，常
蘊於內而不形於外，是猶太極之陰陽未分也。故名太
極。」

　　關於八卦、五行和十三勢等範疇，沈壽解釋說：「由
於我國古代醫學，軍事學和內功拳學，都是應用古代哲學
中古老的陰陽、五行學說來推理演繹其內容的。因而太極
拳也以『八門五步』與八卦、五行相合，此即所謂『人法
天地』，『人與天地相參』也。而把五、八兩數相加，即
為『十三總勢』，實即包括手，步在內的十三種基礎法
式。單就數式而論，它與曹操刪定的《孫子兵法》十三篇
的定數是同出一源的。因為古兵法也是以五行、八卦來推
演的，古代著名的《八陣圖》也是與八卦相合的。所以，
五、八，十三等數式既不是隨意擬訂的，並不限於道教等
『封建宗教迷信』所固有的一套玩藝兒，僅僅是宗教利用
這些古代哲學使之唯心化而已。因此，不可把古代兵家、
拳家、醫家的東西與道教完全混為一談，不加分析地全部
加以唾棄。」

　　陰陽、五行觀念源於人類最初精神覺醒的原始巫術，
其取象類比方法儘管包含有大量所謂接觸律、互滲律等原
始思維因素，但卻開始了中國式藉助符號抽象推演的前科
學或類科學發展的先河。利用陰陽、五行等符號系統去總
結有關技術的經驗並使之條理化，是中國傳統文化的一個

重要特徵；儘管頗有神奇色彩，但其著眼點在於操作應用而不是心理滿足，追求身體上的技術驗證，由此不應簡單地把它歸類為「神祕文化」。

2. 第二句：特徵

「長拳者，如長江大海，滔滔不絕也。」這是描述太極拳行功走架和推手應敵時上下相隨、前後相連、內外相合、動中求靜那種「沾黏連隨、不丟不頂」的基本運行特徵；技術上講究其根於腳、發於腿、主宰於腰、形於手指，節節鬆開而又節節貫串，由腳而腿而腰，上下相隨、前後相連、相連不斷，上下、左右、前後總須聯貫一氣，並達到連綿不斷和一動無有不動、一靜無有不靜狀況。

「長拳」，這裏指的是太極拳，而不是現代武術流派的長拳，也不是古代對應短打的長拳。把太極拳稱之為長拳，可能是基於太極拳的理論基礎是太極中陰陽變換難溯其始、難極其終，太極陰陽的變化是沒有始終的，確可稱之為長。

作為內家拳術，當年楊澄甫常以《前赤壁賦》中「浩浩乎如馮虛御風，而不知其所止；飄飄乎如遺世獨立，羽化而登仙」描述其運行特點。而吳鑑泉練拳時則表現出「全身鬆軟如棉，轉動如旋；吐氣如泉，觸人如電」的運勁狀況。中國武術特別是太極拳講究尚陰法水的道法自然，勁力圓活柔韌綿長，能像潮水那樣滔滔不絕然而又勢不可擋地向敵衝擊；人們便用長江大海，滔滔不絕的水勢來形容其特徵和功效。

關於太極拳這個特點，現代人從操作運行上歸納了如

下跟江河流水相類似的這樣幾點：① 輕鬆柔和；② 聯貫均勻；③ 圓活自然；④ 協調完整。

3. 第三句：技法

「十三勢者，分掤、捋、擠、按、採、挒、肘、靠、進、退、顧、盼、定也。」這是概括太極拳的十三種基本技法。前八種是上盤的手法和相應的勁法，後五種是中、下盤的身法和步法。上面已經簡要地介紹過太極十三勢的基本形態和象徵意義，這裏主要討論對太極拳十三種基本技法的具體操作解釋。

首先介紹上盤的八法：

（1）掤

掤從手，從朋。古讀作冰，字兼具形聲和會意兩義。原是指圓形的箭筒蓋。《左傳》「昭二十五年」註：「箭筒蓋可以取飲」。說明就其形象似有借喻之處。拳中恰似「雲手」的雙掤；而接手時雙方各出一手向前向上相承架托，也宛如兩彎月。故此「掤」字當是借用古字來作為太極拳專用的術語。此外掤與捧義相近似，也有人猜度是否由捧字衍化而來？但就實踐看來二者含義仍昭然有別；捧為雙手托物，掤則是以前臂應接承架。一般說法，掤為進攻之法，屬外向的彈性力；但也有人認為，掤就是圓形箭筒蓋，勁力上是在跟對方搭手時「搪住對方，使對方的勁法不出來，是一種去頂住對方的勁，而不是向外展、向外撐的勁。」這兩種說法恐怕都有一定道理，只是強調的側面並不相同而已。前者所說的攻，是借力打力的攻；後者

所說的防，則是隨時準備反攻的防。沒有必要把二者對立起來。但如果完全取消掤勁的外向應接的彈性力，恐怕便會取消了掤勁本身。

這是一種由內向外應接捧承而全面「激出」並撐住的彈性張力，但又不格不擋，它如氣球膨脹、各向張開、柔韌不屈，能蓄聚彈發、受力變化，表現出全身的「混元內氣」。張卓星指出：「它是一種連綿不斷的，圓轉自如的，可剛可柔的，能化能發和富於彈性的勁。這種勁，在其他拳術、體育項目以及日常生活中都沒有。」

其姿勢：一雙手臂抱球而合之後，借腰力在身前由下向上前而起掤，其臂的動向為由下而上的架托彈截，手臂成弧形，承架橫於體前；掌心向內，高與肩平，著力點在前臂外側，氣勢漲貫並以彈力撐住。身有彈性勁，猶如氣充周身、支撐八面。其勁力感覺，如水之載舟，按之則起，就勢支撐承托，圓滿而有張力，臂有圓撐勁，背有後撐力，像氣球或彈簧那樣總不使對方勁道及身，常防禦對方的「按」法。掤勁可化可發，並可向任意方向運用。操作時百會上領、尾閭中正、腳踩湧泉（有的流派主張腳踩後踵、五趾抓地，這跟其發勁方式相關），鬆腰落胯、氣沉丹田、帶脈充盈、命門飽滿；使用時要求圓轉靈活，忌板滯遲重，意氣鼓盪，全身無使有凹凸或斷裂之處。

操作上基於腰腿勁承托並貫以意氣；掤勁由在與對方來力的接觸點上，去改變對方勁力的方向，或者使其突然失去接觸點而失重，也可藉助這個接觸點把對手彈出。所以如何解決接觸點的力量變化，便成了掤勁關鍵。

掤為八法之首，有彈性膨脹、伸展撐開之意，黏住敵

手在不丟不頂中討消息，於不即不離中求玄妙。掤勁是由身肢放長撐開而產生的一種矛盾抗爭的彈簧力，藉助由內而外的飽滿圓活張力，就像張開弓弦產生的彈力一樣，絕不是硬性頂抗之僵力。凡作掤式，手臂屈肘一般大於直角，這時手臂就呈半月形圓撐的姿勢。按力學原理，拱形抗壓能力強於其他形狀。所以掤要圓撐，手臂要像被空氣漲滿的氣球或像挽弓滿月一樣掤得圓滿，而不可偏塌曲屈成銳角。「撐」不僅是要向外，向上掤撐，更重要的是肩部，腋下要含虛，像裝上彈簧一樣，使手臂猶如受到彈簧的支撐而富有彈性。同時鬆腰落胯以腰為軸，由腰腿擰勁，全身「混元內氣」鼓盈，做到一動無有不動和隨即變換；而不可動手不動腰，並且不可一掤到底變成死架子。這樣既能隨人而動，不犯「丟頂」毛病，又能始終保持柔韌如弓的掤勁，不致被人壓扁。

掤勁外柔內剛，其勁發於後足，通達於胯；胯的前送推動腰，由此產生向前、向上的挺勁。同時肩有沉墜勁，背有攏撐勁，由此推動臂部有向前的擠勁和斜向上的掤撐勁。向前擠，要用腰的挺勁；向上斜掤撐，是用肘部的送勁。力點達於前臂的外側或內側。

太極拳家常說：一身備五弓。把身軀的脊椎和四肢喻為五弓，四肢為四小弓，軀幹為一大弓，四小弓是由大弓的握把部位（腰軸）來加以統御的。以手臂來比作一張弓，就像在根節（肩部）與梢節（腕部）之間，繫上一根無形的弓弦。蓄勢時，把弦拉緊，手臂屈肘略呈拉弓時的弓形，這時彷彿含有向外的撐力；發勁時，把弦一放，手臂就會自然地產生彈勁並向外抖發。當然，必須經過反覆

鍛鍊實踐，始能獲得敏捷而富有內在力量的反射作用。

這種掤勁的練習，是離不開腰腿的支撐，五弓協調一致的行動，以及以意領先和力由脊發等基本要求，切忌只在手臂上用功夫，否則徒具一臂之力，其勁必然板滯遲重或飄浮不沉。基於上述，才產生掤要撐、臂由腰撐、掤要圓撐、掤撐圓而沉等一系列說法。

楊澄甫說：「掤法向外，駕禦敵人之按手，使不得按至胸腹貼近，故曰『掤』。」又說：「掤之方式……最忌板滯，又忌遲重。板者，不知自己之運動；滯者，不知敵人之取捨。既不知己，又不知彼，則不成其為推手矣。遲重者，必以力禦人，便成死手，非太極拳家之所取也。必曰掤者，黏也，非抗也。手向外掤，意欲黏回，又不使己之掤手與胸部貼近，得化勁全賴轉腰，一轉腰則我之掤勢已成矣。」譚夢賢云：「掤勁義何解？如水負舟行，先實丹田先，次緊頂頭懸，周身彈簧力，開合一定間，任爾千斤力，飄浮亦不難。」意思是說掤勁要像流水一樣能夠飄浮起重載的船隻。周身的彈簧力猶波浪起伏。掤勁絕不是雙手的拙力，而是一種全身鬆開的圓撐彈簧力。

「太極是掤勁，動作走螺旋」，說明掤勁在太極拳術中的地位。拳訣云：「八法之掤為首。」實質上掤勁不只是一個掤式所獨有，而是所有太極八法，甚至太極拳的任何一手，都須或多或少地含有掤勁。太極拳是一門柔性的拳術，其勁路要以柔為主，亦要求剛柔並濟，被譽為柔中寓剛，棉裏藏針的藝術。這所藏之「針」，便是掤勁，反之，如丟了掤勁，那就成了沒有骨力的軟手，雖不犯頂抗，但扁、丟之病不斷，依然難成好手。

初學推手者以硬手最為多見，所以教學上強調以鬆柔入手；但如果練不出柔中之剛而丟了掤勁，儘管外形柔順有餘，而內在卻缺乏一種韌力，成為軟手。拳諺云：「人無剛骨，安身不牢；拳無剛柔，出手無效。」有人以為太極拳只要柔，不要剛，顯然是誤解。不過，太極拳在處理剛柔問題的方式與其他拳種有所不同。特別是如何處理制敵於門外跟引進落空的關係更是十分值得注意。拳諺云：「運化要柔，落點要剛。」這是相對於化勁和發勁來說的，然而不論化勁和發勁，都不可丟掉最基本的掤勁。總之無論攻守化發，都不可丟掉廢棄這枚棉花中的鋼針。正所謂掤勁不可丟。因此八法中以掤為首並非偶然。

　　而今廣泛使用於太極拳界，成為太極拳主要技術術語的「掤」，究竟是念「bing」還是「peng」，或是「beng」，這些或許並不重要。但是，掤法等四正四隅的技法，其源出自槍棍等技法，這一點當無可置疑。

　　（2）捋

　　捋，原作「攦」，從手，從履，讀如「呂」，有順抹、整理、舒散之意；接手後利用摩擦力黏住對方並就勢擰身轉腰、牽引回帶走化但又不用力拉扯，這是一種隨機就勢、引進落空，借力反擊、轉守為攻之法；其勢有如就勢行船或順手牽羊而達到「四兩撥千斤」。

　　「捋」字也是太極拳專用的會意形聲字，用以強調走化時的經歷過程及軌跡。民國年間一些書刊把它寫作「擄」，也有稱之為「摟」、「縷」等，七十年代後大陸書刊則一律簡寫為「捋」；捋的含義是以手順向牽帶或理

抹，跟太極拳技術要求相通，但太極拳的捋除了有順勢捋其手臂外，尚有牽引幅度較長，又如履帶的意思。

這是一種順對方來勢，借轉身、手引、抽胯、腰拖、讓空，由前向側向後同向牽引的雙方合力；它就勢牽帶、誘敵深入，引進落空、能化能發，先引再化、而化中有發。其姿勢通常是前掌心向下，兩臂稍屈，掌心斜相對，兩掌隨腰磨盤般轉動，就勢劃弧至體側或體後側；而兩手臂已前伸接住對方一臂而向我左後方或右後方面回收，注意兩手跟腰腿的協調整合。

其勁向為由斜前方向斜後方的走化帶引，改變來力方向或舒散其勁，將敵向我方引入落空。操作時特別注意涵胸、沉肩、落胯、鬆臀、轉腰、坐腿並就勢牽引；勁力感覺主要是走中盤勁力。神意以實為先導，實中有虛，並向虛處轉化。

捋為掤的反向之法，有捋虛引空之效。捋勁是由身腰引動就勢擰轉黏化而產生的一種牽引力，猶如物體將傾時沿傾倒方向加力而使其失重倒塌，亦有某種拔河牽帶之意。捋的前提是以手將敵黏住，所以拳訣有所謂捋在掌中和捋在尺中這樣兩種說法。前者是指手掌中的觸覺要靈敏，始能隨捋進著；後者則是傳統著法的以尺骨捋人。用尺骨捋人的好處是：隨著功夫加深，其前臂部位的觸覺就能相對地提高，在推手及散手中，既有利於近身用招，又能騰出手部備用。同時，由捋變閃，變肘（沉肘、撅肘、頂肘等）、變採、變按，等等，可變的路數很多。反之，如用手心黏住對方的肘節，移位時易被對方察覺。捋的特點，是用摩擦力把對方來勁引向我身軀外側而使之落空，

太極拳譜釋義 太極拳理的文化學分析

其特點是先向後引動對方，接著轉腰就勢順化，力量落點拋向側後方。捋的關鍵是借勢「牽動」，只有牽動對方的重心才可能借力打力。捋勁借力得手時，可使對方向前傾側失勢，甚至失重跌仆。

楊澄甫說：「捋者，連著彼之肘與腕，不抗不採，因彼伸臂襲我，我順其勢而取之，是收回意，謂之捋。」又說：「其方式，即捋法轉腰加上一手連著彼之肘節間。」

注意：用捋法既不可向外撥去，也不可直向胸前引進。外撥易犯頂抗的毛病，直向胸前引進則勢必被對方侵入內門。所以必須隨轉腰之勢，先是內向胸前一側引來，接著便邊引邊轉並在轉腰之際讓身不讓勢，使對方進攻的手臂在我胸前沿圓的切線方向平行而過，使之落空，這就叫引進落空。此時便可乘對方身軀傾斜之際，繼之施以擠、按等手法，合而發放，所謂逢化必打是也。

譚夢賢云：「捋勁意何解？引導使之前，順其來勢力，輕靈不丟頂，引之使延長，力盡自然空，重心自維持，莫被他人乘。」捋勁要順對方來之方向，將其力引進落空。捋勁不能憑拙力，而要靠內勁就勢將來力化解。

其操作要領，主要在於腰胯向側坐，帶動兩臂下沉，轉體，催動兩臂向側後方沿拋物線方向引帶。此時肩有沉勁、扣勁，胸有含勁，腰有擰旋勁，胯有裹勁、縮勁，兩膝有剪勁，兩腳掌有抓勁，兩臂有掤撐勁，前臂有沾黏勁和滾化勁，力達於前臂內側和掌心，各勁互相協調和順。所以拳訣強調捋要柔順。

只要捋勁不丟，勿使己臂貼身，隨腰腿圓轉而捋，熟練後自能得心應手，從容地隨感隨化，隨化隨發。相反地

如不求柔順，逆勁用捋，一味頂抗硬撥，只能受制於人，沒有什麼捋勁可言了。

在「四正」勁法中，掤、擠、按的勁路，一般都是使人向後傾跌，唯有捋勁能引人前仆，而且也最難掌握。應用捋勁猶如用尺數紙，全憑適度的摩擦力。捋得太重，易被對方察覺而變化走脫；捋得太輕不但不起作用，而且易被對方侵襲內門。用尺數紙也與此近似，太重便把紙劃破；太輕則黏不起、數不清。總之，捋勁是引化勁的一種形式，須順其勢而取之，自以柔順為宜。

拳諺云：「捋抱順且韌。」捋的外形似抱，例如抱虎歸山的「抱」字，便是與此相合的。順即柔順，順勢借力。韌，即韌性，內含堅剛，且捋勁不丟。在太極推手中，任何手法都是式式貫串，掤、捋、擠、按、採、挒、肘、靠相生相剋，連綿不斷。即使發放後雙手一時脫離接觸，也要做到勁斷意不斷，意斷神猶連。捋法自然也不例外。在一定意義上，捋是掤的反面。拳法應用，在外形上不外一開一合，一往一來。而開合往來是必須以腰為軸，以腿腳為根，即所謂其根在腳，發於腿，主宰於腰，形於手指，並且往復是循環不已。

《十三總勢說略》云：「如意要向上，即寓下意。若將物掀起而加以挫之之力，斯其根自斷，乃壞之速而無疑。」這一基本原理具體應用到捋勁上，若捋前先用外掤誘出對方的力，然後向內、向一側捋去，就易於得力。當使用捋法時，既已捋來，便須揮之使去。因為引進落空，也未必一定能使對方跌仆，但一經引到身前，我勁已蓄足，就可趁勢用擠、按等法向外發放。

（3）擠

擠，從手從齊，形聲字，含有擠逼、排擠、推擁、推撞、壓迫等意，如船之排水，形容手貼敵身，得勢後加上另一手轉換力點並推擁合力擠迫齊發，從而使對方失勢跌出。這是一種得實即發的方式。

擠是一種就勢向前側推排、迫進，逼使對方不得圓轉的力。它旋轉取勢、身手合力。

其姿勢：後手貼近前手的前臂內側，一手臂手心向內，手背向外；另一手臂附於手腕旁，橫置小臂由懷向前向外推出，兩臂同時合力向前；當推出時，前一手臂成半圓形，隨後兩臂撐圓，高不過肩，低不過胸，著力在後手掌指和前手的前臂。通常隨将法而配合，也是破解採、挒之法。順敵之勢，變在敵先，勁力集中在單一方向上，搶得主動。其勁向為由斜後方向斜前方的推擁擠逼。

操作上基於腿勁，鬆腰落胯，加以意氣，挫身、換位、跟步、進襠、沉氣、擠逼，注意兩手的合力，合力點要隨敵之變化而變化，在改變對方力點的同時，在接觸點上破壞對方的重心。

擠勁強調自身的兩力合攏，為緊迫靠攏排嚴之勁，是以兩種不同方向之勁，交叉聚集於焦點，將對方推扔彈放出去。其勁力產生於腰腿。擠時，後腿有蹬勁，前腿有弓勁，腰有挺勁、長勁，身有跟勁，沉勁。由此催動兩臂向前產生推壓擠逼之力。用擠必須近身，才能充分發揮兩手、兩肘合力和腰腿、背臂之勁。發勁時不論使用長勁、短勁，都應貫以沉勁。正面發勁時插步宜深，上下相隨，

在前足踏實的同時，已經使對方擠彈而出。凡向外發勁總須手稍向上起，方能有拔人根基之效。落點要對準對方襠口和中軸一線的得力之處，如心窩，兩臂三角肌下凹陷處，背側天宗穴等等。更應估量對方可能轉側的方向，如對方企圖向右轉時，我之落點就須中間偏左，一發勁就恰好落在對方的中軸上；反之我的落點在正中或偏右，隨著他的轉側，不但擠勁落空，更使自己陷入「背」境。由於擠、靠兩法的重力較大，須預防被引落空，所以，自身重心要穩，務必手到足亦到，不可手快足慢，身體傾側，兩肩歪斜或上身過出。

楊澄甫說：「擠者，正與捋式相反，捋則誘彼敵之按勁，使其進入我陷阱而取之，必勝矣。設我之動力，先為彼所覺，則彼進勁必中斷，而變為他式，則我之捋勢失效，則不可不反退為進，用前手側採其肘，提起後手，加在前手小臂內便乘勢擠出。則彼於倉猝變化之中，未有不失機勢，而被我擠出矣。」發放擠勁通常也應以肘不過膝為度。化而後發是太極拳法的基本原則，而擠勁偏於短勁，若發前無化，就無從顯出擠勁的威力。此外，擠勁以兩手合力攻人，意寓衛護自己，尤應防備對方用採、按等法搶攻我襠口外側肘節，亦即攻中必須寓有守意。

譚夢賢云：「擠勁義何解？用時有兩方，直接單純力，迎合一勁中，間接反應力，如球碰壁還，又如錢投鼓，躍躍聲鏗然。」意謂對方來力時，我之擠勁要使其像球碰到牆壁、銅錢投在鼓面一樣被反彈回去。擠勁中亦含有彈簧力。擠勁的應用，講求輕擠得虛實、擠排化在先。

前者說明得實前可用「輕擠」引逗探明對方之虛實，

凡我與對方近身接觸時，對方虛實未露，我可用「輕擠」試探，用假手逼其暴露虛實，進而按敵之變化，使用相應的著法以取勝。以擠作試探時，進可以打，退亦可以打：伸手可攻，貼身也可攻。這樣既有利於探明虛實，又有利於隨機應變和得實發放。《五字經訣》云：「擠他虛實現」，此之謂也。

後者則是指先化後擠，橫排用力。意欲向外擠發，應先向內引化蓄勁，一旦得機得勢，迅即反退為進、全體合力就勢向敵擠逼發放，則有如順水推舟，所向披靡。擠的方向是「橫排」，具體可為前左或前右，兩臂一前一後像排隊似的排放一起，落點可隨雙方態勢而進行調整，橫排的氣勢和勁力雄渾，而且藉助肘勁，容易得勢得力；反之，如兩手太出，呈銳角形地向前擠去，則可著力的作用面較小，既易被化解亦易被對方乘機引跌。

所以，擠時一定要整體合力，一方面要有外擠意，不打「反輪」，另一方面又要得勢得實，不要首先「授人以柄」。

（4）按

按，從手從安，形聲字，含有抑壓、按捺、控制、推進等意，有些傳抄本子仍寫作「捺」；其操作有如兩手扶車把，兩手聚焦合力，進步全身前攤，並有掌握方向之意。這是一種用手將對方來勁黏住沉化後，就勢封逼對方腕、肘，以審定對方之勁路，並利用對方的反作用力將其向前推彈發出之法。

這是一種向前、向下推捺按壓放出的力。它兩手聚

焦、腰腿跟逼、控敵重心、就勢發放。

其姿勢：手心向下，先由上而下按捋沉去化解敵勢，然後兩掌同時合勁聚焦於敵之要害或重心由後向前就勢向前推逼彈出。發勁時注意自身力量上、下、前、後的平衡對拉。出手後，手腕高不過肩，低不過胸，掌心向前，指尖朝上，臂稍屈，肘部鬆沉，按時與弓腿，鬆腰協調一致。其勁向是由上而下再向前的按捋推彈，利用對方的反作用力將其拔根彈發出去。按主要為防守、化解之法。可破擠、肘、靠的攻擊，將敵來勢阻截，並引而向下，禦於無形。有平按、斜按、截按等之分。操作上須用腰腿勁，加以意氣，眼神須注視按捋方向。

按法主中，以腰為主力，兩手只起支撐作用，狀如推重物，腿向後蹬、前腳定住，腰身跟上，胯要下沉；這裏非用腰腿勁無法得力。推按時要注意虛領頂勁，立身中正，尾閭收住，上下相隨，身不前俯，手稍上起，五指分開自然舒展，掌心微向內含，虎口自然撐圓，各個手指從不同的方面拿住對方重心，自身勁向專注一方，用腰帶動全身向前推出，做到「一動無有不動」，上下內外，精、氣、神合而為一，從而使全身勁整。拳諺說：按推勁須整、按在腰攻。但整個太極拳勁的發放，關鍵都在腰脊進退、起落，旋轉，都是使用「腰攻」的，不只限於按法，但按勁對腰勁的利用卻是最為直接和明顯，並且較易掌握。在這裏，按、掤二勁之相生相剋極為明顯，掤勁由下而上架托，按勁則由上而下推逼，一掤一按間不能頂抗。譚夢賢云：「按勁義何解？運用如水行，柔中已寓剛，急流勢難擋，逢高則膨滿，遇凹向下潛，波浪有起伏，有空

太極拳譜釋義 太極拳理的文化學分析

必鑽入。」意謂：按勁要像河水急流，波浪起伏勢必難擋。按勁不是強攻硬打的頂抗力，而是像水流衝擊的柔韌彈逼力。

有人將太極拳勁中的推按分開論述，指出勁向由上而下者為按，由裏而外者為推；這不無道理。但傳統說法，推按總是相連用，難以分開。而且整個太極八法，一定意義也可看作是推的變化，因而稱之為「推手」。實際操作過程中，凡將來勁向下又向裏沿弧線下沉引帶化解後，必隨之微帶弧形向上、中、左、右等任何一方向就勢前推，這個完整的過程，才合稱為按勁。具體按法，要注意用掌的四周旋轉壓逼以尋找對方的虛弱點或重心。

在按手中，以雙掌按住對方的一臂（一般控制其肘節與腕節，使之不易活變和還擊）並變換虛實於雙掌之中。例如當對方用擠法時，我以雙掌按之，由自身向下向左或向右以弧形線按化其擠勁，使之足跟離地，身前傾；然後向前按出，逼使對方後仰，失去平衡；或用放勁方法（動短、意遠，勁長、力猛的爆發力），向對方手臂突然放勁，使之騰空跌出。

按時要沉肩、垂肘、坐腕，不使拙力，長勁（作連續無數按的想像稱作「長勁」）向前往對方手臂上輕輕按去，手中輕沉兼備，不但兩掌在變換虛實，忽隱忽現，單掌周圍也在息息變換虛實，也就是不斷地移動力點，逐漸逼對方顧此失彼，立身不穩。

向前按出時，一定要以腰為軸，上下相隨，肩胯相合，手勿超出自己足尖，身漸前移，前足弓，後足蹬，整體向前擁上，但要注意前足微微用勁向後撐住，防止失勢

前傾，放勁則要沉著鬆靜，整勁向前逼彈放出，中正身法
不失。

（5）採

採，為採摘、執拿、接取、抓握，有採果起斷、就勢
牽拿、擇而取之的意思。用以形容手法像採摘果實或花
朵，不要太輕，又不能太重，其技法又如採茶或捕雀、捉
蟬，是以沾黏技巧為尚，切忌死握。其功能一般是用手指
採執對方的腕、肘、肩等活節；散手也可採對方膝踝等活
節。太極拳術語中，採與拿的概念並不完全相同；採為輕
拿、速拿，然而又必須拿住。

採法雖是武術擒拿的一法，但因太極拳把它列為「八
法」之一，經過長期的實踐和發展，從而使它與一般拳術
的擒法從風格到方法都有所區別。太極推手和散手，突出
地發展了武術擒拿中輕巧的拿法，並別立「採法」一詞，
以表示獨具特色的太極拿法。

這是一種虛攏或抓拿著對方手腕或肘關節部由上向下
牽引的力。它用指拿帶、就勢牽引，其姿勢：以手接勁回
抓從上向下運動，掌由前向下或斜下用指捋帶。這是變守
為攻之法，配合運用刁、拿、切、纏等技法，瓦解敵之進
攻，並進而引其失勢，逼其跌翻。可分單採、雙採等形
式。其勁向是由外斜方向內斜方的執引沉帶。勁力感覺，
為直中求曲、點中含面，以順為主。神意如水銀瀉地、隨
曲就伸，敵我一體。操作上要注意手指攏握之力與牽引之
力融為一體。

採勁講究指力，但其勁力主要來源，乃是腰的擰勁、

胯的坐勁與裹勁、腿的剪勁、腳掌的抓勁，等等。這些勁力催動兩肩左右旋轉，帶動兩臂隨轉體向下沉帶，最後形於手指而成為採。操作上常用的方法有橫採、擴採、掏採和吊採。譚夢賢云：「採勁義何解？如權之引衡，任爾力鉅細，權後知輕重，輕移知四兩，千斤亦可平，若問理何在，槓桿作用存。」意謂採勁有秤桿上的稱砣作用。俗語說：秤砣雖小壓千斤，這正是採勁中四兩撥千斤的道理。採勢最主要是依靠掌心下落，使內勁向下沉，而不要以拙力硬向下壓。

採的範圍極廣，但仍不外乎採人活節，而單採一般是與其他手法相輔應用的。如採挒、採捌，採推，採閃等等應用都較為普遍。拳諺云：採人如摘子。這既說明不可久久採用不放，也闡明要輕巧敏快，一採即須得效。所以要採得不僵不滯，勁力恰到好處。此外，使用單採以試探虛實，然後伺機補手，這也是常用的方法。至於雙採務必並行地向一側發放，而不可採執其兩手分向兩側發放，否則會使對方撞人自己內門，或者是反而穩定了對方的重心。所謂採勁得實、採邊拔根；採人猶如用繩子拉倒木樁一樣，對方前傾，我便由上而下地採其上肢；對方後仰，我便由下而上地採其下肢，目的都在於使其失重傾跌。

總之，採法有兩種基本用途：一是箝制，二是發放。特點是一鬆一緊，或一落即拔，先沉後提，或先順後逆，雙方手肘相持，或腕肘相接時下沉，使對方反抗上托，我則順勢提帶使其足跟離地。用採放勁，不論其發向何方，都有拋擲之勢，一般採取先陽（向外）後陰（向內）或先陰後陽，其目的都在於引出反作用力，然後借力向一側發

放。這時要注意勁力順暢，動作圓轉，蓄勢與發力必須完整一氣。這樣藉助離心力或反作用力，就能化小力為大力。再如：意欲向我右側採發時先採之向左；反之亦然。若向裏採而被人感知而受阻，可迅速地轉化為向前擠、按。但其轉換期間，勁不可斷，勁斷易犯雙重。

注意，採的發放，不發則已，一發務求成功。箍制的目的不同，其中制而不發，則可向任何方向牽引，意在防禦對方，並使自力轉背為順，或由採引逼出其實勁，然後乘機應用各種制勝的勁別和手法發放。對初學者切忌雙採對手兩臂或兩手垂直地向地面猛力抖發，因為這樣極易使被採者受傷。此外，採法不同於抓法，抓用指甲，採用指肚，兩者不可混同。推手、散手比賽都禁用抓法，否則不是抓破衣服，便是抓開皮肉，甚至傷及經絡。故不可不辨採、抓之別。

（6）挒

挒，從手從列，有使之旋轉、轉折、扭轉、撕裂之意；身體兩側與左右兩手好像左右轉動的門板，隨腰軸轉動時形成的力與反作用力。這也是太極拳的專用術語。最早有可能是同音「捩」字的別寫。挒、捩都是扭轉，轉折的意思，均為力學上「力偶」原理的體現。凡是兩個平行的力，其大小相等，方向相反，都可稱之為「力偶」。力偶能使物體旋轉。挒法主要是利用力偶，同時也利用慣性和合力等。

這是一種向外橫推或橫採的力，意在轉移對方來力而還制其身。它轉腰橫帶、小臂著力。其姿勢：抓住對方手

太極拳譜釋義 太極拳理的文化學分析

腕或身體關節加以擰轉或反彎，掌向斜外側橫帶撕打。使用挒勁時，既要承受又要轉移對方的勁力，前者是從人，後者是由己。從人要順遂，順從對方勁力方向，由己則應改變其方向，使動作成弧線形式。其要在腰腿橫向的的螺旋擰挫。這是攻守合一之法，在鎖住對方的基礎上，側向外或向內橫向牽動，逼其就範。其勁向是由左而右或右而左的平向擰轉抖彈。勁力感覺，為旋轉之勁，宜先鬆後緊，迅猛快脆。神意如飛輪揚水，形穩而勢巨。操作上要注意旋轉和橫推。

挒勁主要是一個橫向的力，有如飛輪旋轉、依託軸承。不管是左挒或右挒、上挒或下挒，都要靠腰胯的擰坐勁、塌勁、兩腳的扣勁，帶動兩臂向左或向右橫帶；此時腰有挺勁，肩有沉勁，催動兩手向橫側推擊，並暗含有向斜前的帶動。有人形容挒勁屬「擊鼓之捶勁，乃旋轉以蓄加其彈性，突然發出之勁」。譚夢賢云：「挒勁義何解？旋轉如飛輪，投物於其上，脫然擲尋丈，急流成漩渦，捲浪若螺紋，落葉墜其上，倏爾便沉淪。」意謂挒勁好似急流漩渦，捲浪旋轉，落上之物便有下沉、拋出之感。「挒」，要靠腰肘的協調旋轉，不能用拙力硬掰。挒法的名目繁多，如正挒、反挒，橫挒、採挒，拐挒、掏挒，閃挒，等等，不一而足。但其基本原理是相同的。

（7）肘

肘，上臂和前臂相結處向外面突起的部分為肘；操作上肘為屈使，有肘擊或肘防之意。胳膊彎曲處的外側骨節為肘。各派拳術均有用肘，但他派之用肘時，多只以曲臂

肘尖直抵對方胸、腹、肋、脅各部。惟太極拳之用肘，既可以肘尖撞擊對方，也可以肘尖沉帶形成牽引力，多在推擠、擁靠中就勢求妙用，其力道較長，並講究整體一肘。

這是泛指以肘尖發出和由前臂旋轉發出的撞擊力，是掤與按兩勁的組合，在雙方靠近而手足難以發揮其長時使用。其姿勢：運動中就勢屈臂用肘向對方靠射頂擊，用肘尖擊出，讓肘側邊旋轉地向外攍擋。這是一種集中使用肘部的技法，為近身搏擊時常用，具有較大的殺傷力。包括擠、撞、點、壓、滾、纏捲、翻、拿、橫、倒挑、砸等等方法。招式上如穿心肘、腋下肘、腦後肘等。其勁向是可前可後、可左可右的沉帶撞擊。勁力感覺多爆發勁，短勁。神意充沛飽滿，擊如摧枯拉朽、左右逢源。

肘的沉勁，橫勁、頂勁等，均取決於腰、胯、腿的變化，沉勁主要用腰向下的塌勁，胯的坐勁，以及氣的下沉，帶動肩產生墮勁，催動肘部向下沉擊。橫勁主要靠腰、胯的擰轉勁，催動兩臂轉動，帶動一手向側後捋，一手向前屈肘橫擊。此時兩肩有沉勁，腰有塌勁，胸有含勁，肘有橫擊下壓的勁，向側後捋之手有沉帶勁，後腳有前蹬勁，前腿有弓勁。頂勁則是靠腰的長勁，催肩前順，帶動肘向前黏擊，便產生頂勁。有人指出，肘勁是「轉換於肘法之勁，乃轉換於肘之上下臂部以突擊之，所謂用之二道防線」也。譚夢賢云：「肘勁義何解？方法計五行，陰陽分上下，虛實宜分清，連環式莫擋，開花錘更凶，六勁融通後，用途始無窮。」意思是說：肘法有上、下，左、右、前、後，連環肘等用途，掤、捋、擠、按、採、挒六勁都和肘勁密切相關，六種勁法要以肘勁為後

援，肘勁又要融通六種勁法發出。

肘的用法很多。其總體特徵是屈臂以肘尖撞擊。在拳術中，拳為長手，肘為短手（或稱二門手）。《十八在訣》云：「肘在屈使」，說明使用肘法時，都必須把肘關節屈成直角或銳角，但上臂、前臂不可緊貼。為避免簡單以力打力形成硬抗、死頂的毛病，太極拳肘法又總是乘虛而進直指對方空檔。

由於用肘極易傷人，所以《八法訣》說：「肘屈勿輕使。」同時由於肘法雖凶猛卻易破，用得不好反而受制於人，這也是「勿輕使」的原因之一。操作時假如對方逼迫較近，而我拳勢已被封閉時，或者當我一臂之肩、腕被採執，且因對方猛採而使我肘部接近胸，肋部位時，這正是進步順勢折肘良機。但在發肘勁之際，如我上臂或前臂已橫貼其胸，則肘勁已被閉塞，發也無效。肘勁短促而凶狠，頂肘時使用肘尖。

頂肘是毒招，而現代推手比賽是不使用護具的，所以比賽規則嚴禁使用頂肘法。與人作友誼推手時，尤其初學的年輕人，更應預防其自覺或不自覺地頂肘傷人。

（8）靠

靠，有接近、倚偎，依靠、撞擊之意，武術中有遠拳、近肘、貼身靠的說法，主要指利用倚偎貼近對方身體之機，藉助肩、背、胯等部位，用全身之力抖發出去將對方撞擊拋出，其效果恰好在於打斷對方的依靠，在手足的梢節和中節均不利於進攻（或被對方控制）時出其不意地使用。應用時講究靠宜順入、靠勁中正。

太極八法中的靠法，以肩背部靠人胸部為主，所以有所謂靠在肩胸的拳諺。

這是泛指由肩、背、胯等向外擠推的驚彈力，是擠掤勁的組合，多在貼身時以爆發力抖動發放。其姿勢：以自己身體的有關部位貼靠對方之身，用肩、背或上臂向斜外發力頂放出去，使敵不能得力而後發勁。無論用胯、肘、背、胯、膝等部位均可靠擊之。其勁向跟肘法一樣，也是可前可後、可左可右的。

這是一種綜合運用全身各部位的技法，也多用於近距離搏擊，有肩靠、背靠、胯靠、臀靠、胸靠等，屬貼逼抖彈力。外形靈活多變、順背相機，含高、低、起、沉多勢。勁力感覺，每一靠皆整體之力，有時與擠、肘相交叉，輔之以撞、砸等法。神意上身體內與外應，我與自然相合，勢充天地。不過使用時必須慎重，如果尚未得機得勢便輕用襲人，則往往易受對方轉化反擊；因靠勁會使自身重心偏移過去，以致一擊不中反讓自己失去平衡。所以一般講究一靠即收。

靠勁常用的有臂靠，肩靠、背靠等；一旦靠貼住對方，即用震抖驚彈力發之。其勁力主要有後腿的蹬勁、腰的挺勁，催動背、肩、臂靠擊對方。靠擊時要求身體發出快速突然的抖勁。有人指出，靠勁是旋轉身體放出之勁，乃轉換於身體一部分，以捌出人身之勁，即所謂用捌之三道防線。譚夢賢云：「靠勁義何解？其法分肩背，斜飛式用肩，肩中還有背，一旦機可乘，轟然如搗碓，仔細維重心，失中徒無功。」意思是說：得到時機可用肩靠或背靠，但應注意不能失去重心而被人所制。靠勁由肩部或背

太極拳譜釋義 太極拳理的文化學分析

部發出。肩之靠勁常和掤、挒、擠、按、採、挒、肘等七種勁法配合使用。

靠法名目繁多，有丁字靠、一字靠、雙分靠、背折靠、肩背靠、七寸靠等等，不勝枚舉，若以各派的武術的靠法來分析，則肩、膊、胯、臂、背等各部位都可靠人，而太極推手用靠則以肩、膊為主。用靠勁須在與對方身體貼近之際，用崩炸勁靠去，大有崩塌之勢。凡以肩對胸之靠法，其發落點（即發勁著力點）應在正胸，而不可偏於其運動轉向的一側，否則極易落空。用靠以順步較為得勢。在步法上不論採取插逼或封套，步要深入，立身務須中正，做到肩胯相合、上下相隨。兩肩平沉，而切忌斜著肩膀遠距離撞去，否則不是失重自跌，便是衝撞傷人。

在推手中發靠勁，距離要適中，既不可遠，也不可待貼住身體方始發勁。否則勁路被閉塞，發放效果不大，反易受人所制。因之「貼身靠」是指貼近身體用靠，而不是指貼住身體始用靠。當然也不能用斷勁撞擊。練習時用肩側的三角肌部位平正地靠發，一般是比較安全的。若是斜著肩膀靠發，便以肩節骨骼的堅硬部位頂人，自然容易發生傷人事故。

靠勁在太極八法中大於其他各勁。雖然因其作用較大，相對地壓逼較小，卻又因其接觸對方身體後作功的時間相對地較長，因而顯得勁力雄厚，頗有排山倒海之勢。由於靠不慎易傷及內臟，且不像抓破皮肉那樣容易察覺，進行靠法運用的練習時，力度要控制得宜。

總起來說，上述「四正四隅」八種勁路，主要是從方位角度概括描述勁力走向。二水居士指出：「四正，指的

是手型與身形方向相一致前提下，勁路在前後、上下、左右正方向上的變化；四隅，指的是手型與身形方向成相錯成隅角，勁路在前後、上下、左右方向上的變化。四正四隅合之為八方（這裏的八方，也不是簡單的『8』的含義）。老輩拳家喜歡借用『乾、坤、震、巽、坎、離、艮、兌』這些周易八卦中的基本卦象，來替代太極拳中四正四隅八法。這並不是說，一定非得死搬硬套的將周易八卦與太極八法掛上鉤不可。而是說，太極拳的八法，像是周易的八卦一樣，其實都是一些基本元素。這些基本元素，能夠涵蓋一切現象或者勁法。倘若誤解了這層含義，那麼就無從談及太極拳了。或者說，太極拳只能演變成只有八種勁路的拳法了。那麼，日後我們的太極拳將改名為『八勁拳』了。所以說，太極拳的八法，其實涵蓋了四正四隅八個方向的所有勁別。或者說，這八個方向的勁別明白了，360度，每個方向的勁別也熟悉了。陳微明先生就曾說過，太極拳360度，每一度都可以打人的。」

理解了上盤「八門」的這層含義，再進一步討論下盤的「五步」。五步包括有眼法、身法、步法在內的五種綜合方位「步向」。所謂教拳不教步，教步打師父；中國武術強調下盤功夫，突出其根在腳、發於腿、主宰於腰，由此相對於八門而言，五步更具基礎性意義。

（9）進

身體的面向為前，而進者登也、升也、趨也，凡就所居之位置向前、向上、趨近者皆曰「進」。《禮·表記》「君子三揖而進」，《詩·大雅·常武》「進厥虎臣」，

《列子‧湯問》「迴旋進退、莫不中節」，此之謂也。由此「進」為泛指那些向前、向上的運動，亦稱前進，強調其方向朝自己的身前進步，目的在於縮短跟敵手的距離。操作上一般是前腳先邁，偷進半步；後腳隨即跟進。於是，武術上便把利用兩腿的虛實變化向前移動上步者稱為「前進」。

前進在用意上起到進擊、發力與黏制對方的作用；是自己在得機得勢之時，水銀瀉地般乘虛而入，為對敵方主動攻擊所採用的進逼方法。例如：太極拳中的掤勁，擠勁，按勁，肘勁，靠勁等都和五行中前進的步法分不開，可見前進步法在太極拳術中占有很重要地位。

操作上又分斜進與直進。行動時前腳在先、腳尖探路、鬆腰落胯、邁步輕穩，落腳時踩住湧泉、腳跟站穩、尾閭中正、擁身逼迫。技法上要求意念先行，梢端引領，擁身跟進，取位黏發，其身正，胯裹，膝縱（向 45 度斜上角），腿趟，腳踩。落地要輕，腳不可豎起，不要徒具外形美觀好看；具有隨機就勢、進襠黏逼、得實即發、自衛反擊的性質。

這個進不是漫無目標的進，不是毫無顧忌的進，而是目標明確、得機得勢、有章有法、顧及全身、機動靈活、留有餘地，絕不給對手以絲毫可乘之機。操作時先進步入位、接著再進身進手，上下相隨而周身一家，步到、身到、手到、勁到；切不可在夠不到對方之時，貪心強求，捨身舍手，反為人制。

（10）退

身體所背方為後，跟「進」相應的「退」，則為卻

也、離也、讓也，為進之反，《易‧乾》「知進而不知退」，《左傳‧宣十二年》「見可而進、知難而退，軍之善政也」，亦此之謂。操作上一般是後腳先撤，雀躍而行。武術上把身體的虛實從前方向後移和向後撤步稱之為「後退」。

在敵順我背之時，我採取退步、抽身、手化、撤力的方法，目的是讓對方強大攻勢錯失最佳打擊時機和著力點；後退主要起到走化對方來勁，把對方的來勁往自己身體的近處引化和黏制，達到引進落空和蓄而後發的目的。同時又起到向後發人和向後牽制對方的作用，如拳術中的捋勁和採勁就是這個道理。

操作上又分為斜退與直退。行動時後腳在先，胯要鬆並略往裏抽，身上含胸拔背、命門先走，根節牽引、腰眼後抽、腰身為軸、誘敵落空，其全身鬆沉圓活，邁步輕穩。技法上要求身正，背靠，後坐，蹬趾，拖踵，瞠腿。腳前掌可跳地而後行，一旦失勢即雀躍游走脫離對手控制，始終不散架，並重新尋找有利機勢。太極拳步法中退步往往與進步交互進行，轉換時應得機得勢，勿使散亂；具有所謂避鋒走位那讓身不讓勢的特點。

此時的退絕不等於望風而逃的整體潰退；而是避實就虛、保全實力、引進落空、準備再戰的計劃性退守。敵強我弱、敵進我退，乃為兵、武之常理。這個退更不是兵敗如山倒的全面潰散，而應是退中有變、退中有化、退而引之、以退為進的游走引化，在被動的形式中實現主動的內容。

總之，技擊搏鬥中進退是標示攻守過程中敵我雙方空

間位置關係的一對範疇，用以描寫攻守主體機動方向的基本形式。武術技擊中，「進」是指己向敵趨近的過程，目的在於縮短跟敵手的距離，技術方式為各種上步、近身、趨前、出手動作；「退」是指己背敵趨遠的過程，目的在於擴大跟敵手的距離，技術方式為各種撤步、讓身、縮後、收手動作。其運動軌跡，則是各種長短曲直的線段。所謂攻守進退，都是在敵我雙方活力對抗博弈運動互相回饋的鏈條中發生的，目的在於解決應敵接觸和脫離的問題。攻守屬於己方主體行為本身，進退則屬於實施攻守過程中雙方位置關係的往來趨向變化。攻守的核心是「打」，進退的核心是「走」；走的目的是打，而打又要由走去實現。基於人體手足功能的分化，攻守的打多偏重於上肢活動，而進退的走則多偏重於下肢活動（但這並不絕對；例如事實上人們也用手去引化，用腿去蹬踢）。

而在雙方關係的抽象層次來看，攻守進退又綜合地表現為敵對雙方的主客奇正。這攻守進退或主客奇正，密切聯繫、交叉組合、互相轉化，並由奇正生剋和攻防相依使雙方的戰鬥力量由此在對抗中得到相應的發揮和表現。在這裏，雙方都要注意大路朝天、各走半邊的捨己從人，一方面講避實擊虛，另一方面又講虛守實發，就勢借力以達到技擊本身的目的。

（11）顧

「顧」為回頭環視，有體察、照應、關顧、環顧、顧及、防範等意，亦稱「左顧」（即左旋而左視，並左右照顧，總攬自身上下、左右、前後各方面，無論什麼時候和

什麼地方都不給對方以可乘之機），其主體骨幹是身法和眼法，講究眼到手到、顧中有打、打中有顧，強調活動變化前後及過程中指向操作目標的全方位平衡。

這是一種意識總攬，手眼身法步和精神氣力功高度協調統一的操作方法；操作上由眼主導，身手合一，腳往旁邊邁出，既要照顧到下一動將要到達的時空位置，又要連接好將要結束的拳勢。此外還指太極拳行拳風格有顧盼生輝的風采。武術操作有「顧住三前」的說法；三前即眼前、手前、腳前，此「三前」乃為敵我決戰之場合。

這裏需要注意的是：「顧」法突出高度的防範意識和反擊意識，以及與此相應的攻防手段，在全身警醒、全面戒備的情況下，動急急應、動緩緩隨、因敵成形、尋機造勢，讓自己永遠立於不敗之地。

（12）盼

「盼」為分目遠視，有呼應、看望、盼望、希望之意，具其意在先、心想事成意蘊，跟「顧」的基本含義互相呼應，亦稱「右盼」（即右旋而右視，並左右呼應），同樣包括身法和眼法，強調變化前後及過程中的全方位平衡。

這裏特別強調眼隨身走，注視敵手，活而不飄，並以眼神引導動作走向，意到氣到。要將「盼」法做好，必須心靜；心靜則眼觀六路、耳聽八方，心靜則感覺靈敏、毫釐不差，心靜則可以以意導氣、以氣運身、意到氣到、氣到力到，周身一家、整合全盤。武術操作有「盼住七星」的說法；七星這裏指頭、肩、肘、手、胯、膝、足，亦即

對手可以用來進擊我的攻防點。運用時不但要高度戒備對手的這七個攻防點，而且還要同時巧用自己的這七個進攻點。在應對過程中，必須要同時照顧好自身和對手雙方主要攻防點的關係。

「左顧右盼」為隨敵方向變換而往左右去之步法，同時也是相應的眼法和身法，「形如捕鼠之貓」。在身體前進和後退以及中定時，藉助眼神並利用兩條腿和腰的旋轉運動，身體於是形成了向左或向右的轉動，向左為左顧，向右為右盼，「其狀如活猴」。左顧和右盼主要是改變對方勁路，走化對方勁力，同時還要注意自身力量在左右方向上的平衡，由此達到黏制和發力的目的。

拳論上所說的「左重則左虛，而右已去，右重則右虛，而左已去」，也就是陰陽相濟的作用。操作上鬆腰轉胯，由腳橫向平移和左右前後隔角之移步，一般為墊步法，前腳移、後腳跟，後腳攉、前腳動。

中國武術講究進攻時「步宜低」；每動均要貼地而行，腳尖探路並先著地，落腳湧泉，腳底一般也不要離開地面，注意穩住重心。後退時則是「挨打欲跌須雀躍」，「恰」的一聲跳出圈外。

（13）定

「定」，《說文》：「安也」；《尚書‧堯典》：「正也」；《禮記‧大學》：「知止而後有定，定而後能靜，靜而後能安」。可知安、靜、定、止四字義並通。在太極拳中，「定」亦稱「中定」，強調其處身中正、心靜神凝、內外合一的全身協調整合之穩定狀況，由此也可稱

之為「心法」。

　　有道是「不偏之謂中，不易之謂定」偏則不中，不中則倒；易則不定，不定則傾。如果不中，必須隨時求其中；如果不定，必須隨時求其定。太極拳特別關注變化中的穩態控制，追求一種不偏不倚、無過不及的適度行為和相應的隨遇平衡穩定，以及在這背後那「不昏沉、不散亂」的高度警醒和主動專注。《打手要言》云「內固精神、外示安逸」，亦即此之意。在操作上「中定」更多的則是強調支持全身重量之「中心點」，講究虛靈頂勁、氣沉丹田、尾閭中正、踩住湧泉，特別關注敵我雙方中心的變化。訓練上則要反覆練習腳前掌和腳後跟以及腳之內、外側的左磨右轉，前磨後轉，原地靠腳之變化，改變身體重心虛實之變化等等，都不能越出自己的中心底線。

　　總起來說，「中定」有強調其平穩、中正和確定、安定之意，「中定」是太極拳最主要的身法和步法，強調運動中的穩定、中正，突出運行中人體「重心」的調整和運用；這既是形體變化的「動態平衡」，更是神意專注的「氣定神閒」，是行功中的八面支撐、通透玲瓏、從容不迫、安之泰然。有道是「不管風吹浪打，勝似閒庭信步」，即此之謂。其構成因素包含有重心沉穩、呼吸自然、出手有章、行步有法、思維機敏、反應準確、變化輕靈、攻防有度、體位得當、隨遇平衡等等。

　　定勁，即中定勁，為「五步」之一。中定屬土，土居中央以化生萬物，所以五步也以中定為樞紐，所有步法無不由此化生。從力學角度看，中定就是穩定重心、平衡力矩，做到《太極拳論》中所要求的「立如平準」，從而使

全身能「活似車輪」。因之，不論何式都用得著中定之勁。可以說它是太極拳最重要的基本功了。

定勁不是動作規範的僵死停滯，而是動態平衡恰當得宜。其關鍵在於使內勁節節貫串於全身，做到「立身中正安舒」，這樣方能支撐八面。練好定勁，推手時以一腳獨立也能應付自如，隨機勢而借力用招。反之，如推手中失去中定之勢，那就難以穩定自身，更談不上得機得勢了。所以走架慢中求功，首先是為練出定勁功夫。如只練「快太極」，對初學者說就容易走過場，不易練出定勁。有的拳友可能受醉拳外形影響，推手時左右搖擺，前俯後仰；頭部亂晃以致推手多年，猶時時為人所制，十分被動。

練「定勁」就是以走架和運使來練出自己底盤功，而這種底盤功兼有活力和暗勁的特性，它與練習靜功站樁有微妙的差別。但如果能兩者並練，自能獲取動靜兼修之效。太極拳名家中對於要不要練靜功站樁的問題，歷來頗有分歧，這仍有待於進一步探討。筆者以為，對初學者說先練或同練站樁是大有好處的。太極拳步法、身法和手法一樣，同樣要求走弧形，劃圓圈；全身的動作要同時協調進行，要做到周身一家，腳到手到、上下相隨。落腳的方向角度都是有一定要求的：如兩腿站地要不丁不八，成弓步時，後腳前蹬、前腳後撐，前膝不可過足尖，後腿要曲中求直，膝關節沿著腳尖方向展開；在左顧或右盼的轉換時，又要和足的外擺、內扣相配合。

《走架打手行功要言》云：「兩肩鬆開，氣向下沉，勁起於腳跟，變換在腿，含蓄在胸，運動在兩肩，主宰在腰，上與兩膊相繫，下與兩腿相隨」，這說明了五行虛實

的變化與全身各部配合之重要。太極拳步法虛實變化要求是：進退轉換，虛實清楚，左虛則右實，右虛則左實。還應虛中有實，實中有虛，拳論云「虛非全然無力，實非全然站煞」，只有虛實互相滲透，才能氣定神閒變化靈活，日久積成功，身體就能在任何變化過程中保持平衡，穩固如山岳，處處得機得勢。

二水居士指出：「單純的八法，講的還是太極拳相對靜態的各類勁別。而五步之中，『進退』講的是動態層面上的八法了。意思是說，太極拳不但要在相對靜態之中，去理解各種勁別，或進步、或退步都要能熟悉運用各種勁別。所以，太極拳在套路安排中，有進步攬雀尾、卸步搬攬捶、倒攆猴等等。五步之中，進退是步法，顧盼，講的則是神態。太極拳無論是相對靜態的還是進退之中，各種勁別在演示中，都必須左顧右盼。拳諺云：眼觀六路，耳聽八方。二水理解的顧盼，其實就是眼睛與耳朵之間的相互關係。顧，有環視的意思，倘若意念放在兩耳廓，估計更能理解這一概念。盼是眼睛分陰陽。或者說是面部相對靜態時，眼睛要能顧及周遭。二水喜歡說，眼睛看得到的地方，儘量的用眼睛管住自己的身形。眼睛看不到的地方，儘量得用耳朵管住著自己的身形。拳架之中，步隨身換，眼睛與耳朵就成了相互交替輪換上班。五步之中，最高層面的是『中』。時中則定，所以叫『中定』。像是一個球體，各個方向的前進後退左右轉動，這個球體的軸線，始終保持著『中』。這是動態之中的『定』。適時以處中，無過無不及的意思。處處守中，時時守中。允執厥中，方能戒滿戒虛，舉手投足才能適得其所，恰如其

太極拳譜釋義 太極拳理的文化學分析

分。」

太極拳無論行功走架還是交手應敵，都十分注意自身體態法於陰陽、明辨位勢、頂天立地、虛胸實腹、沉著穩重、協調平衡；重心上，用自己的平衡去破壞敵手的平衡；技法上一方面以不變應萬變，另一方面又以萬變保不變。「中定」步法是虛實變化過程中的中間站，又是前進、後退、左顧、右盼的總起源。如在中定步時向前攻步為前進，向後坐腿為後退，向左轉為左顧，向右轉為右盼。同時在黏走勁不斷變化的情況下，這五種步法又在互相變化、互相配合、互相依賴。如用後退步法走化對方勁時，還要與左顧和右盼相配合；這樣可以改變對方勁路，使對方落空，達到我順人背的目的。如在黏制對方時，不但用左顧或右盼，還要和前進配合，這樣就形不成硬頂，達到既走化了對方勁路，又黏制對方的目的。五行的變化，也就是虛實的變化，所以說「虛實變化就是打人」。

太極拳理論把太極八門五步十三勢裏的「中定」，比附為八卦五行裏居中的那個「土」，並據「中央戊己土、萬物土中生」意象，去安排十三勢的變化。太極拳攻守進退的本體是人身的動靜開合，而中定則是動靜開合的協調平衡。在整個太極運化過程中，這些東西都是身心合一、動靜一原的。所以「所謂定者，動亦定，靜亦定，無將迎，無內外。」這就是中國文化裏變易中不易之理也。由此，「定無常定，不失中定，是為定力」。用物理語言說，亦即追求一種動態變化的隨遇平衡。

根據這個道理，太極拳無論攻守進退，操作上都強調虛靈頂勁、尾閭中正、腰如軸立、手似輪轉、鬆腰落胯、

氣沉丹田、隨曲就伸、因應自然；在各種招式的彼此往來中，首先注意的是安排好自身而不出岔子，講究脊柱和尾閭的控制功能，讓四肢百骸圍繞人體重心而立於不敗之地。太極拳進攻時不搞盲目冒進，退守時也不搞逃跑主義，要在謹慎穩重中表現出技擊對抗的積極性和主動權。

4. 第四句：架構

「掤、捋、擠、按，即坎、離、震、兌，四正方也；採、挒、肘、靠，即乾、坤、艮、巽，四斜角也。此八卦也。進步、退步、左顧、右盼、中定，即金、木、水、火、土也。此五行也。合而言之，曰十三勢。」這是利用傳統的八卦、五行理論對十三種技法綜合起來進行結構分析。《太極拳釋名》明確地闡述了太極拳技法十三勢的整體內容，使拳法拳理、技術結構與解釋框架相統一。

太極拳八門、五步為拳技之結構基本內容；八卦、五行則是拳的運行框架解釋。這個解釋框架，可謂其十三勢之源頭。八門為面對敵方的四正四隅共八個攻守的門戶，操作上主要是上盤勁力的發揮；而五步則為自身力量配置的前後左右中五個移動的方位，操作上主要是下盤功夫的運用。跟八門相比，五步多出一個中定。這是因為來犯者存在於我的身之外，前後左右可以應對敵方；而應敵的基礎則是在我的身中，由此當有自身的主心骨。由此八門五步是有對應的。

太極拳強調，敵我、內外、上下都必須統一協調，形成全方位的對應關係，要求上下相隨、內外相合、前後相連、相連不斷。有解釋框架而無實際內容，這個框架是空

的；而有實際內容失去瞭解釋框架，那麼這個內容就變得散漫而無定向，並因其失去理論源頭，使十三勢之稱成了純粹附會之詞。只有以上述操作與解釋兩個方面相互結合，才是名副其實的「十三勢」稱謂。

楊澄甫一系傳出的拳譜《八門五步》中說：「掤南，捋西，擠東，按北，採西北，挒東南，肘東北，靠西南——八方位。坎，離，兌，震，巽，乾，坤，艮——八門。方位八門，乃為陰陽顛倒之理，週而復始，隨其所行也。總之，四正、四隅不可不知也。夫掤、捋、擠、按是四正之手，採、挒、肘、靠是四隅之手。合隅、正之手，得門、位之卦。以身分步，五行在意，支撐八面。五行：進步火，退步水，左顧木，右盼金，定之方中土也。夫進退為水火之步，顧盼為金木之步，以中土為樞機之軸。懷藏八卦，腳足此五行，手步八五，其數十三，出於自然。十三勢也，名之曰『八門五步』。」由此進一步分析了「八門五步」這個技法結構。

（1）上盤八手

先講太極上盤八門勁法跟八卦的關係：

什麼是八卦？八卦是中國哲學和中醫學說的理論基礎，用以比喻天、地、風、雷、水、火、山、澤八種或八類事象，又對應東、南、西、北、東南、西南、東北、西北八個方位，並跟天地關係所形成的節氣也有對應（當然，這些對應並不是僵死的。所謂伏羲的先天八卦跟文王的後天八卦，其對應的方位就不一樣，而上世紀在長沙馬王堆漢墓出土的「易圖」，又向世人展示出第三種對應方

位）。八卦由陰陽變換推演而生，而陰陽則寓於八卦之中。我國陰陽學說發軔頗早，而這早期的陰陽學說則是由《易》之八卦的形式體現出來的。

《易》之核心為八卦，八卦之作始於何時？《易·繫辭·下》曰：「古者包犧氏（包或作庖）之王天下也，仰則現象於天，俯則觀法於地，觀鳥獸之文與地之宜，近取諸身，遠取諸物，於是始作八卦，以通神明之德，以類萬物之情。」包犧氏（又稱伏羲氏），為傳說中古代的一位領袖人物。所謂「生生之謂易」。我們的祖先在現實生活的變遷中，透過長期的觀察，深深地體悟到陰陽變換對立統一的道理。先民把宇宙間一切都納入陰陽範疇，而陰陽則是一對相當寬泛的辯證概念，陰極而生陽，陽極而生陰，陽中有陰、陰中有陽，二者對待互根、消長變換，由此構成萬事萬物。陰陽不是僵死不變的標籤，而是認識事物的方法。

朱熹《周易本義》云：「陰生陽，陽生陰，其變無窮，理與書皆然也。」就是這個意思。八卦理念自先民提出以來，曾歷經演變，有所謂「三易」之說，「夏曰連山，殷曰歸藏，周曰周易。」這裏的不同只是卦的排列次序不同，說明人們的視角和著眼點的不同，但其陰陽變換的本質卻是一致的。八卦並不是一個僵死的靜態結構，而是一個動態的建構模式。《易·繫辭·上》對這個模式作了簡要的論述：「是故易有太極是生兩儀，兩儀生四象，四象生八卦，八卦定吉凶，吉凶生大業。」此後人們便利用這個建構模式對萬事萬物的運行作出解釋。

周敦頤《太極圖說》結合五行理論對此發揮云：「無

極而太極，太極動而生陽，動極而靜，靜而生陰，靜極復動。一動一靜，互為其根，分陰分陽，兩儀立焉，陽變陰合而生水、火、木、金、土。五氣順布，四時行焉。五行一陰陽也，陰陽一太極也，太極本無極也。」朱熹《周易本義·序》對此解釋說：「所以易有太極是生兩儀。太極者，道也，兩儀者，陰陽也。陰陽一道也，太極無極也。萬物之生負陰而抱陽，莫不有太極，莫不有兩儀，氤氳交感，變化不窮……故易者，陰陽之道也。」

　　查「無極」二字原不見於儒家經典，《道德經》二十八章始有「復歸於無極」之說，實際上無極而太極即道家「有生於無」和「一生二、二生三、三生萬物」之意。朱熹注《太極圖說》首列一〇曰：「此所謂無極而太極也，所以動而陽，靜而陰之本體也。然非有以離乎陰陽也，即陰陽而指其本體，不雜乎陰陽而為言耳。」「上天之載無聲無臭，而實造化之樞紐，品彙之根柢也，故曰無極而太極，非太極之外復有無極也。」又曰，「老子之言有無，以有無為二，周子之言有無，以有無為一〇，又曰謂之無極，正以其無方所形狀，……以為通貫全體，無乎不在，則又初無聲臭影響之可言也。〇又曰原極，之所似得名，蓋取樞極之義。聖人謂之太極者，所以指天地萬物之根也。周子因之而又謂無極者，所以著無聲無臭之妙也。……而其所以為無極而太極云者，又一圖之綱領，所以明夫道之未始有物，而實為萬物之根柢也。夫豈以為太極之上復有所謂無極者哉。」按朱子此說以無極太極一而二；二而一者也，其說屬於哲學本體論而不是宇宙演化論。太極到八卦演變的象徵符號，可用下述八卦小橫圖表示：

太極生兩儀四象八卦圖

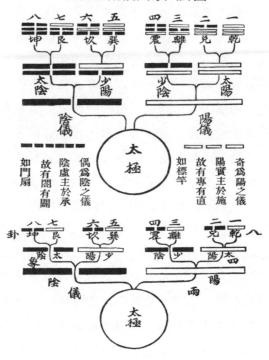

　　將八卦環繞太極一圈排列，就組成太極八卦圖。太極圖呈圓形，表示宇宙、社會、人生，週而復始的不斷變化。

　　所謂「太極拳懷抱八卦」，也就是指太極拳運作的八種基本手法和勁法，週而復始的不斷變化；而這八種手法和勁法則跟八卦方位圖有著某種方位「四正四隅」的對應關係。太極拳理屬內家拳種，關注自身的經絡運行。由此，八卦方位與人體內部對應各有其竅，而每竅在人體經絡臟腑中又各有其位。這樣在太極拳運行中，以意引氣，

按竅運身，意到氣到，氣到勁到，這就是太極拳內練要義的根本所在。實踐證明，太極拳久練得道者，不但在技擊上可出奇效，在保健上也會起到袪病延年的效果。

為了使讀者確切瞭解太極八法所屬經絡臟腑竅位，與八卦的對應關係，還有相應的練功方法，現按當下較通行的後天八卦順序介紹傳統說法如下，並供參考：

[1] 掤：在八卦中是坎（☵）中滿，陰一陽一陰。方位正北，五行中屬水，人體對應竅位是會陰穴，此穴屬腎經。八法中此字主掤勁。練功時以意導氣，由下丹田（臍下三寸處）隨手之上掤而上行至上丹田（即印堂）。古人稱之為抽坎補離，使心腎二經之氣相通，水火既濟。

[2] 捋：在八卦中是離（☲）中虛，陽一陰一陽。方位正南，五行中屬火，人體對應竅位是祖竅穴，此穴屬心經。八法中此字是捋勁。練功時意守祖竅（兩眉之間，或指印堂穴）而回吸，手自然而捋回身前。可調整心經所屬之臟腑機能。

[3] 擠：在八卦中是震（☳）仰盂，陰一陰一陽。方位正東，五行中屬木，人體對應竅位是夾脊穴，此穴屬肝經。八法中此字主擠勁。練功時意在夾脊（道教認為此穴在背部胸七椎下，而中醫認為此穴在背部胸椎兩側的肌肉隆起處，左右對稱），用意引氣，向對方擠出。可調整肝經所屬椎臟腑機能。

[4] 按：在八卦中是兌（☱）上缺，陰一陽一陽。方位正西，五行中屬金，人體對應竅位是膻中穴，此穴屬肺經。八法中此字主按勁。練功時意在膻中（兩乳之間，屬任脈），以意導氣向丹田沉降，手易隨之下按。以肺經之

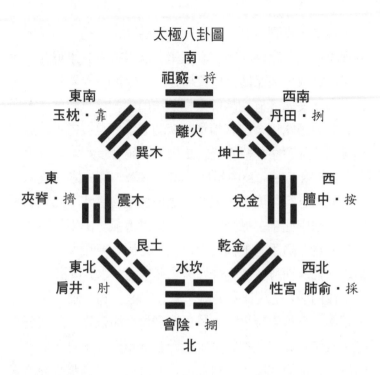

太極八卦圖

南
祖竅‧挒

東南　　　　　　　　　　　　　西南
玉枕‧靠　　　　　　　　　　丹田‧捋

離火

巽木　　　　　坤土

東　　　　　　　　　　　　　　　西
夾脊‧擠　　震木　　　　兌金　膻中‧按

艮土　　　　乾金

東北　　　水坎　　　　　　　西北
肩井‧肘　　　　　　　　性宮　肺俞‧採

會陰‧掤
北

氣，補腎經之氣，以金生水。

　　[5] 採：在八卦中是乾（☰）三連，陽—陽—陽。方位隅西北，五行中屬金，人體對應竅位是性官和肺俞兩穴，該穴屬大腸經。八法中此字主採勁。練功時意移性宮（說法不一，這裏指頭頂百會穴）向肺俞（背脊胸第四椎骨上部）吸，並直下湧泉（兩足掌中心凹陷處），手自隨之而抓（手雖抓握，勁由身發）。可調整大腸經而補腎經，以金生水。

　　[6] 挒：在八卦中是坤（☷）六斷，陰—陰—陰。方位隅西南，五行中屬土，人體對應竅位是丹田穴，此穴屬脾經。八法中此字主挒勁。練功時，意守丹田，以意引

氣，由丹田經兩肋上走性宮，可補肺金之氣，以土生金。

[7] 肘：在八卦中是艮（☶）覆碗，陽一陰一陰。方位隅東北，五行中屬土，人體對應竅位是肩井穴，此穴屬胃經。八法中此字主肘勁。練功時先蓄勁，即意移之丹田，以意行氣，由丹田向湧泉沉氣；當肘要向外射時，再以意引氣由湧泉上升，經尾閭，分由兩肋上引，經肩井、耳後高骨處到泥丸宮（兩眉之間，即道教之上丹田）為止，遂即借氣之上行外射。可調整胃經機能，並降心經之火。

[8] 靠：在八卦中是巽（☴）下斷，陽一陽一陰。方位隅東南，五行中屬木，人體對應竅位是玉枕穴，此穴屬膽經。八法中此字主靠勁。練功時，以意引氣，由湧泉上至尾閭經玉枕等小周天路線而轉，其勁主要由向外靠的不為發出。可調整肝膽之經。

（2）下盤五步

再強調一下太極下盤五步跟五行的關係：中國武術，特重下盤功夫，只有安排好自己發力的「根據地」，才能應敵制人。武諺「教拳不教步，教步打師父」即此之謂。前述八卦即八個方位和八類事象，談的是對外關係即攻守的八個門戶。現在還要研究的是自身力量配置的五個方位和五個法則。這就是作為勁法基礎的身法和步法的問題。

太極拳及其推手的身法、步法中方向或方位（簡稱「步向」），在古時是用五行學說來演繹和歸納的。也即按進退左右等趨身動步的方向歸納成為「五步」。其中進步、退步、左顧、右盼等四步，是可以從趨身動步來加以

辨別，故屬「明勁」；唯獨作為「樞機之軸」的中定，屬於內含的「暗勁」。至於左顧、右盼，其實是借用眼法的動詞來說明身步的左旋右轉和左趨右避。打拳或推手的動步趨勢，視線自然不能不相隨而去，這也就是借用「顧盼」等描述眼法的詞以代步法名稱的緣由了。按照五行歸類法，則拳術的所有步法，都不超出這五行的範圍的。

這種比較古老的分類法，不僅具有分類學意義，而且也包含有從生剋制化等不同關係中去把握事物的系統論原則。但由於過去的風水命理術數大量使用五行概念，人們便往往把五行理論當作是「封建迷信」典型。其實五行觀念背後隱藏著一種理性的探究精神，力圖從關係中去說明事物的因為、所以，只要批判對待，去偽存真，那還是有不少可取之處的；反之，若厚古薄今，機械套用，當然會陷入形而上學泥潭中去。

中國文化五行之說頗為寬泛，它可以指五種物質元素、五種基礎材料、五種基本屬性、五類關係模式、五大方面功用、五個象徵物相、五個指稱符號，如此等等。此說始於古文《尚書‧洪範》。周克殷後二年（公元前1071），武王向箕子請教天道，箕子託言天賜禹《洪範‧九疇》為答。這《九疇》的第一條就是五行：「一曰水，二曰火，三曰木，四曰金，五曰土。水曰潤下，火曰炎上，木曰曲直，金曰從革，土爰稼穡。潤下作鹹，炎上作苦，曲直作酸，從革作辛，稼穡作甘。」這是對五行的原始的解釋，以後則多有發展。例如《素問‧五常政大論》：「願聞平氣何如而名？何如而紀也？岐伯對曰：昭乎哉問也！木曰敷和，火曰升明，土曰備化，金曰審平，

太極拳譜釋義 太極拳理的文化學分析

水曰靜順。帝曰，其不及奈何？岐伯曰，木曰委和，火曰伏明，土曰卑監，金曰從革，水曰涸流。帝曰，太過何謂？岐伯曰；木曰發生，火曰赫曦，土曰敦阜；金曰堅成，水曰流衍。」說明五行有平氣（中平）、太過，不及之別。

行，古作「forms」，具有通道或規律的涵義，又有移動和排列的意蘊。這是一種操作型的本根理論，更多的是用來解釋事物的運行機制和操作主體的運作原則。「五行」即「五步」，「行」（行為、行動、進行、流行）作為動詞，是「步」的近義詞，用以突出操作趨向。五行學說雖以五種「物質」為其基本概念，但用以歸納事物屬性，則內涵外延幾乎無所不包。如上述「潤下作鹹」等已將五行和五味聯繫起來，以至五方、五材、五色，五穀、五時、五用，還有人身的五官、五臟、五體、五聲等等……皆統以五行屬性。五行之說後來與《河圖》、《洛書》、八卦、干支等說構成一個龐大的系統。

其發展則有鄒衍之五德終始，中醫之五運六氣等等。五行對應是個複雜的龐大系統結構，它關注的是五種不同類型事物在時空中相互關係的動態變化，特別注意整體功能。五行之間的關係主要有「生，剋、乘、侮」。其中相生，相剋屬正常關係，於平衡中相反而相成。乘，侮則屬異常關係，失去平衡，出現偏勝。在這裏，「生」，義資生，是指這一事物對另一事物具有促進、助長和滋生的作用。「剋」，義制約，克伐是指這個事物對另一事物的生長和功能具有抑制和約束作用。五行相生的關係是：「木生火、火生土、土生金、金生水、水生木」。相剋是：

「木剋土、土剋水、水剋火、火剋金、金剋木」。此外還有「乘」，即乘機，也就是恃強凌弱、乘勢相欺；相乘是剋之太過超過正常相剋的程度。「侮」，是反剋，即剋的反向；指由於五行中的某行過於強盛，反過來剋原來剋它的行，即叫相侮。例如木氣過盛，金不能對木制約時，則木過於剋土，並反而侮金；反之。如木氣不足，則金來乘木，土反侮木。又如水雖剋火，但杯水車薪，則水反為火所剋，是為侮。

人們力圖用五行的生剋制化關係，去說明自然界以及受其支配的歷史發展過程的必然性。與此同時，五行學說還用以解釋時空變化和四時天象方位，南方屬火色赤，東方屬木色青，西方屬金色白，北方屬水色黑，中央屬土色黃。道教將五行觀念納入其理論體系，內丹家尤重五行學說，將其引入煉丹實踐。五代陳摶創製《無極圖》，用宇宙演化比附人體修練，提出一套內丹理論，精氣神的修練被規定為五氣（即金木水火土）朝元，取坎填離，還精補腦、煉神還虛、合道成仙的「逆」宇宙演化過程。

所謂太極「五步」，就是太極十三總勢中包括身法、眼法在內的五種綜合步向；它被納入五行的理論框架中進行具體考察。前文中提到腳踩五行，就是指進、退、顧、盼、定五種步向。這五種步向同樣也對應著人體經絡臟腑的有關竅位，同時也對應著天之五行，即金木水火土。現據王培生等人說法，將其對應關係分述如下：

[1] 前進：在五行中屬水，方位正北，人體對應竅位是會陰穴，此穴屬腎經。當邁步時，意守會陰（可助上下相隨），以氣促向前進。此勁的勁源在會陰穴，如欲前

進，只要意在會陰穴，眼神向前上方看，身體即自然前進。從外表看，此勁只表現在步法上。蘊於內者，即黏勁。

[2] 後退：在五行中屬火，方位正南，人體對應竅位是祖竅穴，此穴屬心經。當撤步時，意在祖竅（用意回吸可助立身中正，切忌突臀俯身），引氣促身抽胯後退。從外形上看，只表現在步法上。蘊於內者，即連勁。

[3] 左顧：在五行中屬木，方位正東，人體對應竅位是夾脊穴，此穴屬肝經。此勁源在夾脊，如欲側轉前進，只要意想夾脊穴往實腳之湧泉穴上落，身體便會自然地側旋著前進。從外形上看，表現在步法上。蘊於內者，即黏勁。

[4] 右盼：在五行中屬金，方位正西，人體對應竅位是膻中穴，此穴屬肺經。此勁源在膻中，如欲側轉後退，只要右手抬至與乳平，同時左手抬起至肚臍與心窩之間，而左右兩手心均向下，意想膻中穴微收，眼神順左手食指往下看，身體便會自然地側轉後退。上述為左虛右實，反之亦然。從外表看，表現在步法上。蘊於內者，即隨勁。

左右顧盼的方位顯然是相對的，所以有的書上將其五行屬性和對應竅位、經絡顛倒過來，同樣是正確的。操作時顧盼並不是僅僅左右觀看，而是以意導氣，分別著力於夾脊或膻中穴，催身轉動。顧盼的作用在於引領轉體動作，故顧盼當為同義概念。顧盼同時要配合步伐的變化，特別是四隅的步法。從某種意義上講，進退屬四正手所需的四正步法，顧盼當屬四隅手所需的四隅步法，由此跟上肢的八種手法勁路相適應。

[5] 中定：在五行中屬土，方位正中央，人體對應竅位是丹田穴，此穴屬脾經。勁源在丹田，如欲立穩重心，只要意想命門和肚臍，立刻會身穩如山岳。練功時重點意守丹田，站穩腳跟先把自己安排妥帖，以靜待動，並注意配合手臂動作而行氣。其效應即為不丟頂勁也。

（下圖表示太極拳的八門五步跟五行、八卦的對應關係，取自趙琴所繪，內容源自王培生《太極拳的健身和技擊作用》。）

後天八卦圖

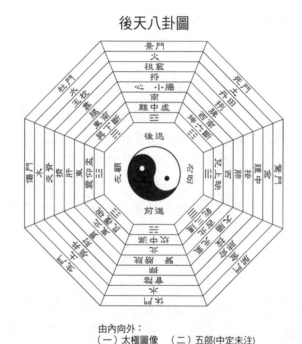

由內向外：
（一）太極圖像　　（二）五部(中定未注)
（三）八卦卦符　　（四）八卦卦名
（五）方位　　　　（六）臟腑
（七）太極八法　　（八）對應穴位
（九）五行　　　　（十）八門

上述五步的五行、體、位泛指對應關係可以由下左圖表示；而下右圖則是五行相生相剋的示意，其中實線為相生，虛線為相剋。

五步五行圖

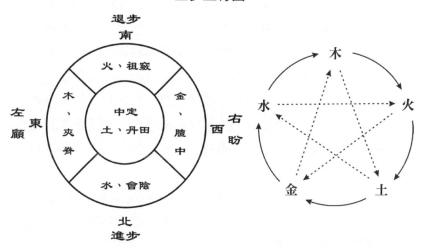

太極拳操作中五行的相生、相剋、相乘、相侮關係變化很大。例如沾黏連隨、不丟不頂、相摩相盪即是「相生」。柔化為順即是「生」化，利於煉氣養氣健身。大力克小力、強克弱、順克逆、剛克柔、打、發等等都是「相剋」。小力制大力、以弱制強、以柔克剛就是「反剋」（即相侮）。得機得勢制服是「相欺」。「現乘」即「太過」。不得機得勢受對方克制是「不及」。由陰陽變換實現的相生相剋是太極拳操作的一個特點。

以上講了十三勢與八卦，五行與人體穴位之間的對應關係，從對應關係中，我們可以看出十三勢功法在保健和技擊上的若干意義。因為功法在人體有穴，所以十三勢行

動時，實際上就是循經內練，據中醫理論，這樣練必然會使人體的氣血流通無滯，從而起到祛病延年和加強內勁的效果。

這裏交代一下：上述解釋八門勁路所對應的卦位，是按《周易》文王八卦（即後天八卦）排列的。它所規定「坎北、離南、震東、兌西；乾西北、坤西南、巽東南、艮東北」。這跟《太極拳釋名》所說的四正四隅方位完全一致。持此說法的名家有武禹襄、郝少如、孫祿堂等。但有的本子卻按「乾南坤北，離東坎西」的伏羲八卦（即先天八卦）排列，持此說法的名家有楊澄甫《太極拳體用全書》、陳炎林、徐致一、馬有清等，其四正、四隅方位的理解跟前述拳譜所說的習慣不盡相同。而楊氏家藏本亦用文王八卦。至於由楊振基先生披露的楊氏家傳 32 目手抄本所錄《八門五步》則是第三種排列方法，其來源和演變也有待於進一步考證。

另外，個別本子關於進、退、顧、盼跟金、木、水、火的對應也不盡一致。這些東西都反映了方位和屬性的相對性，它們僅是用以幫助人們把握對象的符號參照系，具體內容可以任意代入，其中恐怕並沒有一些人所想像的那些確定的神祕意義；沒有必要拘泥和執著，無論哪個符號參照可能都是等價的。所謂八卦五行只是一個「體驗之象」，是使用語言符號表達體驗的意象型表述體系，這個符號系統的價值並不在孤立的對象性指稱和認定，而是在整體性關係的探究和把握。

下面附上幾種不同的八門五步與八卦五行相應的對照表，供有興趣的讀者比較：

先天八卦（伏羲八卦）表

八卦	乾	坤	坎	離	巽	震	兌	艮	庚辛	甲乙	癸壬	丙丁	戊已
卦象	三連	六斷	中滿	中虛	下斷	仰盂	上缺	覆碗					
圖像	☰	☷	☵	☲	☴	☳	☱	☶					
相應	天	地	水	火	風	雷	澤	山					
勁別	掤	捋	擠	按	採	挒	肘	靠	前進	後退	左顧	右盼	中定
方位	南	北	西	東	西南	東北	東南	西北	西	東	北	南	中
屬性	火	水	金	木	土	土	木	金	金	木	水	火	土
穴位	祖竅	會陰	膻中	夾脊	丹田	肩井	玉枕	性宮	膻中	夾脊	會陰	祖竅	丹田
歸經	心經	腎經	肺經	肝經	脾經	胃經	膽經	大腸經	肺經	肺經	腎經	心經	脾經

後天八卦（文王八卦）表

八卦	坎	離	震	兌	乾	坤	艮	巽					
卦象	中滿	中虛	仰盂	上缺	三連	六斷	覆碗	下斷					
圖像	☵	☲	☳	☱	☰	☷	☶	☴					
相應	水	火	雷	澤	天	地	山	風					
勁別	掤	捋	擠	按	採	挒	肘	靠	進	退	顧	盼	定
方位	北	南	東	西	西北	西南	東北	東南	北	南	西	東	中
屬性	水	火	木	金	金	土	土	木	水	火	金	木	土
穴位	會陰	祖竅	夾脊	膻中	性宮	丹田	肩井	玉枕	會陰	祖竅	膻中	夾脊	丹田
歸經	腎經	心經	肝經	肺經	大腸經	脾經	胃經	膽經	腎經	心經	肺經	肺經	脾經

第三種八卦表

八卦	坎	離	兌	震	巽	乾	坤	艮					
卦象	中滿	中虛	上缺	仰盂	下斷	三連	六斷	覆碗					
圖像	☵	☲	☱	☳	☴	☰	☷	☶					
相應	水	火	澤	雷	風	天	地	山					
勁別	掤	捋	擠	按	採	挒	肘	靠	進	退	顧	盼	定
方位	南	西	東	北	西北	東南	東北	西南	南	北	東	西	中
屬性	水	金	木	水	金	木	土	土	火	火	木	金	土

　　此外還有人認為，從主文開頭分析，此拳可能曾命名「長拳」。但接著下來所說的「十三勢者」，卻不見得也指拳名；因為後面直接作出了「十三勢」內涵的解釋。把八門五步合稱「十三勢」看來有點勉強。步法僅是技法的組成部分，不能獨立稱「勢」。由此實際技法只有八門，

由此很難稱之為「長拳」。他們由此認為，拳名「十三勢」，可能即陳家溝、趙堡鎮太極拳的前身，因其套路均分十三節，由此稱之為「十三勢」；武氏太極拳至今仍保留這一特點。但分勢的標準作「起、承、轉、合」四個字，則是按照舊時作文章的格局，或「引進落空合即出」的程序制定的。陳家溝和趙堡鎮的劃分標準是什麼，至今人們的解釋仍不大統一，而且其中安排各勢的內容也不一致，不知道理究竟何在？

現摘錄陳家溝陳鑫《太極拳圖說》及趙堡鎮傳人杜育萬《太極正宗》的分勢情況列表於後，供進一步研究參考：

勢序＼內容	陳家溝十三勢各勢內容	趙堡鎮十三勢各勢內容
第一勢	金剛搗碓	金剛搗碓懶扎衣單鞭變金剛搗碓
第二勢	攬擦衣單鞭金剛搗碓	白鵝亮翅摟膝拗步斜行拗步建前堂
第三勢	白鵝亮翅摟膝拗步	披身捶合手出手肘底看拳倒捲肱白鵝亮翅摟膝拗步
第四勢	初收斜行拗步	閃通背單鞭雲手高探馬
第五勢	再收前堂拗步演手捶金剛搗碓	右側腳左側腳抱月蹬根
第六勢	披身捶背折靠肘底看拳倒捲肱白鵝亮翅摟膝拗步	青龍戲水二起腳懷中抱膝踢一腳蹬一根掩演手肱捶抱頭推山單鞭

第七勢	閃通背‧演手捶攬擦衣單鞭	前照後照勒馬勢野馬分鬃探馬勢玉女穿梭背折靠
第八勢	上雲手高探馬 左右插腳中單鞭 下演手 二二起腳獸頭勢踢一腳 蹬一根演手捶 小擒拿抱頭推山單鞭	單鞭雲手跌叉
第九勢	前招後招野馬分鬃單鞭玉女穿梭攬擦衣 單鞭	更雞獨立朝天蹬倒捻後撐白鵝亮翅摟膝拗步
第十勢	中雲手擺腳二堂蛇金雞獨立朝天蹬倒捲肱 白鵝亮翅摟膝拗步 閃通背演手捶攬擦衣單鞭	閃通背單鞭雲手變高探馬
十一勢	下雲手高探馬十字腳趾襠捶青龍出水單鞭	十字腳單擺腳趾襠捶金剛搗碓
十二勢	鋪地雞上步七星下步跨虎	懶擦衣鋪地錦挽刺行回頭探花折花聞香
十三勢	擺腳當頭炮	單鞭鋪地錦上步刺行卸步挎弧轉臉擺腳 當頭炮

5. 第五句：結論

「是技也，一著一勢，均不外乎陰陽，故又名太極拳。」《太極拳論》云：「太極者，無極而生，動靜之機，陰陽之母也。」明確地闡明了太極拳是由陰陽學說演變而來的，太極拳的每個動作，都產生陰陽和體現陰陽。

陰陽是所有對立面的概括，如：陰是暗、陽是明，陰是黑、陽是白。陰是反面、陽是正面等等；在太極拳術中

陰陽是指開與合、虛與實、呼與吸、剛與柔、攻與守，內與外、鬆與緊、前與後、上與下、左與右等等，這些都是矛盾的對立所在。太極就是陰陽矛盾的對立統一。太極拳在自身運行過程中，要處處注意應用並體現這個對立統一。當年楊禹廷教學生，問太極拳到底有多少個式子？學生回答不出。楊禹廷解答說，只有兩個式子：一個陰、一個陽，整個太極拳不外是陰陽變換而已。另外還有人解釋說，太極拳其實只有一個式子，這就是太極，陰陽不外一太極。所以只要掌握陰陽變換，就是掌握了太極拳。

下面所附兩圖，選自杜元化的《太極拳正宗》，該書圖示的十三式，是根據太極、兩儀四象和八卦來配上圓、

太極拳十三式手法起源之圖

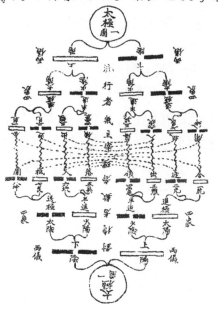

本太極拳十三式手法始由天道起中包六十四势每势要練朋十三字即一圓兩儀是也兼卦四象八以天通終会師云苟非其人道不虛傳

上、下、進、退、開、合、出、入、領、落、迎、抵這十三個字，並跟趙堡太極拳中關於一圓即太極、上下分兩儀、進退呈四象、開合是乾坤、出入綜坎離、領落錯震巽、迎抵退艮兌這樣「七層功夫」對應。就邏輯上而言，這個解釋似乎更為順理成章。但就陰陽和五行兩個文化系統的融匯而言，則八門五步的解釋則更為通俗和普遍。

六 參考譯文

太極拳的另一個名稱叫做「長拳」，又叫做「十三

勢」。

它之所以被叫做「長拳」，是因為操作起來就像長江大海的波浪一樣滔滔不絕和連綿不斷。

它之所以又被叫做「十三勢」，則是其技法由掤、捋、擠、按、採、挒、肘、靠、進、退、顧、盼、定這樣十三種法式所構成。

掤、捋、擠、按，對應坎、離、震、兌四個正面方向。採、挒、肘、靠，對應乾、坤、艮、巽，四個斜角。這八個方向的門戶就是「八卦」。進步、退步、左顧、右盼、中定，對應金、木、水、火、土，這五個進退的方位就是「五行」。這「八門」、「五步」合稱「十三勢」。

這種技術每一招一勢都是陰陽的變換，所以又被命名為「太極拳」。

第三章 論「體」
《十三勢歌》——意氣內煉

一 拳譜之原文：

一：

    1. 十三總勢莫輕視，   2. 命意源頭在腰隙。

    3. 變轉虛實須留意，   4. 氣遍身軀不稍滯。

二：

    5. 靜中觸動動猶靜，   6. 因敵變化示神奇。

    7. 勢勢存心揆用意，   8. 得來不覺費功夫。

三：

    9. 刻刻留心在腰間，   10. 腹內鬆靜氣騰然。

    11. 尾閭中正神貫頂，   12.. 滿身輕利頂頭懸。

四：

    13. 仔細留心向推求，   14. 屈伸開合聽自由。

    15. 入門引路須口授，   16. 功夫無息法自休。

五：

    17. 若言體用何為準？   18. 意氣君來骨肉臣。

    19. 詳推用意終何在？   20. 益壽延年不老春！

六：

    21. 歌兮歌兮百卅字，   22. 字字真切義無遺。

    23. 若不向此推求去，   24. 枉費功夫貽嘆息。

二 題解及說明

這是一首古代民歌體的七言歌訣，共二十四句，一百六十八字（個別版本字數略有差別，但多數版本字數相同），用以解釋太極拳行功走架的操作方式、基本要領和運行原則，突出太極拳鬆靜為本、意氣領先、腰胯作軸、虛實變換的「功夫本體」。作為一種肢體應對技術，其操作運行當然就是「本體」。其題名多作《十三勢歌》，一些本子或作《十三勢行工歌訣》的，也是載於武澄清於舞陽鹽所得的拳譜殘抄本之一，篇旁原並無作者署名，其來源至今尚未形成共識。

據近年一些文章的新說法：2005 年新發現的河南博愛縣唐村康熙朝手抄《李氏家譜》，載有李岩生父李春茂撰的《無極養生論》、《十三勢功歌》及《十三勢拳論》，前兩篇《李氏家譜》中原輯錄有全文（可惜現譜殘抄本中《十三勢功歌》僅存前半頁，而《太極拳養生功譜》等文無存），《十三勢拳論》譜中未收，抄件末書崇禎壬申年二月研拳草論李春茂。

筆者無緣看到這個抄本，不知道其具體情況且無法考證其真偽和得失，記上只是聊備一說以供參考，但在考據上卻恐難以最後定論，因而此歌訣也就只能就實際影響最大的通行本進行分析。

本篇緊接上篇命名具體展開，「十三勢歌」亦即太極拳歌，或曰太極拳練功之歌。但從「十三總勢」的名稱分析，可見此歌訣創作當在十三勢尚未更名（或定名）為太極拳之前，並未出現太極拳提法。然而據上述《李氏家

譜》把「創藝太極養生功，十三勢拳、劍、箭，藝名傳數省」並提，其中還提及三人「練傳無極功、十三勢、通臂功」等等看來，「太極養生功」和「十三勢拳」又似乎是兩個並立的東西，到底這「拳」與「功」的關係如何？待考。

就論述主旨而言，跟《太極拳論》和《太極拳釋名》的神、形對象化考察不同，《十三勢歌》開始討論的是主體性操作的體、用；這是一篇以歌訣形式論述太極拳鍛鍊要領的文章。武術是中國人身心自我保護、自我保養和自我修練、自我發展的綜合實用技術。它透過身心的自我調控來提高個體自身的生理適應、心理適應和社會適應能力，養護和提高生命能量推動的操作技能和效應，其科學依據在於中醫的人體模型。

這裏所說的適應是操作雙向調控而不是結果單向承受，任何技術應用都必須經由後天訓練。作為一種「學力而有為」的身體訓練方式，太極拳特質首在其操作要領、訓練原則和鍛鍊過程，人的身體技巧是由身體先天遺傳的稟賦、氣質以及後天養成的功力、技巧兩個方面決定的，由此整合生命能量和生理機能的「先天」以及養成操作技巧和運行能力的「後天」之行功走架，就是真正的「本體」；它體現了中國生命應對文化的「功夫即本體」。由於本篇主題是闡述行功的基本鍛鍊要求，因之有人增益「行功」二字。意譯似可作「太極拳行功歌」。通行本計24 句 168 個字，按內容大體可分為六段，全部圍繞太極拳訓練原則及相應練功主旨展開。

一般認為，此篇與《太極拳論》、《太極拳釋名》和

《打手歌》等四篇，都是王宗岳留下《太極拳譜》的組成部分，且均為王宗岳本人所著。但近人張士一則以為此歌作於王氏《太極拳論》之前；而唐豪卻認為：「十三勢之後學於黃河之南，復得宗岳《太極拳論》、《太極拳釋名》、《打手歌》，益以己作《十三勢行功歌》，此舞陽鹽店之內容也。」郭福厚更認為：「從歌末四句分析，此歌作者，故意聾人聽聞，意欲使人相信，作者是十三勢拳的權威者。其實，這種拙劣手法，反倒使人一目了然，這是一篇冒名偽作。」

然而這種種說法均為猜測推論之言，儘管邏輯上或能自圓其說，然而並無實質性證據。鑒於此歌訣是用接近白話體的文字寫成，推斷可能是王宗岳基於師傳並收集民間拳諺或佚名前賢的作品修訂整理而成，也不絕對排除可能是「李春茂所撰《十三勢功歌》」的編輯本。

「十三勢歌」主體部分雖然只有短短 140 字，連同歌訣最後的四句讚辭也不過是 168 字，但內容涉及十分廣泛。

首先，它指明了太極拳意、氣內導與肢體外動的主從關係。強調了意氣為君，骨肉為臣，由此以意導氣、以氣運身、意領身隨、身心合一，人體內外兩個方面既統一，但又主次分明。歌訣指明既要重視姿勢動作要領，更要重視命意源頭，氣遍身軀。既要滿身輕利、周身協調，又要神貫於頂、腹內鬆靜、氣勢充盈。總之，通篇緊緊抓住太極拳內外兼修、意氣領先的內功拳特點，凸現人類精神存在特質，並據此開闢了太極拳作為現代意識體操的發展方向。特別是在當今物慾膨脹、思想浮躁的背景下，它那心

性修養追求和心理調控技術或許可成真正的解毒劑。

　　其二，它對太極拳的走架訓練和打手應用兩方面都作了論述，主張既要知己，又要知人。由此引出了因敵變化、捨己從人、隨機應變和借力打力的戰略、戰術原則，以及以靜待動，動中寓靜的總體技術特點和操作要領。由此體現中國文化身心合一、體用不二的經驗型「實用理性」特點，完全可以泛化為當今面對未知的風險社會，怎樣積極而謹慎處理主客體關係的一個重要參照。

　　其三，它強調練功必須遵循正確操作要領，仔細留心向推求。揭示循規矩而脫規矩，脫規矩又合規矩的辯證關係；與此同時還突出言傳身教的傳承方式，強調師父領進門，修練在個人的道理。所謂學無止境、藝無止境，只有堅持不懈地長期鍛鍊追求，精益求精，才能取得真正成功。由此顯示出一種在尊重前人經驗基礎上的探索性「自學習」機制。

　　其四，它明確指出太極拳的根本目的和主體運行都是為了維繫生命，並促進人們健康長壽，青春常在。由此把其全體大用的理論基礎放在尊重生命、道在養生的生命哲學上面。

　　「以技行擊」的肢體衝突除了依靠傳承而來的技術和戰術外，對當事者的體質、體能和心理秉賦、性格氣質依賴極大。隨著軍事技術和作戰方式的發展，武術的軍事作用越來越消退（但其自我防衛、緊急避險和警務保安、勞動保護的「準軍事」應對功能還遠未能退出歷史舞台），但其身心修練那養生修性、安身立命的性能則越來越突出。

　　太極拳運動要求心靜體鬆，意氣引導，體現了動靜結

合、內外兼修的中華養生理論和實踐。它從產生之初就具備了極高的身體生命價值，到了今天則成為同時滿足有氧運動、終身運動和休閒運動這三大潮流的身心修練活動。

就《太極拳譜》所載各文比較而言，儘管《太極拳論》更為高深精緻和概括力強，但就訓練、傳播和普及而言，還是以深入淺出和朗朗上口的《十三勢歌》適應性最為廣泛，歌訣形式確實要比抽象的論文更便於傳誦和記憶。即以指導初學走架者掌握基本要領來說，這也無疑是一篇較好的啟蒙性教材，對太極拳的行功走架和推手、散手等等，都有深刻的指導意義，甚至對於外功拳學也有一定的借鑑作用。

因此，不論民國年間或新政權成立後出版的各種太極拳專著，大多輯載這首歌訣，或引述其文。如歌訣中的尾閭正中、頂頭懸等語，早已成為太極拳教學常用術語。這首歌訣經過後人不斷輾轉傳抄和刊刻翻印，傳抄筆誤或口傳音轉等差訛在所不免，加上許多輯錄者所作的同音潤改，以致各刊本文字多有出入；但就詞義分析，多數刊本精神上還是頗為一致。不過也有個別刊本更改得離題很遠甚至面目全非。

本文本及分段主要依據中國武術協會審定的沈壽點校考釋本，但個別用詞和理解仍參考其他通行本。技術解釋則參考沈壽、顧留馨、徐震、張卓星、郭福厚、張肇平等各家的理論專著和馮志強等主編的集體著作為基礎，在全面比較和吸收他們研究成果基礎上，再據筆者 60 年來練拳和教拳經驗擇善而從。特別是對流行說法中若干以訛傳訛和不甚準確之處，則按個人鍛鍊體會予以修正。

三 註釋與句讀

1.「十三總勢莫輕視」——太極拳八門五步十三個基本招勢法式不可輕視。

「總」，綜合、基本、整體、全部；「勢」，法式、方法、方式。「十三總勢」就拳種技術結構而言，就是指其八種基本手法、勁法和五種基本步法、身法。關於「總勢」一說，徐震指出：「十三勢雖多言用，而定之一字，亦攝心法，乃太極之體。故十三勢實賅括體用，稱為總勢以此。」這是從主體操作功能上進行概括的。但也有人把它理解為套路結構的十三段（節）招式的組合。

至於「十三總勢」四字，有的本子作「十三勢來」，當屬潤改；也有作「十三勢勢」或「十三式式」，這是從強調總體結構轉向強調每個式子，按一多貫攝原則，亦通。從其命名分析，此歌創作時間當在尚未更名為太極拳之前。至於四字後面的「莫輕視」，有的本子作「莫輕識」，疑為抄寫錯誤。

2.「命意源頭在腰隙」——生命運作的源泉，在腰胯接榫之處的縫隙。

「命意」，原指定意或寓意、立意，亦即確定主題、操作命令、思想意圖或實際含意、文化意蘊。但也可把這兩個字分別作出解釋：「命」指生命，並可泛化為天命即人的命運；「意」指意識（即精神），一般包含意念、意向、願望、料想和意義、意味等多方面的含義。或說一語雙關，似亦可通。把命和意合在一起，泛指人的精神和肉體，亦即指人的生命活動；人的生命活動，是一種有自

我意識的價值性活動，由此命、意相連。而所謂「源頭」，原指江河發源地，這裏泛指操作活動本根或開始之處。腰隙，有的本子作「要隙」，當為同音別字。此外，還有的本子作「腰際」，這恐怕是弄錯的。有人認為「隙」字可能是諧音之訛，因而改為腰際，腰脅、腰膝等等。際字尚可，脅、膝則恐為畫蛇添足。

這裏釐清一個概念，腰胯的「腰」是指人類身體臀上肋下中間部分；而「胯」是指人類骨骼的一部分，即胯骨，它是組成骨盆的大骨，左右各一，由髂骨、坐骨和恥骨組成，統稱為髖關節。因此，腰和胯是人體兩個不同部位的稱謂，含義並不同。腰體現在外，而胯隱藏於內。正因為胯的隱蔽性，前人闡述太極拳要求時往往對其不詳細說或者說不清。但是太極拳真正發勁打人力量來源其實就是胯骨跟脊柱間架結構的調控，拳界有「傳拳不傳胯、傳胯師父怕」一說。

沈壽認為：「腰隙」，當指「腰部孔穴（腰椎骨的縫隙），這裏指腰之後部第二、三腰椎之間的『命門』穴位，是督脈的最重要的經穴之一，中國醫學認為：『命門』是『生命之門』的重要穴位」。當屬「元氣的根本」。而「命門」兩旁的兩腎，則被認為是關係先天發育的「藏精之所」。基於歌詞是「命意源頭」，因而這裏是從生命精、氣、神整體活動的操作方式提問題。「太極拳作為內功拳的一種，也必然更加看重內煉精、氣、神的，所以開篇第一句點出題名，強調重視基礎訓練外，就從精氣神談起，這正是全篇的旨要。」此說大方位是不錯的，但具體卻不夠精確。顧名思義，「隙」是縫隙即是裂縫，

指很細很小的縫。從人體骨骼結構上說，腰隙是指腰椎與胯骨的契合處，亦即相接榫頭處，這符合「隙」的含義。

徐震說：「『命意源頭在腰隙』一語，實為太極拳全部功夫之關鍵。蓋論練形，必腰部靈活，而後上下肢及身軀之運轉能貫通而互應。論伏氣，必先求腰肌之張弛與胸肌之伸縮能相諧和，而後膈膜之升降與肺臟之舒斂能相調適。故『命意源頭在腰隙』一語，不可輕忽看過。」這裏操作上還應注意總體上的命門飽滿、帶脈充盈、鬆（填）腰落（開）胯、裹襠護臀、尾閭中正，而不要誤作蹋腰折胯、挺腹凸臀、轉身扭腰、上下脫節。

王壯弘認為，「腰隙」當為「腰間」，「就是人身正中間的中心，而那個中心還是空的，這就是要刻刻留意的地方。猶如颶風的中心眼一樣，這個風眼是颶風的中心，是它的能量交換處，但它必須是空的，這陰極生陽的能量交換中心必須是空的中心，拳譜指出命意源頭在腰間、在腰隙，都是指這個空處，隙就是空隙處。」

此外，網上還有不少人認為，腰隙當為腰胯；在生理學上所謂的胯，係指股骨上節，大腿的摺疊下陷處。武術理論通常把腰和腿之間接榫的部位叫作胯，當為下盤的根節。胯關節由骶骼關節、髖關節、髖骨與脊柱的韌帶聯合、恥骨聯合、骨盆等部分組成。這個部分連接上下肢體，當為肢體變換、上下貫通、力量整合的操作關鍵。而且即使是「對修練太極拳內功而言，以胯襠為主宰的行拳練功，使之以身領手，引動腹內的太極輪轉，支配了很自然的逆腹式呼吸，一系列的上下相隨、內外相合、連綿不斷，皆由此而成。陰陽、虛實以及丹田呼吸全賴胯襠之運

轉，在外是拳架、揉手（亦俗稱推手）的練習，在內則是丹田的運轉，最後練就心意合一，由丹田統帥整個身體的運動。勁力的基礎在腳下，其動能的來源是腰胯。胯根是軸心，帶動各關節進行運動。襠勁轉圈由外達內，由內達外，渾然一體。」所以把「腰隙」直接解釋為「丹田」，儘管有其道理，但卻不夠準確。

3.「變轉虛實須留意」——拳法的虛實變化必須要特別注意。

「變轉」，一作「變換」，義同。但這裏主要泛指勁力和意念的陰陽虛實交替變換，並不只限於具體招式動作的「轉關變勢」。其所以要特別留意，是因為在變轉的銜接處如果虛實用之不當，便給對手進攻造成可乘之機。徐震說：「此言演架時須留意於各勢之變轉虛實。若能和順，則無牽制之象。」

沈壽認為，「據古詩格律分析，這第三句不押韻，所以末一字恐不會是『意』字，再據上、下句詩意分析，第2—4句談的是精、氣、神，大體上依次分占『精、神、氣』三字；因此，第三句中恐怕也應當以『留神』二字為是。」所以留意亦可作留神；這裏含有聚神或精神貫注的意思。清代李亦畬（公元 1832—1892 年）《五字訣》有「神聚」條目說：「神聚則一氣鼓鑄，練氣歸神，氣勢騰挪，精神貫注，開合有致，虛實清楚。左虛則右實，右虛則左實。虛非全然無力，氣勢要有騰挪，實非全然占煞，精神要貴貫注。」這段話可借為留神句的註腳。

4.「氣遍身軀不稍滯」——內氣在全身的通暢流轉而不能稍有呆滯。

「氣」，這裏是一個模糊的生命功能性概念，往往用以表徵人的生命之物質基礎和運行機制，其功能可以呈現為操作者的「氣感」。它包括外氣與內氣兩個方面；外氣指肺部呼吸往來之氣，內氣則指運行於人體經絡之氣，亦即中醫所謂的元氣、中氣。從哲學上說，可以把「氣」理解為人的一種內在生命結構或運作功能。「氣遍身軀」主要指的是內氣，亦即宗氣，或稱為經絡之氣。外部的氣體除了已經融化在血液中的氧成分可以隨血管流遍全身外，事實上是無法遍佈身軀的。但如沒有外氣（即由外界吸入肺部之氣），連生命都不能維持，更何況於氣遍身軀呢？！人的氣感往往跟呼吸調節是同步的，由此「氣」並不直接是呼吸但卻又跟呼吸密切相關。

　　徐震指出：「氣遍身軀，須是清虛之氣，不可著相。」文中的「稍滯」，稍同少、滯現痴，故有的本子作少滯或稍痴。滯、痴均指反應動作失靈的表現。滯為狀態描述，痴乃形象比喻。凡有推手經驗的人都有這種體會：不懂勁的人，一遇對手的攻擊便不自覺地努氣使力，動作滯澀反應遲鈍，反映於外表便是痴呆之相。至於所謂「內氣」的實質是什麼？有人說是精微物質，有人說是生物能量，有人則說是一種功能載體，這些都有待於人們進一步探索。

　　5.「靜中觸動動猶靜」——身體保持鬆靜，以靜待動、準確應變，對方稍有觸發就要同時反應；然而動作中仍要保持冷靜沉著。

　　在中國文化中「靜」具有靜止（運動的停息，亦即具體過程的起點前和終點後）、寂靜（沒有喧鬧）、安靜

（穩態控制）、閒雅（飄逸瀟灑）、潔淨（沒有污染和干擾，通「淨」）、專注（集中精神）、思謀（認真謀劃）等多方面的涵義；而「動」，則跟靜相對，有空間位移、過程運行、狀態改變、性質演化和人的操作、勞作、感觸等多方面含義。至於「觸動」，則指觸發、感動、啟動、引起。有兩種不同的「觸動」，一是修練時丹田潛轉、感而遂通那身心自發的萌動，這是自然產生的「內動」；二是捨己從人、隨機應對、因敵成形之「隨動」。然而這兩種動都不是盲目的「躁動」。

太極拳講究靜為基礎、動為主導。其靜時固然要靜，但動時也要寓動於靜；其動時固然要動，但靜時也要寓靜於動。動靜不但要「一動無有不動、一靜無有不靜」的分明不雜和次序整然，而且還要「動中有靜、靜中有動」的互寓互包和滲透轉換；否則動作無法靈活善變。

這裏所說的靜中觸動，說明其動靜變化為因敵而來。並非主觀的亂動。在操作上則主要是以靜待動的後發先至。其前提是鬆靜為本，落腳點則是動中求靜。就文化意念上，這裏不僅有認識上的感知，更多的還有天人合一式的感應。整句講太極拳操作上的動靜相依和身心互啟、內外合一的關係特點。

6.「因敵變化示神奇」──準確認清情勢，因應對手招式變化充分表現出自身拳法的神妙奇巧。

「因」指因應，即跟隨、反應、依據、憑藉。所有戰鬥搏擊行為都必須因應敵情，老子云：「吾不敢為主而為客」，即此之謂也。「示」，顯示、表示、昭示，突出其運作形態客觀表現。一作「是」，同時強調其運行屬性和

太極拳譜釋義 太極拳理的文化學分析

操作特徵，儘管亦通，但恐為同音口授筆誤。

據河南博愛縣地名辦公室魏美智稱：「唐村《李氏家譜》、《太極拳譜》本句均為『因故變化視神奇』故，原因、憑藉、根據，因各種原因造成的動靜變化，都是非常神奇的。因為這是『行功』中的表現出來的變化，是動與靜微妙的轉換，動中寓靜，靜中寓動的動靜美，雖動猶靜，雖靜猶動，是練拳的一種美的感受。也就是『行功』中的一種意境美。敵，敵人，因為敵人的變化，才能顯示它的神奇的地方。」此說一定意義亦通，並可以跟後面「不老春」之句相應；但卻跟「耄耋禦眾、英雄無敵」之武術要求不符。本書從沈壽考據本。

整句講在因應敵方變化過程中顯示出自己神奇的功能。徐震把這句跟上句統一起來解釋：「此言應敵之時，能定乃能善因。動靜相濟而成和。則動亦定，靜亦定矣。故曰靜中觸動動猶靜。心定於內，乘物於外，因其固然，從而利用之。故曰『因敵變化示神奇』。」

7.「勢勢存心揆用意」——每招每勢都要細心度察、精確把握。

「勢勢」，每個招勢。「揆」，音 kui，虧的陽平，為度量、揣度、察度、揣測、體察之意。這句有的本子作「揆心須用意」，語氣顯得不太通順，很可能是後人為附會「用意不用力」的拳理而作的潤改。整句講無論盤架或推手中的每個招式動作，都要精心地運用相應的意識。

8.「得來不覺費功夫」——那成功就會不期然而然地到來。

強調貫徹「勢勢存心揆用意」的奇效大驗。徐震說：

「太極拳必依理查驗，乃可事半功倍，非如其他拳術須費力苦練。故曰『得來不覺費功夫』。」

通行本都把此句列為第 8 句，把「勢勢存心揆用意」列為第 7 句。沈壽認為，「若據古詩格律的韻腳分析，再據《十三勢行功要解》『曲中求直，蓄而後發，所謂勢勢存心揆用意，刻刻留心在腰間也』，證明這兩句是上、下緊接相連的，而『得來……』句無疑在此之上。故在次序上當與上句調換。」這很有道理。但也有人認為，就歌訣的語感和對仗而言，還是以通行本的排列為當。

9.「刻刻留心在腰間」——要特別留心自己轉動的腰脊。

「刻刻」，每時每刻，所有的時間。「腰間」，指腰椎骨或脊骨，並一直延伸到跟腿骨接樺的胯（髖關節）；所謂「腰胯」，太極拳從來都是把腰跟胯聯繫在一起講的。由於腰胯接樺不但具有連結上下肢和支撐軀幹的作用，而且還能整合上下肢體的力量，有點類似身體活動的操縱桿。有道是「教拳不教胯，教胯師傅怕」、「無胯不太極」，腰胯轉不動，不但無法卸去敵力，而且更無法調動自身勁路，因而太極拳家歷來對此十分重視。

古人云：「腰者，要也。」《玉篇》：「腰，本作要。」拳諺說：「腰如幹，肢似枝，腰微動，肢自動，腰不動，肢亂動，無用功，一場空。」《十三勢行功心解》說，「氣若車輪，腰如車軸。」《心會論》說：「腰脊為第一之主宰。」這些話都是強調腰脊的樞紐和關鍵作用。中醫理論認為「腰為腎之府」，特別是腰間橫向的「帶脈」，還起著總括、約束和協調、整合全身縱向十二條經

脈的作用。

就全詩而言，這是呼應前面第 2 句的「腰隙」，但涉及部位有所擴大，而且還有內外呼應之意。沈壽指出，這前後兩句，「是密切關聯、內外相合的，在筆法上也是前呼後應的。」

10.「腹內鬆靜氣騰然」——小腹丹田保持鬆靜，使內氣充盈鼓盪。

「腹內」，一作「腹心」，當為後人潤改，但腹心是指丹田穴而言，而不是指腹和心。鬆靜，一作「鬆淨」。這裏接上句並提醒，「留心腰間」並不等於把內氣和意念停滯僵死在腰間。有道是「丹田沉氣不存氣」，只有腹內鬆靜才能做到氣貫四梢的「氣騰然」。

沈壽認為，「這裏的『鬆靜』當以『鬆淨』為是，而『靜』字不通。『氣騰然』，一種神采飛揚、意氣風發和掌握主動的狀況和感受。」太極拳要求「含虛」而不緊張，淨，空而純也，跟「染」相對。凡氣沉丹田，腹鬆則蓄氣充盈，能自然鼓盪，淨則內氣純粹，能流行無阻。因此，唯有腹內鬆淨，方能有氣勢騰然之感。這句緊接上句而來。徐震認為這兩句是「明示練腰與伏氣之關係。」他說：「功至費力氣，則外形已臻和順，身法不待留意而自合。獨於腰間，猶當刻刻留心，然後能調息歸根，非閉氣也。若閉氣則腹內不能鬆淨矣。氣騰然者，竟體虛靈之謂，非全身血氣沸騰之象也，須善辨。」

魏美智稱：「唐村《李氏家譜》本為『腹內聞靜氣騰然』。李氏《太極拳譜》譜為『腹內聞靜氣騰然』，鹽店本為『腹內鬆淨氣騰然』。『鬆』為『鬆靜』的別字。聞

静與鬆靜，代表兩種不同的境界。聞靜，是一種至靜的境界。行功者進入至靜狀態後，聽得到自己血管中血液的奔流唰唰聲，心臟跳動的咚咚聲。鬆靜時一般習練者入靜的初期境界。」可備一說。

11.「尾閭中正神貫頂」——尾閭保持中正，身型不偏不倚，神氣直貫頭頂。

「尾閭」，即尾閭骨，又名尾骶骨。包括骶椎和尾椎在內。拳家往往把它當作測量人體正直與否的「鉛陀螺」看待。但尾閭一詞有廣義和狹義之分，狹義的專指尾骨，而拳家多取義於前者。中正：一作「正中」，其義並無根本的不同，均強調自然正直，取居中之勢，並具頂天立地之大勢。棋諺有云：「腦居靜為貴，帥居中為安。」拳家往往借喻為行功時的心靜身正，這倒是十分恰當的。神貫頂：即神氣貫頂（百會穴）、神采飛揚之意，亦即前句「氣騰然」狀態。

徐震說：「『尾閭中正』與『頂頭懸』連言者，以身法之中正，端在頂門與會陰相對相當。平時正立，固須如此。即在俯仰罄折之際，亦須如此，方可合於時中也。」

12.「滿身輕利頂頭懸」——頭頸像懸在空中一樣豎頂向上，使全身充滿輕靈活力。

這句緊接上句，同時用以解釋《太極拳論》所說「虛領頂勁、氣沉丹田」。「頂頭懸」，指頭部輕輕向上頂起，如懸物狀。與虛領頂勁之義略同。虛領，鬆開衣領，或曰頭頂虛懸，借喻為頸部肌筋骨節充分放鬆，頂勁，頭部微微用勁向上頂起。兩者說法不同，其義則一。這是前面兩句的進一步概括：「滿身輕利」就是腹內鬆靜氣騰然

太極拳譜釋義 太極拳理的文化學分析

的結果，其表現是身體動作變換的輕便靈活。而「頂頭懸」則是尾閭中正神貫頂的操作要領。

徐震說：「『滿身輕利』四字，可證騰然之氣，惟是竟體清虛，略不著氣也。武禹襄云：『全身意在精神，不在氣，在氣則滯』，亦是此意。」

13.「仔細留心向推求」——仔細、用心地按著以上要求去探索。

「仔細」，認真過細。「向推求」，指推本求原。向，面對、面向，指根據對前面所闡述的各個要點。推求，探究、追求，即透過親身實踐去探究其根本的意思，進一步強調太極拳操作中「心靜用意」的法度要領。中國文化追求盡善盡美的過細操作。

14.「屈伸開合聽自由」——（整個拳法動作）的屈伸開合順乎自然，隨心所欲，運轉自如。

「屈伸」和「開合」皆為拳法動作術語，這裏代表拳法。「聽自由」：「聽」意為順從、服從、聽從、聽憑，「自由」即自然。這裏具體講的是操作者的感覺和狀態。「聽自由」就是奉天承運、順天循性並聽其自然，符合客觀規律同時又符合人的本性，亦即取法貴乎自然，而不是矯揉做作或霸蠻亂來。這是太極拳在應敵戰略、戰術上隨人而動、捨己從人，以及在走架外形上不追求任何反自然之「高難度」的一種指導思想，具有拳法貴天生之義。（天生，也即天然，非人為的自然。）此處自然作「自由」，當與押韻有關。但也有人把自由理解為操作規範和規則，並進一步從技術結果著眼，把自由解釋為運用得心應手、出神入化，瀟灑自如，從而獲得禦敵制勝的主動

權，由此進入操作上的自由王國，操作上沒有規範和規則便沒有了自由；這亦通。

跟西方哲學主客對立、自由跟必然衝突的看法不同，中國哲學歷來強調主客一體，本然跟應然、自由跟自然本來就是同一的，沒有必要去妄分彼此；於是惟意所欲亦即奉天承運。

15.「入門引路須口授」——初學入門必須要有老師口傳身授引路指導。

「入門引路」指初學階段，必須要由師父領進門。作為自然經濟條件下形成的身心體驗之術，拳術是言傳身教、口耳親傳的操作技藝；道聽塗說、一知半解無法掌握其真正的要領。任何技藝都是一種「非生物遺傳」的文化訊息，由此必須經由後天的教育和學習過程。引路，有的本子作「道路」，疑為抄寫錯誤。

16.「功夫無息法自休」——但是入門以後卻要靠自己持續不斷的深入修練。

所謂藝無止境，路無盡頭，任何技藝都需要堅持不懈地下苦功鍛鍊、追求。功夫，同工夫。一作功用，以功夫為是。無，同毋，不要，息，止息、停止、止境。自休，一作自修。自休強調順其自然的自由狀態，自修則強調自我修練的努力狀況，均可通。法指規矩、要領、方法，也就是老師在傳授時提出的種種要求。沒有操作要領和要求，學的人便無從學起。所以「法自修」就是要依據一定的法則去自修，若不依據法則（即離開原則）的任何自修也只能是南轅北轍的徒勞，「學而不練負師之傳、練而不規成藝之病。」可見練習必須重視這個法則。不過，在登

太極拳譜釋義 太極拳理的文化學分析

堂入室以後仍泥於某些死規矩，不懂怎樣規矩基本精神而去變通應用和發揮，這也很難說已經進入「太極」狀態。

所謂有法無法、無法有法，有規矩而不泥於規矩、脫規矩不失規矩，即此之謂也。至於「法自休」，則是強調從有法到無法，脫規矩而不失規矩的程度，亦即達到得心應手出神入化的境界。兩種理解均含有習拳貴有恆和修練在個人的意思。

17.「若言體用何為準」──如果問體用運作到底遵循什麼標準？

「體用」，中國哲學術語。原指事物的本體及運用，亦即事物的屬性與功能，這裏借指操作上支配與被支配的關係。

在武術中體用概念基於不同的著眼點而有多種不同用法：其一是稱行功走架為體或練體，稱推手技擊為用。其二是把養生修性稱之為體，把技擊應敵稱之為用。但也有把文化精神稱之為體，把表現形式稱之為用的。

18.「意氣君來骨肉臣」──意氣為主體，骨肉為驅使；要以精神意識引導動作，以內氣運轉身體。

承接上句設問，強調以意氣支配肢體而不是相反。意指精神指向的心理意念，氣指生理能量的運行機制，骨肉則指四肢百骸的運作功能。道門以身為體，身國同構，人的所有行為，都是一定心理意向支配的。此句君、臣與上句體、用，當是一個意思的兩種比喻性說法。

對此徐震說：「以十三勢而言，中定為體，餘十二字為用。然必練至心能主其形骸，而後體用盡彰。故言體用之準則，以意氣為主。以意氣定，則心君亦定也。」沈壽

指出：「近人有將此句改為『意氣均來骨肉沉』，從表面現象看，彷彿帶點反封建味道，但事實上，前、後句原是一問一答，一改之下，成了答非所問，而且詞義也很牽強，更何況古今有別，若連古籍上以『君、臣』作比喻的文字都要改掉，那就是改不勝改了。」

19.「詳推用意終何在」——仔細推敲太極拳的目的、意義到底是什麼？

「詳推」，仔細地推敲；一作「想推」，思想推測。詳推強調其認真過細的工作方式，想推則強調其思想追究的精神訴求。這裏當以詳推為是。

徐震說：「太極拳之用，不專在弁博，亦兼導引養形之術。觀其功主柔和，雖勞不極，實有得於導引之精義。以中心靜定為歸咎，尤合於養生之道。」

20.「益壽延年不老春」——最終還是為了增進健康，益壽延年，使生命永葆青春。

這是本歌訣的落腳主旨，強調打太極拳的人應該把養生保健、延年益壽作為終極主旨和價值訴求；但這絕不是排斥拳術的技擊、藝術等性能和功用。價值訴求、終極主旨、溢出效應並不直接就是活動功能、中介手段、專業技術；作為肢體應對技術的太極拳，始終都是為操作主體生命服務的一種工具。生命是人類所有活動的本體，技擊只是太極拳在生存競爭中全身和保命的一個手段；生命之道當有其存活之術。這從前文「因敵變化示神奇」等句看，應是不難證明的。

21.「歌兮歌兮百卅字」——歌喲，歌呀，一共有140個字。

「百卅字」，卅，音細，四十。《說文》「數名，亦直為『四十』字。」《字彙補》：「四十並也。」這裏因詩句受七言的限制束縛，所以作者選用了古代俗寫的合體字。今本多有改作「百四十」，可這麼一改，那歌訣究竟是百四十首、百四十句，還是百四十字呢？所以寧可直寫為百四十字，讓此句破格成八言，而不宜刪去「字」字。

22.「字字真切義無遺」——每個字都情真意切，而且意義全面透徹並無遺漏。

「真」為符合本性、真誠確實；「切」為親身體驗、切實可行；「義」為意義內涵、理論闡釋；「遺」為遺漏缺失、理解片面。「義無遺」，義理全面透徹之意。一作「意無疑」強調其用意不須懷疑，恐為後人所改。意無疑的疑字也作遺字，「無疑」是叫人相信不要懷疑；無遺則極言其論述全面沒有遺漏。二者都有不容討論的話語霸權味道。其中的遺字有的本子或作貽字。

23.「若不向此推求去」——如果不遵循這些道理去實踐追求那到底會有什麼結果呢？

這是據前文第 13 句引申，假設其違背正確方向，便會怎樣怎樣；由此反覆告誡和前面相互呼應。

24.「枉費功夫貽嘆息」——只會是白費工夫，浪費精力，到頭來只能是遺憾和惋惜啊！

這是回答上句設問，指違反要領的結果警示。「貽」，音遺，與「遺」通用，即遺留，此處音義皆通。「貽嘆息」指遺憾、惋惜。一作「遺太息」或「遺嘆惜」，「息」字又作「惜」字，皆屬同音潤改。

結尾的這四句歌詞，不在「百四十」字數之內。其用意非常清楚，但卻看不出到底是作者的原文，還是後人補加的阿諛奉承之詞。此外，個別胡刪亂改或校對不力的舊刊本，則錯別字更多，但多數也還是音同義近或字形相近的。如「視」作「識」，「滯」作「痴」等音近：「閽」作「關」等形近。這就不一一列舉了。不過，由此說明，對於有價值的古典拳術論著之校勘和考釋，仍有待進一步深入去做。

四 串講與討論

下面進一步對《十三勢歌》的具體內容分段並分句進行分析討論：

1. 第一段：命意源頭

第1句：「十三總勢莫輕視」

「十三總勢」指太極拳技法總體，「莫輕視」則是說操作者對這些技法的態度。本句首先從操作者思想態度入手，提醒不要因為十三勢只是一種形下的身體操作技術而輕視其形上意義。

中國文化講究以身載道，歷來都有很強的意圖倫理、動機追究、反求諸己、態度領先之傾向，認為功夫即是本體，追求心想事成、仁者心動並突出誅心之論，強調有什麼態度自然便會有什麼結果；從另一方面說，人的精神狀態不但會由身體形態而體現出來，而且還由操作效果而獲得證實。就教學傳統而言，中國式教育的開端總是強調端正學習態度、明確學習目的、樹立專業思想。歌訣指出：

對於太極拳技術結構的十三個基本法式，亦即對於太極拳的所有身體技術構成和操作要領，決不能輕率對待；訓練時必須嚴肅認真和嚴格操練，把它作為一件大事業處理。武術之道在於練，如果離開基礎性的身體訓練也就離開武術的基礎本根。那麼具體怎樣修練，或曰太極拳的修練特質到底在哪裏呢？要找到答案也須從端正態度開始。

《十三勢歌》整首歌訣從本句的「莫輕視」、第 2 句的「命意源頭」、第 3 句的「須留意」、第 4 句的「氣遍身軀」、第 5 句的「靜中觸動」、第 6 句的「因敵變化」、第 7 句的「存心揆用意」第 8 句的「不覺費功夫」、第 9 句的「刻刻留心」、第 10 句的「氣騰然」、第 11 句的「神貫頂」、第 12 句的「滿身輕利」、第 13 句的「仔細留心向推求」、第 14 句的「屈伸開合聽自由」、第 15 句的「須口授」、第 16 句的「法自休」、第 17 句的「何為準」第 18 句的「意氣君來骨肉臣」、直到第 19 句的「詳推用意」等等提法，始終都圍繞著操作主體的精神狀態和思想意向來討論技術原則，在操作過程中一直強調精神上的訓練和心理上的調控。

跟西方哲學身心分裂、靈肉不一和支離破碎的對象化考察方式不同，中國哲學從來都強調萬物一體、天人合一和形神兼備、體用一如的主體性體驗。在這個哲學背景上出現的太極拳，明顯區別於西方式個人突出的競技運動和自我中心的休閒體育，形成一種性命雙修、應和萬物、人我互動、天人一體、意氣領先的自我修練。

「莫輕視」是太極拳主靜用意、內向守敬的本質要求。它在很大程度上反映了太極拳形成之初社會上占統治

地位那宋明理學所謂心誠則靈、不誠無物、守靜持敬的文化背景；只有誠意、正心、格物、致知，才能修身、齊家、治國、平天下。於是內家拳法便有敬、緊、徑、勁、切的五字要訣，並以敬字領先。

《陳氏太極拳圖解》凡例第一條云：「學太極拳不可不敬，不敬則外慢師友，內慢身體，心不斂束，如何學藝。」其論太極象圖則云：「……打拳上場後，手足雖然運動，而端然恭正之中，其陰陽開合之機，消息盈虛之數，已俱寓於心腹之內，此時一志凝神，專主於敬，而……洗心滌慮，去其妄念，平心靜氣，以待其動，如此而後可以學拳。」太極拳儘管只是一種技藝，然而其背後卻是修養身心以求安身立命的性命之學，由此不能不敬。

自覺意識是人類活動區別於動物的特點。馬克思指出：「動物是和它的生命活動直接同一的。它沒有自己和自己的生命活動之間的區別。它就是這種生命活動。人則把自己的生命活動本身變成自己的意志和意識的對象」。「有意識的生命活動把人同動物的生命直接區別開來。正是由於這一點，人才是類存在物。……僅僅由於這一點，他的活動才是自由的活動。」作為一種身體訓練和操作實用的太極拳，居然能夠自覺地把思想意識的作用擺在第一位，突出觀念導向的巨大意義，顯現人類自由自覺的活動特點，可見其眼光的獨特和深邃。

第2句：「命意源頭在腰隙」

「命」是生命，「意」是意識，人是一種具有自我意識的生命體，人類所有活動都是在一定意識支配下的活動。本句點明意的作用，並指出了命意亦即用意的源頭所

在，指出這個精神性的意跟整個生理生命和太極拳操作的關係。到底怎樣具體理解這個意字呢？中國古代文化認為，心主神明，而意者志也。意當為主體性的心之所之、心之所發、心之所期、心之所許、心之所持，有意圖、願望、關注、嚮往、料想、猜測、想像、應對、選擇、意思、意味、意境等多種主體活動的含義，由此體現人類目的性自覺活動的特點。

從心理學說，所謂用意，是由物質器官大腦皮層產生的一種心理定向活動，內涵包括有注意、意向、意志、意識、想像和判斷、推理、應對等多種心理活動形式的綜合，並非單純對象化的認知判斷和推理，也非單純主體性的意志、慾望和膽識。

「意」在《現代漢語詞典》中被解釋為意念、想法，與佛家所云發願的願力相通，具有意識、念想等所謂存心起念的綜合性含義。由此用「意」也就不外是指人類的一種自覺的心理活動，它涵蓋人的知、情、意和個性心理特徵等多個方面。生理學指出：「全部心理活動是以感覺興奮為始端，以一定的心理活動為中繼，以肌肉運動為末端。」太極拳的用「意」，就是有關練拳的各種意識、想法，其途徑就是在「第二信號系統」統合外界各種刺激，因此引起感覺興奮，繼而在大腦皮層產生一定的心理定向活動，其基本功能是透過心理導向或意識暗示去協調和整合、控制肢體及內臟的活動。其好處是使注意力高度集中於身體運動，讓鍛鍊意識與鍛鍊肢體結合起來，從而給大腦皮層以良好的刺激，並使大腦的功能得到有效的改善。

人是一種具有自我意識的生物，可以把自己的生命作

為意識的對象，並能在行動中對自己的思想和行為進行雙向調節控制。人類實踐則是一種自覺的目的性行為，沒有主體性意識引導的生理本能反應，不能認為就是人類實踐，由此也無所謂人的自由。而在人的身心自我調控過程中，由注意和想像的自我暗示則具有極大的功效。太極拳理論中所謂的意是個有層次地逐步深入的一個複雜構成系統。就其操作把握來說，可以分析為這樣幾個層面：

（1）、**身體活動基礎層面**：這裏首先指的主要是注意的集中和分配，所謂凝神斂氣、心無旁騖、專主一方，這是一種先天自然的生理功能，是所有心理活動的基礎；它更多的表現為具體的身體感覺，借用佛家語言是為「八識」中眼、耳、鼻、舌、身這前五識的集合。訓練中要把操作上的種種身體感覺「內化」為自我的總體意識，上升為佛家所云第六識那自覺性的意，最後還要上升到潛意識和無意識的末那識和阿賴耶識。

不過，這裏首先當指走架行拳中人的綜合性自覺行為意識，亦即上述佛家所云屬於第六識的「意」；它幾乎包括人的所有顯性的精神活動，即包括有環境判斷、應對選擇和自我調控等等。它要求悉心體認和全面調控每個動作的起點、過程及終點，準確地把握力點和勁路運行的路線及方式。就其心理內容而言，可以把「意」分析為環境判斷、應對決策、活動控制、變化把握和精神集中、心理暗示等這麼幾個方面，其心理形式則主要是注意、想像、判斷、意識、應對等等。

（2）、**實際應對層面**：這裏更多起作用的是道家所謂的「識神」，首先表現為應對敵手的有感必應、你來我

往、隨曲就伸、如影如響、如影隨形，虛實變換、剛柔互易、進退同一、黏走相生，避實擊虛而乘機勢、捨己從人但不失己、借力打力以撥千斤等操作意圖和應對策略，具有明顯的情感和意志內涵。這個層面可以泛化推廣出去，參與人們社會生活相互交往的各種活動，構成整體性的生存策略和生活方式。

（3）、**精神超越層面**：由於環境不斷變化，特別是敵我交鋒訊息瞬間萬變，顯意識來不及認真考慮；而另一方面隨著整個身體活動的深入，太極拳的心理活動也不斷內化而由實變虛，因而進入潛意識和無意識層面（個體的潛意識和無意識），因此超越現實而回復到道家所謂的先天元神，借用佛家語言則是進入第七這末那識和第八之阿賴耶識，由此得心應手、身心合一，亦即人們所謂純任自然那「形無形、意無意，無意之中是真意」是也。

此外，這裏恐怕還當有有操作主體那不斷追求的超越性意向、意圖、意志、意味、意義、意境等等內容，由此自然體現（而不是刻意表達）出一種文化內涵和精神境界，並跟整個種群的生命意志和文化發展聯繫在一起（群體的潛意識和無意識）。

就具體操作而言，太極拳運行中不同階段（進階）用意的著眼點當是不同的。在初學進入著熟的第一階段階段，操作者尚缺乏自覺和全面的太極意識，這時操作主要是道家所謂的「導引」，著眼於以形導氣、以氣培意，講求形正、氣順、神寧。在著熟進入懂勁的第二階段，操作者已經鬆靜下來，這時操作主要則是在招式應對和運勁方式上悉心安排好自身和敵我雙方的虛實變換和陰陽平衡，

表現出很強的所謂存思和行氣特點，講究以意導氣、以氣運身的意到、氣到、勁到。在懂勁進入神明的第三階段，統合的通變涵蓋了所有具體的變通，這時操作主體的心理活動已經虛化為潛意識和無意識，由此活動形成了類本能的新動力定型和訊息轉換，由此出現道家所謂的坐忘狀態；於是因應對方也就成了所謂白雲出岫本無心、無思無慮那虛實剛柔自然變換的「自動化」狀態，由此表現出陰陽不測的神妙萬物。

中國文化中跟太極拳用意具有家族類似的是中醫的「醫者意也」。中醫的醫者意也一語，最早見於《後漢書·郭玉傳》，用以表示跟醫者注意力相關的一些心理活動。後來這個命題被進一步引申為醫學是一門面對複雜生命現象的深奧學問，由此治病不可生搬硬套、墨守陳規，而必須最大限度發揮自己的聰明才智，因應病情、隨機應變，方能正確辨識疾病，隨意遣藥、靈活組方。所謂看菜吃飯，量體裁衣，又云運用之妙，存乎一心，借用現代的說法，就是具體分析、靈活應對這個辯證法活的靈魂。此外，它還涉及聯想、體悟等以及情感、意志等非邏輯或前邏輯的心理活動效應。

就總體上說，用意不僅是從橫向涵蓋了人的知、情、意和個性心理特徵等各個方面，而且還從縱向涵蓋了活動過程中人的心理指向、心理活動和心理效應之綜合性模糊概念，其中不少東西都很值得我們進一步深入分析研究。

太極拳理論把用意跟不用力聯繫和對應起來使用，強調操作上要求用意而不是用力；由此便被稱為練意、用意的內功拳術。心靜用意是其操作的第一要義，其操作意圖

突出用意不用力，對象運行強調重意不重形，操作程序是意到氣到，內部關係則是意氣君來骨肉臣。

最早的太極拳經典《太極拳論》中，還沒有對「意」作出明確的要求。但到了《研手法（二）》中，便有「意上寓下後天還」；《十三總勢說略》中則有「始而意動，既而勁動，轉接要一線串成」，「凡此皆是意，不在外面」，「如意欲向上，即寓下意」等一系列說法；本首歌訣則講：「命意源頭在腰隙，變轉虛實須留意」，「勢勢存心揆用意，刻刻留意在腰間」，「意氣君來骨肉臣」；《太極拳解》進一步講「心為令，氣為旗」，「先在心，後在身」，「全身意在蓄神，不在氣」；《武禹襄太極拳論》（或題作《張三豐太極拳論》、《祿禪師原文》等）總結操作說：「凡此皆是意，不在外面」；《五字訣》一開始就講「一曰心靜：彼無力我亦無力，我意仍在先。要刻刻留意，挨何處，心要用在向處」。「此全是用意，不是用勁」；《太極拳體用全訣》開篇第一句話就說「太極拳術重用意」；《太極拳術十要》第六點「用意不用力」，「若不用力而用意，意之所至，氣即至焉」。拳諺有云：「內功首重練意」，而太極拳正是內功拳的一種。《拳法‧剛柔篇》云「剛柔轉換，全在用意」，又云「既習內功，豈可無意？」可見古今太極拳理論都非常強調「以意領先」。在其他拳論中還有不少對「意」的描述，囿於筆者眼界無法逐一摘出。

但由此也可看出，「意」的概念被著重提出和應用，是太極拳技術發展到一個更高水準的標誌，於是形成太極拳基本操作特點。這些理論從不同的角度反覆說明，打太

極拳的人首先要著重意識鍛鍊，把鍛鍊意識放在第一位，用意識引導和調控行動。其用意、練意的實質，就是由心理活動去把握、引起和調控自身的生理變化，達到心身俱練，講究性命雙修，進而實現健身、技擊、應對、超越等綜合性功能。從健身角度看：就是讓思想集中在練拳上，以鬆靜、貫串、身正等一系列意識活動，引起生理上變化，表現為內分泌系統、循環系統、呼吸系統、心血管系統等機能的序化，由此促進操作者的身體健康。這對預防和治療某些神經性疾病大有好處，對於調節勞逸，保健強身也十分重要。

從技擊角度講，以意領先的主要作用不但是使操作中的方向目標明確和肢體感覺敏銳，由此使後發先至這個戰略戰術的實現成為可能；而且還能透過用意使神經對肌肉的支配能力提高，整合全身力量，從而提高勁力、增大功力和提高機動變化能力，做到聽勁、化勁、發勁都可以得心應手，並由此達到制敵取勝。但不論是防病療疾還是應敵技擊，其練意效果取得都不是一蹴即就的；它必須經過多年的持久鍛鍊才能獲得。

太極拳理論中心、意、神、氣幾個概念往往是相通和交叉使用的，它們相同的地方都是指生命的精神活動，不同的地方則是強調的側面並不完全一致。其細微差別須從上下文語境中用心加以體察。一般說來，心謂意之主宰，更多強調精神活動的主體控制；意謂心之所往，更多強調精神活動的內容和形式；神謂知覺靈明，更多強調精神活動的功能和表現；氣謂往來不息，更多用以描述精神活動的運行機理和身體操作感受。而心、意、氣、神自身內部

又可以分為兩個部分：心有經驗心與超驗心，意有有形意與無形意，氣有先天氣與後天氣，神有元神與識神。太極拳中所謂用意，指的也就是運意或練意，其主要內涵是指運動時思想集中心神專一，意識不斷指導動作，並因應環境、靈活變換，使任何動作都有一定的外部指向和內部控制，沒有顧此失彼的亂動和停於一處的死滯。

什麼是「用意不用力」呢？人的任何活動，包括心理活動，都要消耗一定的體能，那不就是在用力嗎？但這是把主觀上的用力方式與客觀上的耗能狀況混為一談了。任何活動都需要力的推動亦即能耗，特別是在技擊應敵問題上，攻防變換、防身禦敵更是力的較量和能的消耗。問題關鍵在主體操作的「用」字，而不在對象描述的「力」字。力量跟力量運用是兩個不同概念。

所謂「用意不用力」不外是指操作主體用意識去支配行動，而不是用意識去取代力量。例如走架，便是悉心體會動作的變換方式和路線，不要無所用心地亂指亂劃。若是推手，那則是挨何處，心要用在何處，做到一切都隨人而動，隨屈就伸，不斷調整雙方關係，而不要主觀主義地把意識片面地傾注到自身力量頂抗，造成著力點的過度緊張。如果意識只傾注於用多大力量，不懂得力量自身的運行走化和隨機變換，則操作容易僵滯死板，這時呆力雖大而轉動不靈，不但難以充分發揮太極拳四兩撥千斤、以小力勝大力的技巧，而且即使從養生保健和醫療效果上考察分析，也是不利於促進氣血暢活的。

這裏還有個技術操作的目的性問題。所有技術都是實現操作目的之手段和中介，離開操作目的技術本身也就失

去了自己的存在理由。人是地球上具有完整自我意識的生物，操作者的所有活動，都必須圍繞自身那一定的目的意圖而展開。當然，由於社會活動領域的廣闊無邊，參與者又各種各樣，每個人更無法遍歷這所有領域，於是不得不進行選擇。一個志存高遠的操作者完全可以超越世俗的成敗利害、眼前得失，但卻不能迷失自我而渾渾噩噩。

有人對太極拳的「心靜用意」和「用意不用力」表示很不理解：認為用意是一種心理活動，只要用意就無法心靜；而人的活動又必然會消耗能量，不用力又何以推動肢體動作？這顯然是不懂得中國式對立統一的辯證思維。其實，動靜、虛實、有無等等本來都是相對的，心理機制上神經元的興奮與抑制，以及肌肉控制上的收縮與舒張，其實也都是同一問題的兩個方面，由此只有心靜即排除雜念，人的意識才能專一、心無旁騖、清醒冷靜，操作則更為有效得宜；而心浮氣躁精神則無法集中去指導操作，根本談不上什麼心靜和用意。

至於操作指導上的不用力（超越傳統用力方式），也不等於實際運行的不耗能（完全無需能量耗費），提高「性價比」不等於製造「永動機」。人的任何活動（包括心理活動）都是要消耗體能的；超越傳統用力觀念恰好是為了改進用力方法而由此提高用力的效能。

這就像書法中的「筆力」，其關鍵其實並不在於用力耗能的大小，而是在於用力的技巧靈動一樣。有道是心靜才能意專，心死才能神活；這是同一問題的兩個不同方面。任何技巧都由精神所控制，其要在於力量所帶來的運動和變化，由此只要不拘泥於字面含義，那心靜用意和用

意不用力在理論和實踐兩個方面應該都是可以理解的。太極拳的用力方式具有輕靈圓活、低耗高效的特點，它不但區別於遲滯僵硬的對抗拼消耗，也區別於鬆懈疲軟的消極不作為，並從根本上反對一切無效勞動。

楊澄甫《太極拳使用法》一書「雜說」章云：「有說一力強十會——有理，我說一巧破千斤——不錯！」說的就是這種情況。然而有不少人硬是把主觀上的「不用力」跟客觀上的「不耗能」混為一談了；有的人則是撇開了用意來談不用力，認為既然強調不用力，那麼又何來「彼有力，我亦有力，我力在先」？在他們看來，不用力就沒有力了，就變成爛泥般的軟手了。所謂避實擊虛不外是以弱者之強，對付強者之弱；就像田忌賽馬一樣，同樣依靠其物質基礎，重在其關係結構上下工夫（例如石墨與鑽石均為碳元素，但排列結構不同，性能就很不一樣）。所謂的不用力，指的是意識的關注和控制力的關係態勢，而不是有無能量消耗問題。

拳諺云：意到氣到，氣到勁到。既如此，那就只須「以心行氣、以氣運身」，而不必刻刻留心於自己的力量大小及其對抗方面。勁力是隨著招法變換而運行的，離開動作變換及其運行方式，無所謂用力和不用力。當然，這必須要身體力行地去體驗。至於太極拳的勁力特點，是以柔為主，外柔內剛，柔中寓剛，剛柔相濟。這是一種經過主體調控的巧妙運勁方法。它講究鬆而不懈、柔而不軟、堅而不硬、剛而不僵；一方面輕靈圓活，另一方面又沉穩綿實，處處都是陰陽相濟的。

歷代太極拳家於此有不少論述，如楊澄甫《太極拳之

練習談》說「太極拳，乃柔中寓剛，綿裏藏針之藝術……」；再如《太極指明法》說「用勁不對，不用力不對，綿而有剛對」。但這裏的不用力，顯然是指柔而無剛而言，所以是不對的。這要從上、下句作全面的辨析，而不可斷章取義。換言之，說用意不用力是正確的，而說綿而無剛的不用力不對，那也是正確的；前者指意識貫注之意向，而後者指勁力之剛柔，說的不是一碼事。楊澄甫在《太極拳術十要》中把「用意不用力」列為「十要」之一，並對此作了詳盡的闡釋：「太極拳論云：此全是用意不用力。練太極拳全身鬆開，不使有分毫之拙勁，以留滯於筋骨血脈之間以自縛束，然後能輕靈變化，圓轉自如。」有人認為「用意不用力」一說為楊所創且只限於養生，其實不然。「此全是用意不用力」語出清代李亦畬（1832～1892）《五字訣》的「心靜」條目，其原文為：「一曰心靜：心不靜，則不專，一舉手前後左右全無定向，故要心靜。起初舉動未能由己。要息心體認，隨人所動，隨屈就伸，不丟不頂，勿自伸縮。彼有力，我亦有力，我力在先；彼無力，我亦無力，我意仍在先。要刻刻留意，挨何處，心要用在何處，須向不丟不頂中討消息。從此做去，一年半載便能施於身。此全是用意，不是用勁，久之，則人為我制，我不為人制矣。」

如果把《十要》跟《五字訣》對照研讀便會明白：「用意不用力」是太極拳所固有的理論，並非楊澄甫所創，也絕不限於養生之道。上引《五字訣》就是從太極推手訓練和散手技擊應用角度來解說的。所謂息心體認、刻刻留意，都是強調用意，而在古今太極拳理論中，從來沒

有不注重用意的。當然，楊澄甫的《太極拳術十要》在闡釋用意不用力時，是在繼承前人的基礎上有所發展，尤其是運用中醫經絡學說來加以論證，如：「或疑不用力何以能長力？蓋人身之有經絡，如地之有溝洫——溝洫不塞而水行，經絡不閉則氣通。如渾身僵勁充滿經絡，氣血停滯，轉動不靈，牽一髮而全身動矣。若不用力而用意，意之所至，氣即至焉。如是氣血流注，日日貫輸，周流全身，無時停滯，久久練習，則得真正內勁，即《太極拳論》中所云：『極柔軟，然後能極堅剛』也。」這解析在當時無疑是頗具新意的。這同時也說明，懷疑不用力無以長力、無以致勝者，在當時就很普遍。對他所說的「不用意而用力，最易引動，故不足尚也」等語，持反對意見的人就更多了；於是引發出這麼一大段醫理和拳理的解釋。

太極拳無論用意還是運勁都是「有無相通、虛實互變、剛柔相濟、蓄發互寓、攻守同時、進退為一」的，由此以通變統領變通，融入整個大化流行，千萬不可拘泥和執著於一端而把它弄死。太極拳講究心死、神活、意靈、氣通，不能偏執和拘泥死守那些虛幻的五蘊名相（「著相」）而把意用死。太極理論中有無、動靜、虛實、剛柔等等都是對立統一於整個大化流行，這些對立方面相互包涵又相互轉化，由此構成生生不已的一氣流行。借用佛家語言，就是諸行無常、諸法我的「妙有真空」而不是死寂絕滅、一無所有的「頑空」。

至於本句的落腳點，則是命意源頭「在腰隙」；把人的心理活動跟其生理基礎聯繫起來，並追求背後的生理機制。句中所說的「腰隙」，一般認為是指肋下胯上之間部

位，亦即中醫經絡學說所講的命門，但也有人把它理解為器官功能性的兩腎，還有人把它理解為骨架結構的腰胯。這些地方均在腰隙並密切相連，都是人體活動調控的關鍵。本來，人的心理活動控制中心是大腦，但這個大腦活動卻是由先天之精發育起來的結果。還有，受腦下垂體控制的副腎所分泌的性激素、腎上腺素和新腎上腺素也都是人體活動的動力，可以促進腦的功能；由此腰部活動的良性按摩當有助於加強副腎的活動功能，中醫稱之為固本培元的「養腎」。

太極拳著意內煉的地方，就是人的五臟精氣發源地「生命之門」，它在人體後腰跟丹田相對應的命門穴位。而命門飽滿（又曰填腰，胯落自然能夠做到填腰），轉動時則可以溫煦兩腎，由此可以達到生精調氣、固本培元。而且即使在肢體活動功能的意義上看，腰部也是活動中各種力量轉換和調控的中心，這就是一般人所說的用腰力也。就操作上說，陳鑫指出：「出腎入腎是真訣」，「訣竅在兩腰之中，兩腎之間命門，為上下體管鍵樞紐」。郝月如說：「轉變在兩腰眼中，左轉則左腰眼微向上抽，用右腰眼托起左腰眼；右轉則右腰眼微向上抽，用左腰眼托起右腰眼……」。人體活動中腰胯的轉換確是肢體作用的關鍵。

從中醫理論看，「命門為元氣之根」。《難經》說命門是「五臟六腑之本，十二經脈之根，呼吸之門，三焦之原」，「諸神精之所舍，元氣之所繫」。《景岳全書》也說：「命門為元氣芝根，五臟之陰氣，非此不能滋，五臟之陽氣，非此不能發。」《類經附翼》說：「命門總主乎

太極拳譜釋義 太極拳理的文化學分析

兩腎，兩腎皆屬於命門。故命門者，為水火之府，為陰陽之宅，為精氣之海，為死生之竇。」由於命門總主乎兩腎，而腎為先天之本，「腎藏精」，「腎主骨又主髓海」；這說明命門最重要的一個作用便在於它是元氣的根本，是人體產生精氣和熱能的發源地。拳家據此自當加倍重視對精、氣、神的鍛鍊。拳諺云，「天有三寶日月星，人有三寶精氣神。」《拳法・精氣篇》說：「拳家三寶，精氣與神，存亡之機，生命之本。」又說，「內有所養，外自然強，內失所恃，徒具外壯。」太極拳作為內功拳的一種，也必然更加看重內煉精、氣、神，所以，開篇除第一句點出題名，強調重視基礎訓練外，就應從精氣神談起，這正是全篇的旨要。

第3句：「變轉虛實須留意」

講「用意」的核心內容，是調節操作過程中的虛實變換（運勁方式），而不是作為操作結果的定式造型（擺出姿勢）。「變轉」指技術上的變著（招）轉勢。「變轉虛實」，則是指「變著轉勢」時的虛實變化（物質不滅、能量守恒裏的能態變換），除姿勢、招式以外，它至少包括有重心、力量和注意、應對等幾個不同層面的轉換和變化。

這是太極拳陰陽變化的主要內容和操作關鍵，必須在意念的控制下進行。由此行拳時對於運動過程中的虛實變換，必須做到全神貫注、呼吸順暢，以便作為生命能量的內氣能夠沒有絲毫阻滯地周流全身。這裏強調留意，還因為在應敵過程中會一著不慎，全盤皆輸；如果變轉的銜接處虛實用之不當，就會給對手進攻造成可乘之機，使自己

陷入被動。即使是個人修練，一些錯誤意念也會把人引入歧途。

分虛實中的虛和實分別屬於陰和陽，它們是太極拳理論中的一對重要概念，是人的肢體在運動中表現出來的兩種不同運行狀態。在這裏，「實」是指運動的主要部位或者是用力部位的狀態，「虛」則是指運動的從屬部位或者是少用力部位的狀態。太極拳中極為講究陰陽之理，儘管其涉及範圍極為寬廣，然而具體操作則首重虛實，亦即所有動作都要分清虛實。

《研手法（二）》中有「虛實宜分清楚，一處自有一處虛實，處處總此一虛一實」；楊澄甫在《太極拳十要》中指出：「太極拳拳術，以分虛實為第一要義」，可見虛實分明的重要性。陳鑫說：「開合，虛實，即為拳經」，「一開一合，有變有常，虛實兼到，忽現忽藏」，「虛中有實，實中有虛」；陳復元太極拳論云：「太極拳動靜瞬間，無不有虛實，倘虛實不分必犯抽腳拔腿之弊，精而求之，則一處自有一處虛實」；如此等等。

人的肢體運動，是由人體各個部位對稱地分別虛實並轉換其虛實中產生的，虛實轉換是一切動作的動力來源，沒有虛實也就沒有運動。比如走路，兩足必須一虛一實，著地的一足為實，提起向前邁進的一足為虛，兩足不停地在轉換虛實，才能不斷地把身體推向前進，沒有兩足的分虛實和轉換虛實，就沒有走路運動。同樣，沒有兩手的分虛實並轉換其虛實，就不能作出各式各樣的拳術動作。如果全身上下左右都處於同虛或同實的狀態之中，沒有虛實之分的「絕對平衡」，則全身都不能動彈了。所以人在運

動中，必須有的部位虛、有的部位實。虛和實是相對的，它們是對立統一的關係，相輔相成，互為存在的依據。在古今太極名家的著作中，都認為不懂得分虛實就不能懂勁，就練不好太極拳。楊澄甫說：「太極拳術以分虛實為第一義，……虛實能分，而後轉動輕靈，毫不費力：如不能分，則邁步重滯，自立不穩，而易為人所牽動。」可見分虛實是練好太極拳的重要功夫。

這裏還可以討論一下虛實的操作含義：

太極拳中虛實的含義很廣，核心是陰陽概念在力量配置的具體化。通常所講的虛實多以身體重量為依據或直接以重心說虛實，這儘管不無根據，但其實並不僅僅如此。諸如意識、勁力、氣息等方面，操作上都可以成為虛實變化的因素，由此並不一定專指體重而言。基於初學入門需要，這裏著重闡述身體各部位以體重轉移和運動為基準的虛實問題。其他方面的進一步變化，則是在這個基礎上進行的。

操作時我們可以按照身體部位，大體上劃分為下肢虛實（以腿為主），上肢虛實（以手為主），上下肢虛實（手足配合為主），軀幹虛實（以兩胸腰為主），如此等等。

關於虛實變化規律可以從以下幾點理解：

（1）**虛實分清**：凡動皆要明確重心的移向，分配多少，勁力變化輕重，運動主次部位等，從而劃分開虛實關係。初學時虛實的比例要大些，以大虛大實為主，逐漸縮小虛實比例，以求得虛實變換。

（2）**虛實互包**：既要分清虛實，又要在虛中含實，

實中有虛，做到實非全實，虛非全虛。例如：弓步前腿為實，但是並不是100％的承重，後腿為虛，仍要承擔部分重量，再如金雞獨立，一腿提起為虛可同側手則為實，可謂虛中含實。

（3）**虛實漸變**：虛實是相互轉換變化的，在虛實互變中，要求由少漸多，由輕漸重逐漸變化，而不是突變。例如實足到虛足的變化。

關於虛實在太極拳中作用大概有以下幾點：

（1）**輕靈不滯**：透過虛實變化，避免「雙重」，所謂「雙重」有多種說法，主要指在練拳或推手中，雙手或雙足不分虛實填實滯住，與人推手表現為對頂，自己練習表現為滯重，而分清虛實，則由於重心偏移產生的偏心力矩作為動力源泉，就像一個鐘擺，只要一動起來，就自動運動一樣，這樣機能節省，動作在重心倒換趨動下，運動自如，輕靈不滯，表現出太極拳輕靈自如，連綿不斷的特點。技擊上避免頂抗毛病，因為真正掌握了虛實，實質做到了「知己」，能感知自己重心所在，勁力方向大小，從而使自己立於平衡狀態，受到對方來力，能透過虛實變化，一方面化解對方的來力，讓對方始終摸不到我的「實」處，同時，我則儘力找對方實，做到「知彼」控制對方重心，勁力最終，制敵於敗地。

（2）**均衡發展**：虛實變化使身體各部位交替承重，均衡得到鍛鍊，促進全身的肌肉、關節、組織器官發展，以利於人體全面健康。

那麼，太極拳的分虛實在操作上主要有那些具體功法呢？張卓星對此的概括頗為細緻，可供參考，本書不贅。

～太極拳譜釋義 太極拳理的文化學分析

所謂「變轉虛實須留意，氣遍身軀不稍滯。」就是變轉虛實必須照顧到整體。這是一項細膩的功夫，難度不小的。不過，虛實合法與否，也可以簡單地從整體中覺察出來，那就是當虛實合法之時，必然感到兩足著地有根，因而立身穩定，中正安舒，同時動作輕靈，毫不費力。否則便不合適了。

第4句：氣遍身軀不稍滯

　　「氣遍身軀不稍滯」則是講變轉虛實的物質條件和技術前提，就是全身「氣」的通暢而不呆滯；不如此便不能保證變轉動作所需要的輕靈圓活要求。太極拳特別強調用意不用力，背後實質就在保證人體活動時精神主導和氣血流暢，防止思維定勢和僵死力量制約，故可靈活應對和自由變換。

　　中醫理論認為：人體是形、氣、神的統一體，其中「氣」則為人體各種功能活動的源泉和動力，且為人體各部分溝通協調樞機，必須貫串全身而不受阻滯；由此「氣機」調理操作上占有極重要位置。太極拳行功時以呼吸協同動作，氣沉丹田，以激發內氣營運全身。肺主氣，司呼吸，腎主納氣，為元氣之根。醫家張景岳云：「腎屬水，水氣之本，故上氣海在膻中，下氣海在丹田，而人之肺腎兩臟，所以為陰陽生息之本。」肺、腎協同，則呼吸細、勻、長、緩。這種腹式呼吸不僅可以直接增強和改善肺的通氣功能並積蓄和調配全身力量，而且還可以深層地益腎以固護元氣。丹田氣充，則鼓盪內氣周流全身，臟腑、皮肉皆得其養，內外上下均為其調。

　　太極拳動以養形、靜以養神，透過以心行氣、以氣運

身，內發氣於丹田催動，以腰為軸旋腰轉脊帶動全身。氣經任、督、帶、衝諸脈上行於肩、臂、肘、腕，下行於胯、膝、踝，以致於手足四末，周流全身之後，氣復歸於丹田，故周身肌肉、筋骨關節、四肢百骸均在氣的推動下得以運動，從而使其功能得到鍛鍊，達到活動筋骨、疏通脈絡、行氣活血的功效。

中國文化中的「氣」是個相當廣泛的模糊範疇，它既是被用來表示物質存在形式的基本範疇，也用以指稱主體從生理到精神間不息運行的一種力量無形有質的載體，更用來描述一種運行機制和狀態。後者似約略相當於今天所謂的生命力（或曰生命能量）、意志力和身體感覺，以及它們與想像、思維等結合後所形成的抱負、胸襟狀態，並包含明顯的價值屬性。「氣」來自生理（聯結自然），「夫氣，體之充也」，所謂氣聚為生、氣散為死，直觀上標誌人的生死；而且人之「氣」還有有清濁、強弱、寬窄之分，由此表現出此人的個性和氣質。它既是一種清純剛毅的精神狀態，又是一種保證力行正義的強大動力，還是人所應有的處世為人的寬宏胸懷（連結社會）。

中醫和武術為代表的人體科學（或曰生命科學）中，「氣」除一般具有哲學本體論和宇宙演化論的含義外，還更多地被具體化為一個人體基質和機制的概念，並可表現為人的身體感受；它首先是人體生命的基礎。《莊子·知北遊》稱：「人之生，氣之聚也；聚則為生，散則為死。……故曰：通天下一氣耳。」成玄英疏解云：「夫氣聚為生，氣散為死，聚散雖異，為氣則同。」王充《論衡·論死篇》云：「氣之生人，猶水之為冰也，水凝為

冰，氣凝為人。」在中醫理論上，《素問·五常政大論》曰：「氣始而生化，氣散而有形，氣布而蕃育，氣終而象變，其致一也。」《類經》稱：「人之有生，全賴此氣。」由此中醫和武術都特別講究斂氣凝神。在這種人體理論中，人體生命之氣按其精粗厚薄，可以分化出為精、氣、神三種形態；而其運轉機制，又可劃分為「氣化」和「物化」兩個方面那升降出入（或曰浮沉開合）等基本方式。所以在人的生命過程中，「非出入，則無以生長壯老已；非升降，則無以生長化收藏。」（《素問·六微旨大論》）也。

就人體活動說，「氣」可以在整體狀態上可以具體化為「精、氣、神」這樣三個層次、三個方面或三種形態。

我們講到「精」時，是指構成氣或者人體氣化生命運動的本原精微物質，是指氣的物質性和原動力方面的含義。「父母精血，化為人身」，《內經·素問》中指出：「精者，身之本也」，「人始生，先成精」。「精」是最基本的物質，是「精化氣、氣化形」的根據，藏於人體五臟之中，主要是藏於腎臟之中。腎臟之精稱為元精，是種氣化狀態的不可見物質。中醫理論指出，腎為先天之本，脾胃為後天之本。腎臟中的精來自於先天，亦即決定於人出生時所得的多少。在後天生活中，腎精不斷消耗，可由練功的方式保養增強。後天的物質滋養主要靠脾胃，亦即食入水穀精微之氣，再飲入於胃，游溢精氣，五臟者藏精氣而不瀉也。不吸納水穀之精微，生命難以維持。精是氣的物質性表現。

我們講到「氣」時，則有維持和推動整體物質運動或

氣化生命運動的能量功能方面含義，強調的是一種運行性機制，由此跟作為精、氣、神總稱的「氣」有著微妙的差別。《難經・八難》云：「氣者，人之根本也，根絕則莖葉枯矣。」人體中如果只有「精」而不「化氣」，沒有推動運化的力量，生命也是不能維持的。練功的作用，就是要激活和馴化這種生命的能量，使其成為生命中可控的因子。

還有所謂的「神」，是就物質之氣在生命活動過程中的最高功能態來提問題的，它是氣的主宰和表現。《內經・素問》有云：「得神者昌，失神者亡。」可見神是生命的主導。如果只有精和氣而沒有神，那生命的運化就沒有體例和秩序，導致氣的混亂和精的枯竭，人的生命也由此喪失。因此「神」的概念，又有點接近現代科學所謂結構、訊息、編碼、程序、特徵、負熵等意思，是「氣」的生命狀態和動態之標誌和主導、統帥。

精、氣、神三者，本是陽中有陰，陰中有陽，難以截然分開；重要的是三者在流行中可以相互轉化。這一點在練功上非常關鍵，據此於是也就可以練精化氣、練氣化神、練神還虛。練精化氣是具體的精微物質轉化為能量，練氣化神是能量貫注著訊息，練神還虛是三者統一於無形的物質本體。這裏「神」可以看作是「氣」的物質性和能量性得以互相轉化的條件、規定和意義、表現，是整個運動系統的自組織功能和自組織程度的標誌，由此也就成了練功的主要追求。

從人體生命活動功能角度說，中醫還把人體之「氣」劃分為元氣（真氣）、宗氣（包括中氣）、營氣、衛氣、

太極拳譜釋義 太極拳理的文化學分析

臟腑經絡之氣等等。元氣（真氣）是先天而來的生命原動力，從先天之精化生而成，又靠後天水穀精微之氣的滋養。宗氣為後天諸氣之匯宗，由胸中呼吸往來之清氣和脾胃運化而來的水穀精微之氣結合而成。中氣是中焦脾胃之氣，可促進消化吸收功能，是後天之氣的基礎之一。營氣、衛氣是在元氣和宗氣的主導及推動下，由脾胃吸收的水穀精微所化生，循環人體全身起營養和護衛作用。臟腑經絡之氣則是在元氣的激發和宗氣的推動，以及營衛二氣的營養護衛下，發揮各個臟腑的正常功能，並由經絡溝通整合全身的活動。中醫理論不但把元氣看作是天地萬物的本原，而且還把它看作是人體生命活動的根本。據此中國武術家特別重視丹田元氣的鍛鍊，並由此推動全身各種「氣」的有效運行。

氣的運行有升、降、出、入等基本方式，其對應的具體操作方式則是提、沉、托、聚等不同方法。一般情況下動作起時講提，動作落時講沉、勁力蓄時講托、勁力發時講聚。就理論表述而言，所謂氣遍身軀，就是指人體機能的積極活躍狀態；它更多地表現為操作者的一種氣感（這是一種身心協調整合的自我意識）。

拳譜中對氣的運行有三類不盡相同的提法：一是氣沉丹田、二是氣遍身軀、氣宜鼓盪、氣貫四梢或曰行氣如九曲珠無微不到，三是神氣收斂入骨、牽動往來氣貼背。總起來說就是生生不已的一氣流行。

那麼，太極拳運行時「氣」的走向到底應如何呢？第一類更多的是指重心下降、虛胸實腹和腹式呼吸，注意下盤沉穩、勁力的蓄發；第二類更多的是指精神貫注、變化

靈活、發勁順達、氣勢騰然的氣機活躍，注意動作的提託運轉、開合浮沉；第三類則更多的是指動作運行和蓄勢發勁時精神集中的狀態，強調自己身體感受。三者共同的地方，都是「意念」引導結果。所謂氣遍身軀是就用意不用力的結果來提問題的。太極拳的氣貫四梢是在鬆靜自然基礎上以意導氣所達到的結果，而不是裝模作樣並執著一端的鼓氣或憋氣。武禹襄在解釋《太極拳論》時說，「全身意在蓄神，不在氣，在氣則滯。」又說，「尚氣者無力，養氣者純剛。」這不外說如果意識只是貫注於呼吸，那麼其動作與神氣都會遲滯不靈，使全身僵硬無力。《拳法·精氣篇》也說：「意莫在氣，在氣必過，亦不在力，在力則澀。」這就是說既不可尚氣，也不可尚力。如果把意識貫注於呼吸或勁力上，這時氣和勁反而會堵塞於肌筋關節，而發生勁路不暢的觀象，在技術上也就會因肢體僵硬而難以運化自如了。

楊澄甫在《太極拳十要》曾用中醫的經絡理論解釋太極拳用意不用力的運行機理，說明所謂用意並不神祕、複雜，而僅僅要求做到，鬆開全身，以意運臂，以氣貫指。這樣練習日久，自能達到「意之所至，氣即至焉」。這也就是拳諺所說「意到則氣到，氣到勁自到」。

太極拳把用意與運氣、運勁三者自然地結合起來。但在用意時，意識只可導引動作，切忌貫注於呼吸或勁力上。傅鍾文在《楊式太極拳》中也強調，「至於運勁，也就是『先在心，後在身』，以意貫於這個部位，意到勁到，意之所注處，就有所感覺」，「並不是就在此處用力、使勁或緊張，而是仍然要求肌肉放鬆，動作緩慢、柔

和，並乃須按照共同要點來做動作的。」這些東西後面仍將從不同角度反覆提到。

本段小結：

開宗明義地提出要充分重視「八門五步」等身體活動的基本方法，由此引入內煉精、氣、神的基本要求，強調要做到煉精、聚神和氣遍周身。歌訣突出「心靜用意、意氣領先」是太極拳操作的核心規定，依此可以體悟太極拳那生命之道和發揮存活之術。這既區別於西方的競技運動和一般的康復體育，也區別於中國的剛性武術，而有點接近於氣功式性命雙修的心理訓練，孕育著某種意識體操的發展走向。

2. 第二段：鬆靜應敵

第5句：「靜中觸動動猶靜」

講太極拳動靜應用的辯證關係，突出鬆以求活、靜以求準的行為價值取向。前半句「靜中觸動」用以描述以靜待動、以逸待勞的戰略取向，突出高度警惕和蓄勁待敵；後半句「雖動猶靜」則用以說明一種節制、舒緩、隱蔽、精確、高效和瀟灑的活動狀態。由此強調行拳必須沉著鬆靜、不慌不忙，在運動過程中精確地去感知對方的各種動態，以採取引化或發放的對策。對其動態，要做到像靜態一樣的容易辨別，而自己在運動中，則要保持像平時一樣的寧靜。同時，要順應敵方的來勢，隨機應變，這樣方能表現出拳藝那拳打不知的神妙。

所謂「鬆靜應敵」並不是鬆懈應敵；鬆靜背後的心理狀態，當是認真、嚴肅、警覺和有備無患，而不是馬虎、

隨便、懈怠和無所用心。太極拳所說的「靜」，並不是死寂滅絕的靜，而是在運動中追求操作穩定、精確、持續、有效的「動中求靜」。就操作而言，這裏的靜首先是心理上的注意、冷靜和鎮靜，只有心無旁騖的心靜，才能在技擊對抗中辨明敵情，由此造成避鋒乘隙之可能。其次則是動作上的沉著、穩定，以逸待勞，力戒魯莽、盲動，特別是在短兵相接、瞬息萬變的對抗狀態下，一定不能自己亂了章法，此外還有戰略上持續作戰和節能減耗「性價比」方面的整體性思考。

太極拳是建立在中國文化基礎上的身體運動，由身體的文化符號體現了中國文化的獨特性質。由此，其基本的理念便是鬆靜為本、動靜相兼、以靜禦動、動中求靜。於是它一方面區別於外家拳術和西式體操等以動求動，追求外壯運動量的動力型運動；另一方面又區別於靜坐、椿功等靜中求動，強調內壯功夫的靜力型運動。太極拳行功走架表現動靜關係時，起碼有這樣三個層次：

第一，它強調動靜的相分不雜。《太極拳論》一開始，就以太極為「動靜之機、陰陽之母」，描述它怎樣從陰陽判分、動分靜合地進入那一氣流行的給定運動狀態。

第二，它又強調動靜的相依不離。太極拳整個行功過程中，不但要注意靜極生動、動極生靜的動靜相互轉化，而且還注意動中有靜、靜中有動的相濟互補。

第三，它還強調動靜的相互作用所引起的發展變化。整個太極拳無論理論還是實操，對講求動靜互根、陰陽相濟，開合相隨、有收有放，當快則快、當慢則慢，動急急應、動緩緩隨，料敵先機、後發制人，動靜相兼、以靜制

動，以退為進、守中有攻，蓄而後發、曲中求直，由極慢然後極快，由極快而復歸虛無，動中求靜、靜中求動；既講求自身動靜跟各個方面的有序協調，又講求破壞對手動靜跟各個方面的有序協調。

　　整個世界的存在和發展，都不外都是動靜的無窮演化而已。人們因應環境的操作，也必須要把握動靜變化的契機。所謂靜極生動、動極生靜，動靜兩個方面原是可以互相依存和相互轉化的。太極拳即使在健身和養生方面，也同樣是講究陰陽相濟和以柔克剛的。

　　人體活動機制，在於肌肉的收縮、舒張和神經的興奮、抑制。我們把收縮、興奮稱之為陽性的「緊」，把舒張和抑制稱之為陰性的「鬆」。人的所有活動都是在鬆緊這兩極張力中進行的。

　　太極拳的所謂大鬆大柔、鬆靜為本和動中求靜，其真正的含義並不是追求一種勻質、單一狀況的死寂僵化，而是在身心活動中儘量減少不必要的緊張，尋找一個合理有序的變換張弛度，不斷培植和合理支出自身的生命能源，以維持肌體長久的彈性應對有效功能。

　　太極拳是從操作的實用功能上去把握動靜的。

　　從其強身、健體、祛病、延年的養生功能看，其動靜方式體現了傳統中醫關於「動以養形、靜以養神、不當使極、持之以恆」的基本原則；形體靜而貴動，故宜動以養之，神氣動而貴靜，故宜靜以養之。人作為動物，其生存方式在於以軀體運動為特徵的新陳代謝類型；而人作為有意識的動物，其精神及能量既要有所發揮但又不能損耗太過。所以養形要以神氣的清虛靜定為基礎，養神又要以動

態的平衡協調為指導；二者各得其所而彼此不可替代。運動形體與靜養精神分別從不同方面支持人體的生命運動，人類生命的新陳代謝也就在這個過程中展開。太極拳由招式動作活動筋骨，由意氣內斂固本培元（亦即一般武術上所謂外練筋骨皮、內養精氣神），分別從不同的方面去優化人的生命狀態。因而跟那些「拚命鍛鍊來把自己的身體搞垮」和「跟風從眾形成精神迷信」的西式競技體育有所不同；太極拳這裏強調的是動靜相兼的自我保養和舒適自然的個性表現。

從其防身、護體、禦敵、制勝的應敵原則亦即環境應對原則看，其動靜方式又有靜以含機、動以變化、以靜待動、後發先至的功能性關係，因而在操作上也就有「靜尚勢、動尚法」的基本原則。太極的變化是「無端」的，所以太極拳的「靜」也就絕不是無所事事，而是積蓄力量和尋找機勢；太極拳的「動」，也不是漫無目標和沒完沒了地消耗體力，而是物來順應、適可而止和就勢借力地改變自身狀態，以求充分利用環境的我順人背。因而拳論中有「靜中觸動動猶靜、因敵變化示神奇」的說法，強調動靜在敵我關係中的相通和轉化。這是種以靜禦動、後發制人、捨己從人、借力打力、以逸待勞、出奇制勝的「以弱對強」技術，深得古典兵法攻守進退、主客奇正變換的神髓；無論動靜都因敵變化、權宜使用、相生相濟、出奇制勝。其禦敵時從不輕舉妄動，以沉著冷靜的聽勁和問勁來研幾破執、應物自然，並由此來形成自身動靜之勢。它透過動靜在主客奇正各個方面的因應變化，從而獲得技擊的主動權。

就修心、養性、悟道、怡情的方面而言，它則按照窮變易通、寧靜致遠、虛一澄明、返璞歸真的方式，去體悟那空靈神妙和大化流行的大道，以求得精神上的超越和自由。當然，這些東西已經超出了狹義的養生，但也可以歸入廣義養生的範疇。人類的生活，不但要處理自身肌體內部各個方面的關係，而且還要處理自身肌體跟外部環境及客觀對象的關係。

從操作角度說，太極拳的動靜關係也是多層次的。就人體從肌肉到內臟的整個組織結構來說，它表現為鬆弛與緊張的相互作用與轉化。就人體大腦神經系統來說，它則表現為興奮與抑制的相互作用與轉化。而這兩個方面，又是互為因果地緊密耦合在一起的。所以它在行功時，特別講究意動神隨、精神領先、手眼相應、節節鬆開、節節貫串，亦即以心行氣、以氣運身、意到氣到、氣到勁到。

這裏的「動」，並不僅是簡單外在形態的動，而且首先是內在所謂意動、氣動、勁動的緊密結合和有序展開。所謂「一動無有不動」也並不是指身體各個部分的混沌無序、散亂無章的「亂動」；而是指人身各個系統在意氣的整合下，互相對應、內外協調、節節貫串、圓活順暢、生動活潑、聯貫完整的整體有序運動。同樣，這裏的「靜」，也不是指身體活動的呆滯寂滅、僵死硬直的「死靜」，而是指整個身體內部活動的生氣流轉、精神集中、沉著冷靜、深藏實力、高度戒備、一觸即發的運動準備。所謂「一靜無有不靜」者就是指全身各處都調整好了，達到渾然一體、周身一家、蓄勢待發的狀態。也只有這種靜，才能產生使對方不戰自怯的威懾力量。

由此可見這裏所強調的是變化過程中人對動靜的調節控制，而不是孤立的動靜形態本身。這種對身體動作加速或制動的動，是有節制的動，亦即靜中之動或以動求靜。它在本質上是傾向靜而不是傾向於動的。

有的拳家把太極拳操作上的「虛領頂勁」，解釋為拳理上的「虛靈定靜」，特別強調「中定」即操作主體自我調控在「進、退、顧、盼、定」這五方活動中的中心地位，這應是很有眼光的。宋代程明道先生《答橫渠先生書》云：「所謂定者，動亦定、靜亦定；無將迎、無內外。」就這樣，動靜內外都在「定」的操作中統一了起來。人們常說太極拳行功時要心靜體鬆或神舒體靜，這在事實上都是一回事。無論心靜還是體靜，都是強調行功時的身心自我調控。只不過前者強調意念調控，後者強調動作調控，或者說前者強調操作方式，後者強調綜合效果罷了。必須注意，「定」是動中求靜的結果，是《周易》關於「變易、簡易、不易」最後的那個層面，是在不平衡中求得平衡的「負回饋效應」，是操作者能夠從心所欲的自我控制效應；這當是個很高層次的要求，絕不是初學者動作規範要求之「定」所能概括的。

最後我們強調：在動靜問題上太極拳講究鬆靜為本，並具有動靜相兼、以動養形、以靜養神、動以含機、靜以變化、以靜禦動、雖動猶靜、動中求靜、返璞歸真的辯證性特點。在這裏靜為基礎，動是主導；以靜待動，動靜互含。這就是說，靜時固要靜，動時仍要寓靜於其中；動固是動，靜時也要寓動於其中；不如此，動作便不能靈活善變。這點推廣開去可以說明整個中國武術的基本特徵。

西方拳擊是「動物型」的，中國武術卻是「植物型」的。程大力在《中國武術——歷史與文化》中指出「中國武術是一種靜態型武術。靜態的特徵表現在搏擊技術上，是強調下盤穩固，腳下要有根，站樁是無例外的入門初步。中國武術又主張『形不破體，力不出尖』，靠不失重來求取平衡。於是中國武術的所有門派，步法都是單腳交替移動，無論進攻、退卻或起腿，都是或雙腳同時著地，或一隻腳處於運動和離開地面狀態時，另一隻腳處於靜止和接觸地面狀態。雙腳同時脫離地面的那種騰空飛擊，多半是功夫武俠電影中的誇張虛構。它事實上偶爾的存在，只是敗中求勝的無奈；所以它應該被看作靜態被破壞時努力恢復靜態的方式，而不是突破靜態的方式。」這明顯地區別於以拳擊為代表的西方式追求加速度之「動態」武術。

要做到以靜待動和動中求靜是很費功夫的，不經過長期的刻苦訓練是辦不到的。因此一式一手都要悉心審察，精究其用意。有人舉這樣兩個例子來說明：短跑運動員起跑時的準備姿勢，就具有靜中寓動的因素，故能聞槍響時即衝出。這槍聲就如競技中對手的一「觸」。再如慣騎自行車的人，在車行時仍能動中寓靜，頭腦冷靜，躲閃自如。初學騎車的人是做不到的。這種動靜相濟的能動作用，便是「因敵變化示神奇」的必要條件，由此引出下句。

第6句：「因敵變化示神奇」

講太極拳防身應敵的神奇功效，是從捨己從人、因敵變化、隨機就勢而生，而不是從自我中心、無視對手、自

以為是而來的。整個生物界生存競爭的前提都是因應環境，在不能選擇敵人的情況下，必須因敵變化而變化才能化被動為主動，這是太極拳術的精髓，也是武術技術的高峰。

因敵變化示神奇是鬆靜為本的功能性結果。鬆靜為本背後的真諦是鬆以求活、靜以求準；由此可見所謂以靜待動、以逸待勞、以小制大、以守為攻、借力打力、後發先至等等，並非是要求僵死不變，而是要求物來順應、捨己從人的因敵而變，在被動的形式中體現高度的主動權。太極拳應敵搏擊時絕不主動攻擊對手，也不主觀主義地亂動一氣，而是因應對手的變化而變化：敵進我退、敵退我追、人剛我柔、我順人背，彼不動我不動，彼微動我先動，把敵之動靜變成他自己失利的根源，讓其在處理跟我之關係時感到躍躍而無可奈何、忿忿而無能為力、茫茫而無所適從。作為一種道家類型的武術，強調以物為法、隨感而動、因循為用、與時變化。而這種種變化，又都具有屈伸、開合、升降、浮沉、進退、往來等圓形的特點。

司馬談在《論六家要旨》中描述這「因循為用」的具體特徵時說：「無成勢，無常形，故能究萬物之情」；「有法無法，因時為業；有度無度，因物與合。故曰：聖人不朽，時變是守。」這是一種順應時勢、主客互動、捨己從人、揚長避短、因地制宜、與時俱進的追求。

兵法有云「兵無常勢、水無常形」，又云「強則攻、弱則守」，以柔弱者自居的太極拳自然以防禦為主，並且力圖避免處處設防、處處樹敵和拒敵於國門之外的正面抗衡拼消耗。由此，它十分講究捨己從人、不丟不頂，由沾

太極拳譜釋義 太極拳理的文化學分析

黏連隨、隨曲就伸的因敵變化去尋機造勢、引進落空、張網設套、誘敵深入、以順避害、借力打力，突出貴化不貴抗、尚走不尚頂的圓活機動，很有中國軍事那種你打你的，我打我的，你發揮你的長處，我也發揮我的長處，打得贏就打，打不贏就走和敵進我退，敵駐我擾，敵疲我打，敵退我追，你打我時摸不著打不到，我打你時就由不得你的味道。

作為一種技擊的技術，太極拳決不是游而不擊、只守不攻的被動挨打之術。它那機動的目的，仍然是為了殲敵。所謂人不犯我，我不犯人，人若犯我，我必犯人，即此之謂也。但太極拳的進攻，卻並不是主動直接的進攻，而是把進攻寓於退守避讓的過程當中。它把防守跟進攻，撤退跟前進有機地結合起來，此退彼進、此守彼攻；在「積極」方面說，它十分強調沾黏連隨，在「消極」方面說，又極力避免扁抗丟頂。這裏每個退守動作系統，同時也就是進攻動作系統。它要在逆來順受消極被動形式當中，去實現制人取勝的積極主動內容。

這裏的運行軌跡是曲中求直地打圈子的亂環翻滾、圓轉走化。《亂環訣》云：「亂環法術最難通，上下隨合妙無窮，陷敵深入亂環內，四兩千斤著法成。手腳齊進橫豎找，掌中亂環落不空，欲知環中法何在，發落點對即成功。」這是一種在有限空間中尋找活力對抗的最佳運行路線，也是一種化解敵力和積蓄己力，隱蔽進攻的最有效方式；在大踏步後退的同時，包含著大踏步的進攻。用系統論語言說，這就是「在尋找目標的同時實現目標」。

第7句：「勢勢存心揆用意」

這是回應第 2 句「命意源頭」，從生命之道進入存活之術，強調因敵變化、得心應手的高超技術，必須要從一招一式的潛心研究和練習那熟能生巧而來。這也就是中國武術以練保戰原則的體現。

所謂「勢勢」就是每個招勢，「存心揆用意」就是精心體察其操作意圖和用力方法。所謂熟能生巧，又謂平時多流汗、戰時少流血，武術的一個基點是以練保戰，練習時每招每勢的用力方法和變換路線，都要細心度察和精確把握。學拳不練功、到老一場空，要想獲得高超紮實的拳藝，確實是需要捨得投入並花費很大的工夫。這是強調基礎練習和基本功的重要性，同時強調所有的操作要領都要落實到每個動作過程中。

在訓練和應用上說，這裏反覆強調的是太極拳之用意要領，就是行功時每個動作都要以意導氣、以氣運身，貫穿意識引導動作的操作原則。至於這個用意的內容，有人主張演練時應逐勢研究其動作的技法用意，這樣收效才能更快。但有的人則不同意這種主張，認為演練時，應留心腰脊以意行氣，不應看重死招勢，以免久之反受其束縛。另外還有幾種不同的訓練方式方法，這些都應因人制宜，因時制宜，沒有一成不變的好方法。這裏關鍵在於練拳的目的和進展的階段。如果只為一般的強身健體，攻防意識自然不必太重，但應對環境和自我保護則是普適的。就鍛鍊進展而言，初學者還沒有進入太極狀態，自然無法真正理解和靈活運用陰陽變換的意念，因而只能透過動作模仿去逐步建立起太極意識。但在進入狀態以後，就必須要以

意識指導動作了。

　　人的意識在生理本質上不外是一種「刺激──反應」，而並不是什麼主觀自生的東西；由此用意的主要操作方式則有這樣兩個方面：

　　（1）語言暗示（主要是內部語言的自我暗示）。語言暗示屬於第二信號系統，如自我暗示「三平一豎」做到身正（即兩肩平，兩胯平，兩膝平，脊柱豎直），用語言暗示而用意，繼而調整肌肉用力，產生身體內外的運動。

　　（2）外界刺激。透過外界語言、助力、阻力的刺激，引起大腦皮層產生相應的心理活動，如利用語言刺激，告訴練習者放鬆肩，讓其產生放鬆肩的用意，繼而由肩部肌群及關節調動，產生外形變化，如此等等。至於這裏的一些訓練的具體功法，不少太極拳著作均有介紹，這裏不贅。

　　這裏還要注意，所謂「勢勢存心揆用意」不僅講「知己」功夫，而且還可引申到「知人」功夫。太極拳在交手應敵時，必須心靜、提神、用意，聽察對手的虛實動靜，因應其變化而變化，這也是「勢勢存心揆用意」。

　　第8句：「得來不覺費功夫」

　　自然「天道」總是平衡的；講有「付出」自然便會有「收入」，功夫不負有心人，只要貫徹上面的操作原則反覆學和練，自然會獲得相應的功效並有水到渠成而毫不費功夫之感。

　　至於具體怎樣學練各種技藝？前人對此概括了許多，從孔子的學而時習之、溫故而知到荀子的學不可已矣，從聖人的三月不知肉味到民間的書讀百遍，其義自見，林林

總總，不外一個「勤」字。

　　王國維曾經拈出宋詞中的名句，詩意地描繪出學習過程的三個階段。他在《文學小言》裏說：「古今之成大事業大學問者，不可不歷三種之階級：『昨夜西風凋碧樹，獨上高樓，望盡天涯路』，此第一階級也。『衣帶漸寬終不悔，為伊消得人憔悴』，此第二階級也。『眾裏尋他千百度，驀然回首，那人卻在燈火闌珊處』，此第三階級也。」他頗為得意這個比喻，在《人間詞話》裏再次提及，只是將「階級」改換為「境界」。

　　「昨夜西風凋碧樹，獨上高樓，望盡天涯路」，是說既不能為自己的主觀猜測所束縛，也不能為別人的說法所束縛，要掃除一切先入為主的觀念或既有說法，而要志存高遠、高瞻遠矚，有明確的目標和清晰的思路，才能在渾渾噩噩中開拓出一條新路，核心在「獨」，這就是個體努力。任何再高明的老師，都不能取代自己的個人努力。

　　「衣帶漸寬終不悔，為伊消得人憔悴」，是說不恤精力，「一口咬住就不放」窮追不捨，即使弄到形銷骨立也在所不惜，核心在「消」，這就是全情付出。「眾裏尋他千百度，驀然回首，那人卻在燈火闌珊處」，是說屢遭失敗而百折不回，不經意間成功卻逕自逼人而來，核心為「在」，這就是收穫回報。民諺云：踏破鐵鞋無覓處、得來全不費工夫，又云：只要功夫深，鐵杵磨成繡花針、功到自然成、功夫不負有心人，亦此之謂也。在這裏，「獨」是前提和基礎（強調個體性的體驗），「消」是過程和手段（要有成本付出），「在」是目的和結果（目標實現確有保證）。

本段小結：

這段強調太極拳的鬆靜為本，勤學苦練，是跟鬆靜應敵「以靜待動」的目標設計聯繫在一起的，任何操作都不應該離開這個本源好本根。楊澄甫說：「鬆是打人的架子，不鬆是挨打的架子」，即此之謂。太極拳源於技擊技術，鬆靜為本是為應敵變化；儘管後來主要強調內向的修心養性，然而始終卻並不放棄外向的防身禦敵。生命之道，當要有自保存活之術予以保證。而且「術極然後可以道化」，技擊技術還可以成為修身和養生的載體。《太極拳解》指出：「身雖動，心貴靜。」突出太極拳是主張柔靜的內功拳術，由此便把以靜禦動、視動猶靜、動中處靜，靜中生動等等有關主靜的拳理，提高到戰略意義上來認識的。這跟第一段「命意源頭」直接相通。本段的主旨就在於此；這對初學走架行功的人來說，是必須首先交代清楚的，否則日後練成「硬太極」，就根本談不上什麼順勢借力、四兩撥千斤。

3. 第三段：正身用腰

第 9 句：「刻刻留心在腰間」

這段再次回應第 2 句「命意源頭在腰隙」那「在腰隙」的操作技術要領，強調太極拳是用腰的技藝，由此操作時必須學會具體怎樣用腰。

腰部處於整個人體活動的中節，具有中軸轉換功能，是控制全身力量的操縱桿。由此身體動作變換時便要刻刻留心自己的腰脊部位的變換，確實做到以腰為軸。刻刻留意在腰間就是要始終注意發揮腰為主宰的作用，以腰帶動身手的

運行。這句與第 2 句「命意源頭在腰隙」有極為緊密的內在聯繫：前句命意源頭說明理論根據，回答給十三勢發出指令的部位和十三總勢運行的原動力；本句「刻刻留心」則說明操作原則，強調太極拳以腰身帶動四肢的運動方式，並由此引出下句腹內鬆淨氣騰然，說明腰腹的密切關係。

武術界歷來流傳有所謂「太極腰、八卦步」之說，突出腰在太極拳中的重要性。拳訣上跟腰有關的說法，計有「主宰於腰」、「腰為纛」、「由腳而腿而腰，總須完整一氣，向前退後，乃能得機得勢。有不得機得勢處，身便散亂，其病必於腰腿求之」、「腰如車軸」、「命意源頭在腰隙」、「刻刻留心在腰間」等多處。張義敬對此概括為三點：「一、腰要起帶領四肢的作用。二、腰要靈活。腰不活，上下不通，身便散亂。三、練拳、推手之時，要隨時想到腰和腰應起的作用。」

太極拳基本技巧主要練的就是腰。太極拳的八門勁路和五個步向這「十三勢」，都是依靠腰部的轉動來調控完成的。《打手要言》云：「一動無有不動。」而要做到這點，就必須以腰為軸，透過四肢脊骨左旋右轉、前進後退，把肩、肘、腕、胯、膝、踝等關節旋活轉順，同時帶動體內各臟器時鬆時緊地不停運動，使全身處於一動無有不動的運動中。這種以腰帶動四肢發出的勁是全身之力，行話曰「勁整」。未經腰部整合的力量，只是支離破碎的局部力量。太極拳所有動作都講究其根於腳，發於腿、主宰於腰，形於手指，力的運行遵循由腳，而腿，而腰，而手，節節鬆開而又節節貫串；所謂動從根起、力循脊發，即此之謂也。發勁點在根節，領勁點在梢節，主宰處則在

太極拳譜釋義 太極拳理的文化學分析

中節。腰在全身的中節，由此也就成了全身的操縱桿。

　　不少人在操作上把腰胯割裂開來，「轉腰」於是也就變成了「扭身」，由此破壞了整個脊柱的中正安舒和圓轉自如。腰身的根部是（胯），如果腰胯扭曲「氣機」憋在那裏，操作便無法自我主宰，行動處處受人所制，整個肢體接不上地氣，由此完全發不出勁。廣義的「腰間」包括有腰和胯兩大部分。腰部的操作，要注意氣沉丹田、命門飽滿、帶脈充盈；胯部操作，要注意正身落胯、裏褶護臀、提肛吊襠。二者共同的要求，都是虛靈頂勁、尾閭中正。不懂這點技術也就無法入門。

　　民間先前一般稱技擊的力量為「膂力」。詞書解釋「膂：指脊柱、脊背、脊樑骨」，但武術大多把人體腎臟外面的那層發白、發青的薄膜叫「膂」。那層膜越厚、越青，人的腰力也就越大。「膂力」，民間泛指腰力，並認為它跟先天之精的「性能力」相關。

　　中醫認為腰間第四、五腰椎骨棘突之間有一重要穴位叫命門穴（其旁邊有稱之為先天之本的兩腎），與之對應的腹前則有一個穴位叫神闕穴（即肚臍），神闕穴下 1.5 吋是氣海穴。這三個穴位都是修練太極內功意貫和氣注的重要穴位。

　　太極拳的練腰在很大程度上就是練腎，這裏所說的「腎」是中醫指的那個「藏精」的「先天之本」，而不是西醫所說的解剖學那個「腎臟」，其位置就在兩個腰眼上。「進退須有轉換」，實際便是兩腰眼（指兩腎）的轉換。如在前進中的「迭胯」，套用前引郝月如的說法：「向左轉腰則左腰眼上抽，右腰眼托左腰眼；向右轉則右

腰眼上抽，左腰眼托右腰眼。後退時的動作，向左右轉腰也需要左右腰眼互相抽托。如此循環不已地前進、後退是對腎的很好鍛鍊。久之，則『腎氣充盈』，紅光滿面。」

第10句：「腹內鬆靜氣騰然」

說明正身用腰的一個重要方面和內部機制，就是要使小腹的丹田部位要鬆淨鼓盪，切不可緊張或閉氣，由此讓「內氣」有騰然生發和暢流四肢的感覺。腹部是人體器官最多的地方，也是人體活動最難把握和調動的地方。由於腹部器官多，這些器官都關係到人的身體健康，因而在養生上非常重要。至於在技擊應用上，腹部的鬆靜則是關係到操作者運勁和發勁的大問題。腹部如果不夠鬆靜，人體則氣機不暢，勁路必然滯澀，由此易為人制。操作上氣機推動跟呼吸密切相關，特別是發勁催力，也需呼吸的配合。加強逆向的腹式呼吸（亦稱拳勢呼吸），不但可以加大呼吸量，而且還能夠給腹部器官以良性按摩。

至於「腹內鬆靜」的外部表現，則是「氣勢騰然」（其背後則是生理機能的「氣機活躍」）。從形象上說，這就是模仿「盤古開天地」時清氣上升、濁氣下沉那像天法地之勢，操作上則是要求神往上升、氣往下沉。實際上它是在模仿植物的生長，苗往上長、根往下扎。

太極拳關於「氣」的提法，除了氣沉丹田外，還有以氣運身、氣遍身軀、氣宜鼓盪、行氣如九曲珠無微不到、意氣須換得靈、氣貼背、斂氣入骨、完整一氣等一系列的不同說法，這些說法看起來頗為矛盾，但這只是用操作主體自身感覺從不同角度去描述同一個操作原則，它們本質上是統一的。

氣沉丹田不是氣固丹田或氣守丹田，它不是讓「氣」停滯固守在丹田不動，而是在提神沉氣、穩定重心的基礎上保證腰身的靈活變化和力量的有序運行，達到所謂的上虛、下實、中間靈。這裏所說的以氣運身、氣遍身軀、氣宜鼓盪、行氣如九曲珠無微不到、意氣須換得靈等等，是跟節節鬆開、節節貫串和力貫四梢、形於手指聯繫在一起；而氣貼背、斂氣入骨、完整一氣等等，則跟動從根起、力循脊發聯繫在一起，強調其發勁時配合呼吸和其根於腳、肩背摧力的身體感受。

　　不少武術大師指出：「練勁丹田不存勁、練意丹田不存意、練氣丹田不存氣」；作為一個活著的個體，其「內氣」應該是不斷地活動運行的。現在問題在於只有氣沉丹田讓內氣下降以形成自己活動的根，並處處留心於腰隙的虛實轉換，才能在外力作用下保證自身的無過不及，隨曲就伸，這就叫做丹田沉氣不存氣。所以不能對氣沉丹田作形式、抽象和絕對的理解。老子云：「虛其心而實其腹。」太極拳運行過程中具有虛胸實腹的明確要求。腹內鬆淨是腹內氣騰然的條件。內氣活動全賴鬆淨，這也就是氣沉，並非以力使氣。氣沉是前提氣騰是表現，功到自然成，一點也勉強不得。

第 11 句：「尾閭中正神貫頂」

　　講尾閭骨要相對地保持正中之勢，這樣身軀就能自然隨之正直，使神氣能上貫頭頂。《十三勢行功心解》云：「立身須中正安舒」，即此之謂。「尾閭」，穴名，在脊柱底部。其作用類似船上的「舵」，為人的身體運動定向。「中正」有些本作「正中」，二者皆通。這句話是

說，「尾閭」正中是神貫頂的條件。只要臀部中正不凹凸，尾骶骨自覺地對準前面，才能保證整個脊柱中正不偏和尾閭中正。

立身中正包括兩個內容，一是中正，二是安舒。中正就是指整個軀幹部分的骨架要端正，頭頂百會穴和襠內會陰穴始終保持在一條鉛垂線上，兩肩與兩胯上下對齊，上面虛領頂勁，不露喉，下面尾閭中正，不露胯，中間脊柱要保持生理上的自然狀態，不挺胸凹腹，不彎腰駝背，更不要露肩。其轉變時，要注意尾閭與夾脊得中，方為不失中定，尾閭有如船舵，用以控制肢體方向。安舒就是不緊張、要安定、舒適、自然，這就要求兩肩放鬆下垂，脊柱節節鬆沉而又虛虛對準，胸肋、背肋也要鬆弛，尤其是內部的腸、胃、肝、膽、心、肺等臟器都要鬆弛，讓它們自然下垂注，使腹部充實，胸部寬舒，成虛胸實腹之態。

中正與安舒是相互影響的，任何一處犯禁，都會導致整個身法的失態。無論稱為「中正」或「正中」，都是用以保持十三勢的「中定」。其具體做法，屈膝沉襠也就是尾閭收，亦即拳諺所云：「頂頭懸使精神爽，尾閭收時即中定」。開襠、落胯、圓襠、鬆襠，小腹前合，後面填腰（即命門飽滿），不要厥臀，這些都是做好「尾閭收」的必要條件。

至於「神貫頂」，既是尾閭中正的表現，又是尾閭中正的前提。「神貫頂」指精神提起上貫於百會穴，由此把身體拉直而消除低頭彎腰的不夠中正狀態。或者說，太極拳經常說「神宜內斂」，強調「凝神」，這裏又說精神要「提起」並且「貫頂」，這到底是怎麼一回事呢？這同樣

涉及中國語言的意象型和模糊性問題。其實，這兩種表述說的都是同一回事，都是要求精神集中、方向專一、不要散漫無邊和死板僵化。「內斂凝神」跟「提神貫頂」是描述操作者集中精神所感受到的兩個互補方面。如果沒有內斂凝神，操作時往往導致精神散漫和氣血沖頭；如果沒有提神貫頂，操作時則往往導致氣機遲滯和運轉不靈。

太極拳是武術，每個招勢都有其自身的技擊作用，人們只有根據人體活動規律去做，才能達到相應的功效。合理地發揮技術作用，並不是手舞足蹈隨便劃道道就行了的。所以在每勢變換之時，意欲發勁施招之前，都必須屈膝沉襠以維持中定，提神斂氣以引導操作。這與人們在發力前必須兩腳踏穩，腰肌放鬆是一個道理。這樣做可以使身體重心降低，不易被人推倒，利於用腹肌的張弛導致神氣鼓盪提供條件，從而不至於氣喘身搖而有耐久的戰鬥力，這是「尾閭收」的一個目的。另外，「尾閭收」可以使襠胯保持平正，由此避免動作出現凹凸，不讓對手有機可乘。

第 12 句：「滿身輕利頂頭懸」

進一步說明操作時全身的輕靈利活，在很大程度上有賴於「頂頭懸」的那意念向上提的「領頂」作用。這就像提線木偶一樣，頭頂從百會穴向上領起，全身百骸則自然向下鬆落，各個關節則可按操作者的指揮隨心而動。它是上句「尾閭中正神貫頂」的結果，又是其互相補充的方面。「頂頭懸」亦即「神貫頂」（頂頭懸描述外部狀態，神貫頂描述內部感受）是決定性的，它不但用以穩固自身，而且還用來指揮變化。換句話說，頂頭懸是滿身輕利

的前提條件。

「頂頭懸」，又稱「虛靈頂勁」，它在很大程度上決定和包含了含胸拔背、沉肩墜肘、鬆腰落胯等一系列的操作要領。在操作時，可以從「懸」字著眼，從「頂」字著手，由此腰身自然能正。懸即虛領，屬於柔；而頂字指頸直肌輕度收縮，屬於剛。這是虛中含實之象，並跟氣沉丹田和腳踩湧泉的實中含空對應。楊澄甫說：「頂勁者，頭容正直神貫於頂也。不可用力，用力則項強，氣血不能通流，須有虛靈自然之意。非有虛靈頂勁之意，則精神不能提起也。」

至於第 11 和 12 這兩句話中的因果關係，太極拳界普遍認識傾向於：頂頭懸與尾閭正中和滿身輕利，對振奮精神的關係更為密切。只有身體中正安舒了，才能做到周身輕靈、旋轉自如。反過來說，精神集中也可以幫助校正身法和活動效果。

本段小結：

本段承接上段的「鬆靜應敵」功能，指出其技術關鍵在於「正身用腰」，並由此回應第一段的「命意源頭」，進一步解說練拳的主要操作原則和方法，就一定意義上也可以看作是解釋和發揮《太極拳論》中「虛靈頂勁、氣沉丹田、不偏不倚、忽隱忽現」四大操作法則；其核心則是著重闡發身法和氣法的基本要領（至於拳勢中的所有手法，其實都是從身法和氣法推動出來的）；指出在身法中正的基礎上，要神往上升、氣向下沉，鬆腰落胯、輕靈圓活，勁走八方、氣勢騰然。

如今太極拳教學大多用以腰為軸、氣沉丹田，呼吸自

然，尾閭中正、神氣貫頂、虛領頂勁或頂頭懸等等幾句術語進行講解，可見這個拳訣的深遠影響。

4. 第四段：體悟自然

第 13 句：「仔細留心向推求」

跟動物的本能活動不同，人的所有活動都是在一定意識指導下完成的，人類實踐屬於精神指導下「主觀見之於客觀」的東西。人在活動中必須仔細反思和體悟自身的活動狀況，從而把握活動的原則和規律。而就操作指導而言，「無規矩不成方圓」，任何事物都有自身特有的規定性，由此練拳也必須要認真過細地用心地按照前人總結的操作要領去做，一點也不能馬虎。所謂「守規矩而脫規矩，脫規矩而合規矩」，任何創造和發揮都是以一定的規矩為前提的。由此必須對上述那些規矩和原則逐一進行反覆的比較研究和悉心體會，並且不斷體察和把握動作設計其原初及演變的真實涵義。

至於「向推求」，一些本子作「詳推求」。「向」強調目標清晰、方向正確；「詳」則強調態度認真、工作過細。二者所論重點儘管不一，但其指向對象則是完全一致的。在這裏，「推」為比較推敲，在中國文化中更多的是指內部體驗的推己及人和外部刺激的比象類推，而不是西方式的抽象概念、判斷、推理；而「求」則是朝著既定目標持續不斷的執著追求。由此回應歌訣開頭的「十三總勢莫輕視」。

第 14 句：「屈伸開合聽自由」

這裏大意是說「至於動作的屈伸開合，則聽其自然好

了」。（換句話說，只要以心行氣、以氣運身，因應環境、捨己從人，由此鍛鍊日久，自能得心應手、瀟灑自如。）前面《太極拳論》說到動分靜合、隨曲就伸，是偏重於對象化的客觀描述。本歌訣論及的屈伸開合，則是偏重於主體性的操作原則。屈伸體現戰略上的黏走，開合則包含勁路上的蓄發。

所謂「聽自由」即「順其自然」，或曰「遵循而不違背客觀自然之理」；由此當是捨己從人而不是捨近求遠。但有人誤把「自由」理解作馬虎隨便和主觀放任、恣意妄為、散亂無序，於是變成捨近求遠而不是捨己從人。所謂無規矩不成方圓，何況生命攸關的武術，豈能隨便亂動就能成功的？由此「自由」的含意，當包含有動作本身的自然規範，它是主觀能動性跟客觀規律性相互契合的產物，是合目的性與合規律性的統一，由此也符合基本人性（亦即順天循性符合自然之道和人文之道）。中國式自由考慮更多的是借勢利用，而不是兩難選擇。

由此，練拳時一定要嚴格按規矩進行，久而久之吃透規矩實質，那就可以甩掉規矩的死框框，動作由必然王國，上升到自由王國，這才是「屈伸開合聽自由」的真意。所謂無執無痕、無為無待的最終目標，是捨己從人、隨機就勢中獲得的。從心所欲不踰矩是操作的結果而不是前提。如果做不到這種從把握規律所獲得的自由，技擊上也就不能因敵變化示神奇了。這裏涉及必然與自由的深刻辯證關係：人只能在必然之中獲取自由，而不可能在必然之外去獲取自由。由此太極拳式的捨己從人、應物自然，就是獲得自由的途徑而不是接受現狀的教條。

作為一種肢體應對技術，太極拳的修練並不是逆來順受、妥協屈從的奴性訓練。跟其他武術一樣，它的運行條件是獨立自主、平等自由。在這背後有著一個敢於反抗、善於鬥爭並躬行天道的不屈靈魂。基於中國文化的太極拳之自由理念，是個天人合一和體用一如的神化境界和逍遙狀態。它一方面並不缺乏儒、墨執著現實的承擔負載精神，還特別是吸收了宋明理學，把存神知化與窮理盡性融匯到民胞物與，講究「為天地立心、為生民立命、為往聖繼絕學、為萬世開太平」的偉大抱負；另方面又突出莊、禪那瀟灑脫俗、逍遙坦蕩、豁達自得、任心自在、率性自然、空靈無為、飄逸放達、無拘無束、破除兩執、超然物外的生活態度，而且還在一定程度上吸納了近代思想解放、個性自由的人格追求。它積極而不狂妄，謹慎而不保守，在「獨與天地精神往來」的精神活動中，感受到一種超然於社會困苦、偽善和紛爭的自然之美存在，因而開拓了一片「與天地精神同流合體」的精神自由境界，並由此進一步「無可無不可」和「無為無不為」地探究此岸世界中那主體活動的可能性空間和實施主體活動的最大效能，讓生命的本質在現實的承擔中獲得神聖的昇華。

注意：就勢順應的自然無為並不等於妥協屈從的任人擺佈，而是被動形式掩蓋下的主動性操作行為。跟所有生命演化一樣，在這因循就勢的中國人生存智慧背後，同樣貫穿了一種反抗壓迫、制止侵犯、不忘初心、堅守底線、尚智用巧、曲中求直、頑強拚搏、超越當下的尚武精神。這種精神早在古代諸如夸父逐日、女媧補天、精衛填海、愚公移山、刑天舞戚、后羿射日、大禹治水、共工撞山等

古典神話中得到最初的表達；它打倒奴隸主義、埋葬教條主義、解構形式主義、拒絕異化變性、不肯聽天由命，追求理想、為實現目標而敢於挑戰世俗的各種「不可能」，並為改變（而不是迎合，順應不等於迎合）面臨不合理秩序而至死不休。

由此引發的行事風格，大多獨立不羈、桀驁不馴、直面衝突、見義勇為，因而明顯區別於後世文人的低眉順眼、妥協屈從、攀附權貴、見風使舵。但其自強的表現是謙讓，謙讓的背後卻是不屈。它藉助環境而不依賴外力，自力更生而不妄自尊大，這也區別於一般武人的莽撞粗魯、胡闖亂冒、不顧一切、任意妄為。這才是構成我們中華民族連綿不斷、至今不絕、生息不已、永續循環的文化基因。這就是「在適應環境的同時改造環境，而在改造環境的同時又改造了自己」，由此實現雙向互動的歷史演化。毛澤東說：「我們中華民族有同自己的敵人血戰到底的氣概，有在自力更生的基礎上光復舊物的決心，有自立於世界民族之林的能力。」亦此之謂。

相對於西方「自由」概念的中國式範疇更多的是道家神遇心聽、得心應手的「逍遙」，其極至可接近莊子所謂「無所待」的至人，借用佛家語言叫做「得大自在」。太極拳鍛鍊過程中人們大多可以感受到這種自得其樂的「逍遙」和無拘無束的「瀟灑」。這是一種自覺、自為和自得、自如的人生態度和高峰體驗。由此，中國人少有西方人那種「不自由、毋寧死」的莽撞衝動，更多的是「小不忍則亂大謀」的韜光養晦。中國人這種自由觀在消極方面的發展，容易導致粉飾現實、美化現狀，把現存關係神聖

化、合理化和凝固化，造成對既定秩序的心理認同。但它在積極方面的發展，則是發展出適應環境、保存生命的強大能力，並由此鍛鍊出一種利用環境、就勢借力、物物而不物於物的主體智慧。

第15句：「入門引路須口授」

這句說的是訓練過程的開端，亦即身體教學和身體文化的特點。作為一種經驗型身體操作技術，特別是其中那些極為複雜的身體內外變化，僵死的文字確實是說不清的；初學的人必須請師父「心傳口授」以引導入門，並充分利用前人經驗來提高訓練質量。對於農業社會的經驗技術特別是其中身體操作技術來說，確實無法擺脫個體經驗的支撐，講究體知體悟，其傳承方式是言傳身教、傳幫帶的「手把手來教」，強調因材施教、自我修練和舉一反三。這些東西明顯區別於西方工業社會那對象分析的規範技術和教學班方式，突出環境條件和人的個性之隨機應對。由此入門引路的初學啟蒙階段，就只能依靠老師的心傳口授，明顯區別西方現代工業標準那機械化和產業化的規範性教育和訓練模式。

引申到現代「體育科學」角度，這句論述的是「身體教育」問題，其基本任務是發展人的體質和掌握身體運動技能，基本方法則是語言描述和動作示範。但這裏還須指出，中國武功跟西方體操的教學方式和特點很不一樣。中國武功的招式動作多是所謂野馬分鬃、白鶴亮翅等「模糊意像型」，而不是例如西方體操動作彎腰轉體多少度、伸手踢腿要多高一類「分析指令型」的，其教學基本方式，也就更強調模仿老師一遍又一遍地逐個動作練下去，並由

此獲得自身的肢體體驗。

本句與下句都是回應《太極拳論》所說太極拳那神奇的功效並不能簡單依託先天自然之能，而要後天學力而有為的思想。

人跟動物不同：動物一生下來就可以視作「上帝創造完成的作品」，只要經過很短的嬰兒期，便可以依託遺傳獲得的本能和習性獨立生活了。但人生下來卻是一個「上帝創造尚未完成的作品」，先天遺傳本能無法支持其獨立的生活，而要經過嬰兒期、兒童期、少年期、青年期等長達十多年以至二三十年甚至更長時間的後天學習，才能在社會中獲得相對獨立。特別是到了現代，技術變遷很快，學習期越來越長，以至產生終身學習的需要。

有人僅從傳統技藝的神祕性以及正宗、嫡傳、秘籍的唯一性去論證「入門引路須口授」，這是可以商榷的。還有那一方面急於展示自身技藝，另一方面又要求技藝保密；這在現代文化面前更是幼稚得令人發笑。在現代科學技術面前，一切客觀存在的現象都是可以分析和認識的。任何個性特徵都是共同規律在不同條件下的表現形式而已。即使是一些失傳的傳統技藝，在相同的文化背景和實踐環境中也完全可能被重新發現。

筆者學拳屬於自學為主，從來沒有得過什麼嫡傳和秘籍，也沒有什麼高人的私下點撥，然而我從自身長期體驗所得來的東西詢之武林前輩，卻獲得完全的認同，認為我所說的跟他們所學的並無兩樣。

我們十分尊重歷史的傳承，然而事實上所有技藝的發展都是個開放系統，那些封閉式的門戶之見對技藝發展明

顯是不利的。

不過這裏也要注意，作為一種獨具個性的身體技藝，其個體差異極大；作為一種自我修練和自家受用的東西，恐怕難以採用工業化標準、大批量生產、市場化運作和利潤性追求的「產業化方式」獲得真正的發展。

第 16 句：「功夫無息法自休」

這句講教學過程的延續，亦即操作者自身的運動訓練問題。孔子云：「學而時習之，不亦說乎！」拳藝是沒有止境的，習拳必須持之以恆而不可間斷停息，並對此感到由衷快樂。特別是作為一種身體技術，其個體差異相當大，不少東西都要依賴自身的比較和摸索，別人經驗往往代替不了；修練深造也就只能是靠各人自己了。

功夫亦稱功力、武功，指武術技術長期積澱、高度熟練而形成的操作技能和技巧。形成前須「有形有意」的自我修煉，形成後則表現為「形無形、意無意，無意之中的真意」的類本能狀況。技術、技巧為外，功夫、功力為內。有道是「師父領進門、修行靠各人」，功夫是練出來而不是學出來或講出來的。

小說和電影中師父用手安在徒兒頭上，把自己幾十年的功力灌輸給徒兒，這僅是一種藝術想像。真正的功力從來都是獨立自主、自力更生的。這不但是自身功力成長的規律，而且也是揚長避短、避實擊虛那技術路線的要求。所謂學無止境、藝無止境，由此學習當精益求精，並要求活到老、學到老、做到老。所謂拳不離手，曲不離口，民謠云：功夫，功夫，全在花工夫，即此之謂。

至於這裏所謂的「法自休」，即前句師法自然、天人

合一的自由狀態，也必須要靠自己下苦功夫才能達到。句中「休」字頗難理解，故有人改作「修」字。「法」，法則，俗稱規矩，即老師在教授時所提出的死要求或曰操作規程、操作要領。無規矩不成方圓，沒有具體的框框和要求，學的人便無從學起。但經過一段較長時間的練習後，如仍跳不出死公式、死框框的束縛和窠臼，便永遠也達不到真正的自由，技術也難以發展到上乘水準。

有道是有法無法、無法有法，守規矩而不泥於規矩、脫規矩而不失於規矩，即此之謂。「法自休」即是達到從有法到無法、脫規矩而不失於規矩的自由程度；也稱出神人化境地。它須由認真所至，這跟隨便、馬虎和放任、自流有著本質的差別。

「法自休」不僅有縱向藝無止境、精益求精的探究，而且還有橫向觸類旁通、技術泛化的追求。作為一種綜合實用技術，太極拳形成自有其確定屬性；但作為一種普適技術和社會活動卻不能將其限死於某個狹窄空間。中國武術傳承重基本素質培養，而弱專業定位規範，這並非是什麼缺點錯誤；它給操作者留下了極為廣闊的自由發揮空間，在應對風險社會和消滅舊式分工方面有很大的合理性和可行性。

就現代「體育科學」角度看，這句涉及運動訓練問題。我國古代對人的身體訓練和相應的行為規範積累了不少經驗，但一直缺乏有效的總結和歸納，始終停留在個人體驗上。現在應結合現代人體生理、生化、心理、病理、營養和認知過程等方面知識，研究出一些合理的訓練程序、訓練負荷、訓練方式。但這裏也要注意，吸取和借鑑

西方文化時，並不能簡單地用西方的文化坐標和霸權話語去強姦中國文化那特有的思維方式和個體性操作經驗（這就像不能用英語的語法去檢驗漢語的表達方式一樣）。個人體驗的操作校正，特別強調發揮人的生理和心理潛能，面對的是某些人力暫時所不及的範圍和一時難以界定的未知領域，由此並不是根據預先設定的框架模型並運用簡單和規範的邏輯推理所能解決。

本段小結：

前兩句是連接上段，要求認真掌握太極拳的基本要領和規範，並含有進一步強調著重用意識支配外形動作，從而達到形神合一境界的意思。精神貴在專注、動作取法自然、行為則因應環境，這就是太極拳重意不重形之根據。由此進一步強調太極拳體悟自然和自我修練的內家拳類基本特徵。有人曲解這句話，誤認為既然太極拳不重形，並主張屈伸開合聽自由，那動作姿勢自可脫離有關原則而隨隨便便和馬馬虎虎，不去考慮操作行為的合理性和有效性。這是把相對說法絕對化，並不懂得形具然後神生和神附形而行的道理，真可謂是差之毫釐，謬以千里了。

不拘泥不等於不尊重，不執著不等於不注意，而太極拳所說的自然，則是指宇宙共通的自然之理，亦即現在所說的客觀規律性；它並不否定後天的文化創造，主張經由反覆鍛鍊的學力而有為。

至於後面兩句，若借用拳諺來說，那便是師父領進門，修行在個人。拳藝無止境，實踐出真功、活到老、學到老。這雖說是老生常談，可是對於初學的人來說，卻是不能不反覆啟發誘導和提醒的。

5. 第五段：內練養生

第17句：「若言體用何為準」

設問：體用兩者到底以哪一個起主導作用呢？「體用」指分析體與用兩個方面，而不是把體用混為一談。「為準」，亦即「依歸」，這裏更多說的是主體自身作用依據而不是外在評價標準。

「體用」範疇是「形神」範疇的主體操作化。如果說「形神」偏重於從對象化人的存在狀態意義上去進行把握的話，那麼「體用」則偏重於從主體性人的活動方式意義去進行把握，因而是實踐性、操作性很強的範疇。據此中國文化的體用範疇在歷史發展過程中，就逐步有了多方面的豐富含義。其近似的西方哲學範疇，大致有本質與現象、本體與作用、實體與屬性、規律與表現、素質與效應、結構與功能等等，但又並無西方式那主客分立對峙和對象化考察的意味，而是強調根枝、本末、源流的運動生成。中國式的體、用，是操作主體內部既互相區別又互相統一的兩個方面，是對上述諸種關係的綜合近似反映，其主體性和操作性都很強。

人們對本質、本體、實體、規律、素質、結構等等的追求，標誌著人們的認識開始從事物外部現象、狀態，深入到現象內在原因、根據的探討，亦即由用以得體，悟從其用而知其體之有也。這得體、知體又回到用，並透過用來表現體，這也便是明體達用或明體適用；如果不適用和達用，也就無所謂體。中國文化特別強調體用一源和體用不二。

中國武術的體用範疇一般用以描述操作上強身健體跟技擊實用的關係，此外還旁及內勁體能跟技術技巧、套路技術和以技行擊、身體素質和技術應用、基本原理和實用效應、技術結構和社會功能等等不同層面的對立統一關係。例如，《通備拳釋義》云：「理象全通、體用具備」，用體用範疇把人體動作的「意象——符號」系統跟其背後的「意義——功用」系統聯繫起來考察，應是很有眼光的。《形意拳經》中，則有「靜為本體、動為作用」的說法，把武術中內家拳類那鬆靜為本、以靜制動的戰略凸現出來，說明動靜相生的辯證法則，也很有意思。太極拳著述中，則有《體用全書》的提法，表明其以體用兼備、體用一原作為基本宗旨。

　　太極拳關於體用的內涵，一般有兩種用法：一是從拳理上去提問題，二是從操作上去提問題。

　　從拳理上說，可以把拳理的文化精神理解為體，把拳術的社會功能理解為用；拳術的社會功能，是拳理文化精神的具體展開。清末楊氏傳抄拳譜《太極體用解》云：「理為精、氣、神之體，精、氣、神為身之體。身為心之用，勁力為身之用。心身有一定之主宰者，理也。精、氣、神有一定之主宰者，意誠也。誠者，天道；誠之者，人道。俱不外意念須臾之間。要知天人同體之理，自得日月流行之氣。其意氣之流行，精神自隱微乎理矣！夫而後言乃武、乃文、乃聖、乃神，則得矣。若特以武事論之於心身，用之於勁力，仍歸於道之本也，故不得獨以末技云爾！」同譜之《太極文武解》又曰：「文者，體也；武者，用也。文功在武用於精氣神也，為之文體（有的本子

「文體」改作「體育」）；武功得文體與心身也，為之武事。……文無武之預備，為之有體無用；武無文之伴侶，為之有用無體。如獨木難支，孤掌不響。不惟體育，武事之功，事事諸如此理也。」古人認為文化精神是第一位的，肢體動作是第二位的；如果不從文化精神上去把握太極拳，那就很難抓住它的基本要領，並且無法整合其複雜的技術。

從操作上說，人們往往又簡單化地以練技健身為體，以運技應敵為用；或乾脆簡單化地把拳套訓練稱之為體，把以技行擊稱之為用。這也很好理解。因為人體生理機能，是身體技術功能的基礎。由此在鍛鍊過程中，便有意識地鍛鍊和發展其生理機能的體，以增強其身體功能的用；同時又透過明曉其身體功能的用，以規範其生理機能的體；從而使體用相兼、和而不同、互相促進、協調和諧。在這裏，人們的理解又回到最基礎的肌體存在論的層面上。

太極拳對體用這兩個不同方面的界定，反映了人的「雙重存在」：人一方面是物質的存在，另一方面又是精神的存在。就物質存在而言，人以身軀為體，以心神為用，從生理活動的角度發揮人體功能。就精神存在而言，卻又以心神為體，以肢體為用，從心理意向的角度發揮人體功能，各種關係於是也就倒了過來。

人的活動，要以物質性的生理機能為基礎，以精神性的心理意向為主導。所以人的身體與心神在實際上當是互為體用的。於是人們一方面可以利用不同的姿勢動作去調整自己的心理狀態，另一方面又可以透過不同的心理意念

去調整自己的身體動作。

就訓練而言，太極拳是盤架練體，推手練用，心為主宰、理為依歸，凝神斂氣，化力為勁，要在體用一如、即體即用的基礎上，去追求全體大用。宇宙之道的大化流行跟身心性命的性理發揮，是合而為一的。陳鑫在《太極拳體用》一文中釋「太極拳體」云：「太極拳之道，『開合』二字盡之；一陰一陽之謂拳，其妙處全在互為其根。」釋「太極拳用」云：「拳之運動，惟柔與剛；彼以剛來我以柔往；彼以柔來，全在稱量。剛中寓柔，與人不侔，柔中寓剛，人所難防。運用在心，不矜不張。中有所主，無任猖狂。隨機應變，終不驚慌！」這是把體用同歸於「道」的大化流行。

第18句：「意氣君來骨肉臣」

回答上句設問：自然是以內在的精神意氣為主，而以外形肢體的肌筋骨節活動為從。由此突出太極拳的意識主宰狀況。

句中君、臣二字，是從操作功能上形容比喻事物的主動和受動。這裏把君位喻意氣在練拳中起主導的地位或作用；把臣位喻骨肉（即指形體）在練拳中處於服從的地位和作用（中醫的用藥，也有君臣佐使的比喻）。這就是說，要求以意氣來駕馭和調控形體運動。這個句子所強調的核心內容，是思想與行動必須一致，在拳術中稱之為形意合一或內外合一。中國武術中這種以意導氣、以氣運身的獨特運動方式，自明清以來日趨明顯，由此帶來內家拳種的出現。

例如《萇氏武技書》的「煉氣訣」有云：「凡一身之

進退動靜，以心為主，心君也，出令者也。心無形，惟無形，故能形形而不形於形。以意知者也，以命門為輔，命門氣之所從生，乃一身樞紐，宰相也，傳君之令也。以頭倡率手足，頭為眾臣中之主事者，為總督元帥，欽差大臣之類，皆是也。手足庶尹百執事之類是也。故每一勢之操縱收發，心先，命門為次，頭又次之，手足則次而又次之。」這種操作方式是以弱勝強技法的核心，它是中國武術技法向更高階段發展的標誌。

有人覺得，把精神性的意氣放在君位，把物質性的身體活動放在臣位，強調精神的主宰作用，並不符合唯物主義物質第一的原則。這顯然是教條主義和機械論的。實踐是人的存在方式，而所有實踐都是人的有意識和有目的之活動，是主觀見之於客觀的東西。馬克思的唯物主義只是強調物質的先在性、基礎性和制約性，但並不否定精神在人的活動過程中強大的主導作用，反對停留於感性的直觀。

第 19 句：「詳推用意終何在」

再設問：仔細推敲和反覆追問學拳和練拳的終極目的到底在哪裏呢？如果終極性的方向不明、目標不清，那任何中介性的手段和途徑都是無法確定並且沒有意義的。所以任何一種技術，都要把它放在一定的價值坐標上考察。

技擊技術的基本任務是保存自己、消滅敵人，而消滅敵人歸結起來也是為了保存自己。另外，技擊技術是一種身體技術，它是由人的身體活動來展開的。由此人的身體在技擊技術中具有本體的意義。

包括太極拳在內的中國武術是中國人生活中具有多方

面社會功能的綜合實用技術。太極拳的文化意義，在於提出了「終極目的」問題，並不執著於某些手段性的中介；這是它明顯地高於其他拳種的地方。手段是為目的服務的；如果提倡所謂情況不明決心大、心中無數主意多，結果恐怕只能是南轅北轍。

第 20 句：「益壽延年不老春」

再回答上句設問：太極拳最終目標，就在於延年益壽、永保青春啊！整個歌訣從太極拳的命意源頭入手，講究應敵原則，強調操作特點，最後落腳於生命的存在狀態。「不老春」指的就是一種持續得宜的健康愉悅生存狀態。這是作者的主導思想，認為練習太極十三勢的價值目標在於求得「益壽延年不老春」。

上句「用意」是「價值旨歸」，即操作之「目的所在」。本句「不老春」指老人生命持續存活運作得宜的「健康」狀態，回應上句的設問。健康是人類生命活動生理適應、心理適應和社會適應的和諧協調狀態，這是人類正常活動的基本前提、運作條件和最後目標。人的生命是人的活動之本體，沒有人的生命便沒有人的活動。所謂以武健身、以武護身、以武修身，對於生命本體來說武事只有手段的意義。在生命之道跟存活之術兩個層面中，後者必須服從前者。這反映了作者尊重生命、道在養生的道家哲學取向。太極拳這個考慮是跟整個中國武術順應社會要求，從挾技持力、任氣使性到用智修德、維權自保的「文明化」（而不是文弱化）要求頗為一致。其現代發展則是毛澤東所說的「發展體育運動，增強人民體質」。毛澤東這裏把生命個體變成了人民主體，但仍然堅持認為無論在

什麼情況下人始終都應該是技術操作的主體和目的。

　　價值旨歸可以制約、影響但並不直接等同於技術性能，技術本身只是一種實現價值的操作手段。作為一種人體活動、人體技術和人體文化來說，中國武術的一切都是圍繞著人的生命活動來展開了並且是身心合一和知行合一的；它的理論前提，就是人在自然之中（而不是之外）的天人合一（所以更多是「感悟」而不是「驚愕」）。其基本功能從養生、護體直到教化、自娛，也全都是為著維護自身個體和群體生命而展開進行，因而在本質上是種避害全身、保命延年的生命技術。它的提問方式，首先是生命體的利害得失而不是物自體的真假對錯。這一切恰好就是中國人「樂生惜命」人生態度的集中體現；中國人非常執著於現世生活，從儒家的身體髮膚、受之父母、不敢毀傷，到道教的長生不老、肉體成仙，再到民間的留得青山在、不怕沒柴燒，好死不如賴活等等，都表現出一種對生命的眷戀和執著。這從理論上說便是所謂天地之大德曰生的生生不已。它跟佛教所說的人生是苦、四大皆空，人身不外是個臭皮囊，基督教所說的人生帶來有原罪，肉體是靈魂的墳墓，以及現代西方哲學所說的：荒誕是最大的哲學問題，死亡是存在的確證等等，形成鮮明對照。

　　中國文化也有很強的殺身成仁、捨生取義傳統，它在武術上的表現，便是所謂見義勇為、行俠仗義、鋤強扶弱、除暴安良、扶危濟困、打抱不平、仁者必勇、智圓行方、言信行果、一諾千金等等。但一切，都只不過是把個體生命推廣到群體生命；用個體的犧牲，去維護群體的綿延。因而在事實上仍然是一種生命哲學和生命文化。這種

生命哲學和生命文化在消極方面的發展，確實可以導致苟且偷安和自滿自足、自我欺騙；但它在積極方面的發展，卻可以造成人的頑強生命和韌性戰鬥精神。不過這裏種種規定都是社會歷史性的規定，不應把它跟技術操作性要求混為一談。

如前所述，人的生命是其所有活動的前提。把太極拳價值目標定位在「益壽延年不老春」的說法，跟《太極拳釋名》篇末所附「原注云」的思想相當一致。不知道這觀點在武術發展史上是否是由該文首先提出來。應當說它代表著武術價值的某種突破（也可看作是對生命的堅守）；從以個人對抗的武事為重點，轉向個體的養生、保健、體療、體育等等，強調手段當要服從目的。然而其歷史侷限還是非常明顯的，它用於養生的手段，還主要限於武術訓練的要領和內容（歸屬於傳統「導引類」養生方式），儘管其中有些潛能尚未充分開發，但時下尚未見有多少真正突破。特別是這個說法並沒有涉及太極拳產生的緣由根據當今的存在理由和操作的運行機理問題。太極拳確實有可能演變成為一種專門的養生技術，但至少在當下還沒有完成這個轉化，尚未能涵蓋所有的太極拳愛好者。

本書以為，太極拳目前仍然歸屬於傳統武術。武術的本質是「以技行擊」的「用武之術」，這是一種（源於動物生存競爭中的攻擊自衛本能的）肢體衝突應對之身體技術。傳統武術於今得以繼續存在的理由，在於時下社會生活是否仍然存在肢體衝突，而不在當今戰爭是否採用什麼殺傷力武器，也不在人們所信奉那積德行善之倫理道德。它在上層建築和意識形態的反映，則是《刑法》所列舉的

殺人、強姦、搶劫、鬥毆等一系列罪名和相應那正當防衛、緊急避險、危機應對、見義勇為等人身權利。但這些都跟純為「自家受用」的養生活動沒有直接關係。

把技擊技術轉換為養生手段，實質是文化遺產的開發和借用，而不是其保護和還原。而且，即使專門的養生活動，也不是「以一代萬」壟斷一切的。中國養生活動大體可分為四大類：① 服食類：如飲食、藥餌、外丹等；意在攝取生命能量，講究寒熱濕燥的生剋制化。② 起居類：如日常、四時、房中等；意在合理安排活動，突出順應自然的生存策略。③ 導引類：如針灸推拿、氣功動功、體操武術等；意在疏通經絡氣血，強調以外導內的操作干預。④ 存思類：如靜坐、參禪、內丹等；意在涵養情志精神，著眼心主神明的超越取向。

這四類活動並不全等於養生，但養生的行為取向則大多附在這四類活動中。不過其中任何一類也無法窮盡養生的一切。至於西醫的飲食營養、治療康復、防疫衛生、身體鍛鍊等也屬於廣義大養生之一，但缺乏藉助陰陽五行、生剋制化和加減損益、溫通補瀉、扶正祛邪、意氣內導等類的理論導向和操作原則，並不歸屬於中國式的養生文化。

養生是一種價值取向而不是特定專業技術，儘管價值取向深刻地制約和影響技術，但作為手段的技術本身其實還是中性的：價值取向代替不了技術性能。還有普適技術可以進入各種性質不同的社會活動，任何技術也都可以有多方面的不同應用。例如廚藝和醫術都有明顯的養生取向和效應，但廚藝和醫術都不歸屬於專門的養生技術；又如

軍隊可以從事生產、學文化、從事科研和參加搶險、救災、防疫等等（但不能經商），這並不意味軍事本質就是一種非暴力的經濟、文化和慈善工作。太極拳確實有巨大養生機理和效應，但並不就是一種專門養生技術。中國大多數技藝都有養生思考和效應，但養生卻並不就是這些技藝的本質規定。

從根本上說，太極拳仍然歸屬於一種肢體衝突應對的技擊技術，養生則是它的活動前提、構成要素和行為取向之一，價值取向不等於專項技術。按照道家文化「身國同構」意蘊，武術的社會職能類似於國防部和公安部，它無法囊括和取代衛健委、教育部、文化部、宣傳部和體育總局、演出公司、康復療養院的職能。就政府行為而言，政務官主持行政，可以交叉任職；但事務官只能對專業負責，無法「外行領導內行」。在這裡，養生行為講「養、耗」，醫療康復論「補、瀉」，社會活動說「損、益」，操作效應言「利、害」，立身處世看「權責」；任何東西都有其陰陽相濟的對立統一問題。操作任務的職能錯位，離開技術自身「天職」去為人作嫁（卻自以為能代替一切），這很難說就是武術改革發展方向。中華技擊技術儘管流派風格各異、操作方式不一，但核心始終是肢體攻守進退操作性生死博弈的應對技術，而養生的行為取向儘管已經融入整體，但主要還是附在肢體訓練的自我調諧過程中。

太極拳與養生相關的主要是練身和修性（並未涉及其具體應用和引申）過程之身心調控（用以解決智人直立後所產生的身心分裂和手腳分工問題）：但這卻無法否定作

為太極拳緣由根據和主體功能那肢體應對的自我防衛、緊急避險，也無法囊括和代替在它之外的其它療疾、康復活動。其機理主要集中在「經絡氣血的導引運行」，此外還有自我超越的精神修養。運作主體部分的肢體應對博弈儘管也是維繫人的生命、激發人體潛能，但體力和技術不如人的實際操作卻有可能傷身。

作為一種普適技術，活動範圍確實不能非此即彼，但其操作個性又獨一無二（否則會喪失自己的存在理由）。太極拳可以泛化並引申推廣旁及參與其他各種性質不同的社會活動，這些不同活動的社會功能並不能簡單地歸結為太極拳的技術性能：在這裡，我們不能把探究的目光僅僅侷限在訓練場、競技場和表演場上；而且無論什麼活動，技術的作用只是手段而不是目的。儘管事物普遍聯繫、全息對應和交互作用、相互轉換、功能代償：然而這又要以其區別和界限為前提。不能否定太極拳強大的養生功能，而且這種功能當代還獲得巨大的發展，但卻很難認定它本身就是一種專門和自足的養生技術：這就像刺刀可以切菜、菜刀也可以殺人，但卻不能把刺刀歸結為廚具、把菜刀說成是軍械，認識問題時當要同時顧及同中之異和異中之同。

此外，「不老春」這個比喻的說法恐怕也有進一步具體細化探討的必要。

首先，它是生存狀態或曰存活質量的訴求，生命的延長當要有存活質量的支撐。儘管道教有長生不老、肉體成仙的憧憬，但生老病死乃是無法迴避的輪迴鐵則，於是人們只求「生健死促、盡其天年」進入大化流行；得個好死

是五福的落腳點，所以要用不老春這種狀態來形容其存活狀態。太極拳只是用以追求不老春的一種技術手段。

而且，生命本身其實還有個社會價值取向問題，人們不能為養生而養生，生命意義並不簡單地由存活狀態和持續期限來決定的。無論自然還是社會，不同物種（或群體）間的共存、共生、寄生、附生跟分化、分裂、對抗、衝突等現象都是客觀的存在，它跟同一物種（或群體）內的互助和衝突具有很不一樣的性質。人是地球上具有完全自我意識的社會性生物，他的所有活動都超越動物本能而帶上自覺創造的屬性；跟動物生命的適應性生物演化不同，人的發展屬於目的性文化進化，「為什麼活」和「因何而死」是個應該和可以討論的社會歷史性問題。所謂「人固有一死，有輕於鴻毛，有重於泰山」，「有志不在年高、無志空長百歲」；在一個階級分裂的社會中，這些不同的取向有可能相互對立和衝突。生命意義並不簡單地是由存活狀態和期限來決定的。我們還要探究生命的運行機理和價值取向問題。

最後有必要說明，過去的養生活動只限於個體性的「自我修煉、自家受用」，但現代的養生活動卻變成了一些人的社會行為，變成了部分有閒階級獨特的生活方式，有的還變成「產業化」的資本操縱行業，而其未來或有可能成為大多數人的行為原則。這裡的社會歷史內涵，當由操作者所處的社會關係所決定。

這裏還有個生命能量消費的「性價比」問題。太極拳「以小制大、以靜待動」節能高效的能態運行「性價比」，是就個體操作來說的。如果把它擴展到社會，很大程度或許

可與馬克思所說那「社會化的人，聯合起來的生產者，將合理地調節他們和自然之間的物質變換，把它置於他們的共同控制之下，而不讓它作為盲目的力量來統治自己；靠消耗最少的力量，在最無愧於和最適合於他們的人類本性的條件下來進行這種物質變換。」之理想深度相通。

本段小結：

本段段承接前面，突出「內煉養生」的個體生命價值取向。前兩句，也即《十三勢行功心解》所說的「心為令，氣為旗，神為主帥，身為驅使」。實際上仍是強調前面所述的重在鍛鍊自身精、氣、神，但本段比前段又深入了一步，用反覆問答的形式定下調子並得出結論。最後兩句，在肯定了以內煉精、氣、神為主的基礎上，順理成章地提出了養生保健、延年益壽的終極目的，使最後的結語與開篇相互呼應，形成全篇理法的一脈貫串。

查《太極拳釋名》篇末附註有「……欲天下豪傑延年益壽，不徒作技藝之末」。這段注文無疑是後人所加的，很可能就是根據以上最後兩句歌訣的精神加以發揮的。一百多年來，太極拳實際上倒是循著這個方向快速發展的。雖然拳術是多種功能的綜合實用技術，養生保健只是其中的一種功用；然而太極拳之所以能在今天成為蓬勃發展的群眾性體育，除了國家有關部門的積極倡導，以及海內、外熱心人士的努力推廣之外，與它在理論和方法上強調養生保健的價值取向有很大關係。這點歷史經驗應該值得其他拳派借鑑和吸取。就現代認識言，「體育運動」的本質當是人自身的發展，它不應異化成為某些外在那人為牟利之工具。

6. 第六段：幾句忠告

「歌兮歌兮百卌字，字字真切義無遺。若不向此推求去，枉費功夫貽嘆息。」

這是歌訣末了所附的幾句忠告：「歌喲，歌呀，全文只不過一百四十個字，然而字字貼切，道理至真！如果不遵循這些要求去鍛鍊的話，那就只會是枉費功夫並給日後遺留下嘆息的。」強調此歌訣為門內傳承技術指導書，而非對外商業炒作廣告詞或純粹自我體驗標記符，由此無一字浮詞妄語或隱喻借代。

郭厚福認為，這句若真出自原作者之手，即使其技法再高，恐怕也免不了有自吹自擂之嫌。這最後一段四句，分明是後人所作的一首讚美詩，因為古代內功拳家是反對擺款作秀、不尚自我吹噓的。《老子》說：「知人者智，自知者明。」何況《十三勢歌》只是一篇用當時口語寫的通俗化歌訣罷了，所以決不至於會自我吹噓什麼「字字真切義無遺」的。至於稱讚古人著作，那自然又當別論。

再從歌訣的字數分析，通行本連本段四句在內，共二十四句一百六十八個字，而「歌兮歌兮百卌字」，顯然是稱頌前面這二十句一百四十個字的歌訣。若比照古人。八股文的起，承，轉，合來分析和衡量，這二十句歌訣也大抵符合要求的。由此看來，這最後四句恐非王宗岳原著。通行本二十四句當是兩篇詩文而不是一篇。

五 參考譯文

太極拳「八門五步」十三個基本勢法不可以輕視。生

命的源泉藏在腰椎。

要特別注意拳法的虛實變化，要保持內氣在全身通暢流轉。

身體保持鬆靜，以靜待動，對方稍有觸發就要反應。動作中仍要冷靜沉著，準確應變。要根據對手情況不斷變化招法，表現出拳法的神妙。

每招每勢都要細心度察，精確把握，要獲得高超的拳藝需要花費很大的工夫。

要特別留心自己的腰脊，做到以腰為軸，身手協調，小腹丹田要保持鬆靜，使氣息鼓盪充盈，氣力合一。

尾閭保持中正，身型不偏不倚，神氣直貫頭頂百會穴。頭頸像懸在空中一樣豎頂向上，煥發精神，使全身充滿輕靈活力。

仔細、用心地按要求探索，自會讓拳法動作順乎自然，隨心所欲，運轉自如。

初學入門需要老師口傳身授引路指導，但是入門以後卻要靠自己修練、深造。藝無止境，路無盡頭，需要堅持不懈地下苦功鍛鍊、追求。

若問體用怎樣劃分？當然意氣為主體，骨肉為驅使；要以意識精神引導動作，以內氣運轉身體。仔細推敲太極拳的目的、意義到底是什麼？最終還是為了增進健康，益壽延年，使生命青春常在。

歌兮，歌呀，140 個字，每個字都情真意切，深刻道理已和盤托出。如果不遵循這個方向實踐追求，只會是白費工夫，浪費精力，到頭來也只能是遺憾和惋惜啊。

第四章　論「用」
《打手歌》——就勢黏走

一　拳譜之原文

掤捋擠按須認真，上下相隨人難進。
任他巨力來打我，牽動四兩撥千斤。
引進落空合即出，沾連黏隨不丟頂。

二　異文之比較

　　《打手歌》是歷代前輩拳師就臨敵應對經驗進行整合概括，並反覆潤色修訂的結晶；僅幾句話就把「打手」要領進行了高度概括，便於反覆吟誦，不斷領會。這個歌訣歷來為太極拳家所重視，被奉為太極拳推手的圭臬。但由於流傳不同，讀音駁雜，文詞也相應有別；於是其理解、通釋也難以雷同。其中令人費解、誤解的地方確實不少。今據幾種主流版本及前人研究成果，這做個比較和考辨。

　　時下通行本多出自「廉讓堂本」，共七言六句：「掤捋擠按須認真，上下相隨人難進。任他巨力來打我，牽動四兩撥千斤。引進落空合即出，粘連黏隨不丟頂。」這個傳本儘管不符合七律七言八句的常規，但當今流行的楊、吳、武、孫諸家傳本，皆由此出。

　　筆者老師楊新倫先生持有楊氏分支李瑞東一系傳本，為七言十二句：「掤捋擠按須認真，上下相隨人難進。任

他聚力來打我，牽動四兩撥千斤。引進落空合即出，粘連黏隨不丟開。被打欲跌須雀躍，纏著難逃用蛇形。拔背含胸合太極，裏襠護臀踩五行。學者悟徹玄中意，一身妙法豁然能。」（馬振華的李系抄本「纏著」作「擠住」）歌後附「又曰：彼不動己不動，彼微動己先動。勁似鬆非鬆，將展未展，勁斷意不斷。」這個傳本文字和內容都較為豐富，當為珍本，但形制卻超出七言八句常規；恐有潤飾添加。

楊氏傳人童英傑編撰《太極拳釋義》所載本，同為七言十二句，跟李系傳本相似，但個別地方使用字眼有所不同：「掤捋擠按須認真，上下相隨人難進。任他巨力來打我，牽動四兩撥千斤。引進落空合即出，粘連黏隨不丟開。被打欲跌雀躍，巧擠逃時要合身。拔背含胸合太極，裏襠護臀（有的本子作護腎）踩（用的是異體字「跴」，有的本子改作「踏」）五行。學者悟透其中意，一身妙法豁然能。」歌後附「解曰：彼不動我不動，彼微動我先動。似鬆非鬆，將展未展，勁斷意不斷，轉動挪移走。」

其次則是陳家溝族人著作中的記錄。載有《打手歌》的主要著作和版本有：

陳鑫《陳氏太極拳圖說》所錄《七言俚語》：「掤捋擠捺須認真，引進落空任人侵，周身相隨人難進，四兩化動八千斤。」

陳鑫《陳氏太極拳圖說》之《兩儀堂》抄本：「擠掤捋捺須認真，上下相隨人難進。任他巨力人來打，牽動四兩撥千斤。」

陳鑫《陳氏太極拳圖說》原本抄本《陳氏太極拳圖畫

講義》抄錄了兩則：其一《七言俚語》：「掤攦擠捺須認真，引進落空任人侵。周身相隨敵難進，四兩能擒八千斤。」其二《打手層摺》：「掤攦擠捺須認真，周身相隨人難進，滿身能空人不覺，引氣落空四兩撥千斤。」

陳子明《陳氏拳械彙編》中的《擠手歌訣》：「掤攦擠捺須認真，周身相隨人難進。任他巨力來攻擊，牽動四兩撥千斤。引進落空合即出，粘連粘隨就屈伸。」

這些《打手歌》或許同出於陳氏，但卻有許多不同之處：首先是名稱很不一致，其次是文字差異較大，第三是成文年代較晚。由此很難作為經典依據。

第三還有近年傳聞之《李氏家譜》。據河南博愛縣地名辦公室魏美智稱：《李氏家譜》所載之《打手歌》「是李鶴林所作，抄本則尤其後人李立朝所收藏。藏本分大本和小本兩本；散本兩種，共計四種，共七言八句。」（至於為什麼一下子會有「四個抄本」，待考。）

從文字上看，廉讓堂本與李立朝藏本的前六句除個別文字外基本上沒有差別，但是，廉讓堂本缺少了兩句計14字：「剛柔快慢自有為，形觀耄耋能禦眾。」此外還缺失了《打手要言》「彼不動，己不動，彼微動，己先動，勁似鬆非鬆，將展未展，勁斷意不斷。」據傳唐豪著《內家拳研究》的《打手歌》後面有一小註：「案前論四兩撥千斤之句，顯非力勝，觀耄耋能禦眾之形快能何為等句，知粘連粘隨不丟頂下，尚有：□□□□□□□，□□耄耋能禦眾十四字，合上韻，共成四韻，然觀他本，亦至不丟頂而止，則知其下一韻佚之久矣。」廉讓堂本所佚之句，從它的句式和現存內容看，或有可能是李鶴林本打手

歌的最後兩句：「剛柔快慢自有為，形觀耄耋能禦眾。」「佚之久」的前提是「有」，如果「沒有」就根本不可能「佚」。由此或者可以推見，廉讓堂本所佚字句並非沒可能從李鶴林本抄佚失的，但這裏令人不解的是：連作為歌訣附錄的《打手要言》也世有所傳，為什麼歌訣本身結尾卻會莫名其妙地丟失呢？

由此推斷，《打手歌》的原始版本恐早已存在。也正因如此，太極拳才有了若干不同的發展脈絡，而且即使是在同一處，也有了不同版本。陳溝與唐村的不同流傳還表現在個別字詞的使用上。陳家的幾個版本都是叫做「掤捋擠捺須認真」，唐村的版本包括王宗岳所傳都叫做「掤捋擠按須認真」。「捺」讀作納，讀音和寫法都與「按」完全不同，但字義相同。例如「按捺不住」。

比較各版本文義的異同，可以看到其演化和流傳的某些痕跡，對於加深理解《打手歌》確實很有好處。

三 題解及說明

《打手歌》通行本七言六句共四十二字的《打手歌》，世人初見於舞陽縣鹽店發現的《王宗岳太極拳譜》手抄本。此歌言簡意賅、風格古樸，強調太極拳順而不屈、整體協調、就勢用反、黏走相生、後發先至、柔以克剛的應對效用，歷來被當作太極推手教學的啟蒙性教材和指導方針。

歌訣論及訓練和應用兩個方面，但落腳於應用，被公認為太極推手訓練和散手應用總體的指導原則。其中上下相隨、四兩撥千斤、引進落空、沾連黏隨、不丟（不）頂

等術語，早已成為太極拳日常教學、訓練以及技擊應用的常用術語了。前輩太極拳家為《打手歌》註解的人很多，儘管這些詮釋大同小異，但某些方面也不乏獨到心得。他們一定程度上都為豐富和充實《打手歌》的學術性理論內容做出自己的貢獻。所謂闡發精義，實際包含了注家鍛鍊實踐的心得，因而比原作的意義往往更深一層。

例如：「沾連黏隨」四字，原本是指沾而相連、黏依相隨的意思；《太極拳論》中早已談到了「我順人背謂之黏」、「偏沉則隨」等語。但後人則把沾、連、黏、隨四字分別解釋，並使之成為推手所必須遵循的四個要點。這就不能不說是在理論上作了進一步的發展。

此歌訣曾被推斷為王宗岳所著，人們原先對此並沒有提出多少疑義。但民國年間張士一據《太極拳論》中「察『四兩撥千斤』之句」，指出有明顯引用意思，應為王氏以前的人所作。唐豪又據在河南溫縣陳家溝發現少了最後兩句的《打手歌》，提出當為陳奏庭所作。顧留馨也因而認定其為王宗岳修訂。對此人們雖已考據成帙，但細辯其根據還是頗為薄弱的。

沈壽指出：「例如四兩撥千斤是一句極為古老的拳諺，早在王宗岳以前就已經流行於世，王宗岳把它採入《打手歌》應是毫不足怪的。歷代後人詩歌中，採用古代格言、諺語的事例舉不勝舉，何獨王宗岳不能如此呢？再說唐豪先生在三十年代發現陳溝兩儀堂拳譜舊抄本中有《打手歌》四句，因此推想六句，當由四句繁衍而成，這恐怕也只是想當然罷了。因為四句變六句固有可能，而六句只得其中四句或者少抄了兩句，那也屬常有的事！何況

兩儀堂舊抄本未必就是早於乾隆年間的抄本。」以此觀之，要推翻王宗岳是《打手歌》的作者其論據顯然還不夠充分。

郭福厚認為：「《打手歌》只言四正推手法，可證四隅推手方式可能是此歌之後才產生的。按一般規律，當先有四正推手之實，而後有此歌。然太極拳技法，以神意氣為主要技法因素，而此歌則直言手法，可能產生的時間較早。」然而從步伐接近四隅推手的「老三著」記載看來，先有四隅再有四正的可能性也是存在的。對太極推手的技術演變史，有待進一步考證。

這也證明張士一關於《打手歌》在《太極拳論》之前的推測確有道理。查《太極拳論》「察『四兩撥千斤』之句，顯非力勝」一段。其中「四兩撥千斤」明顯引自《打手歌》；可以斷定不同版本的《打手歌》當為歷代拳家潤改之作。

就核心內容而言，本篇論「用」，是一篇用歌訣形式論述太極拳以弱對強、以柔克剛戰略和戰術的文獻。它可以進一步泛化為在不能選擇敵人條件下，一個弱者如何處理各種環境變動中主客體關係的生存智慧，其文化背景則是中國古代的兵家權謀。人無強牙利爪，在自然界是個天生的弱者，面對弱肉強食的生存競爭，如何獲得自身的生存空間確是個大問題。文化的一個特質就在於透過實踐操作的雙向改造而實現對環境的充分利用。

至於歌訣中「打手」一詞，原本一詞多義。沈壽考證說：例如《明史・兵志》：「其不隸軍籍，所在多有，而嵩及盧氏、靈寶、永寧，並多礦兵，曰『角腦』，又曰

『打手』。嵩，河南嵩山一帶。盧氏、靈寶、永寧等縣都在河南西北部。永寧，即今洛寧。『角腦』，角力的頭腦（頭目），也即相搏的高手之意。『打手』，打，擊也，與搏同義，實即『拳手』的意思。換言之，『角腦』與『打手』，基本上是一個意思的兩種稱呼。魏禧（1624～1681）《兵跡》說：『四方行教者，技藝悉精，並諳殺法，名曰打手。』行教者，指以教拳為業的人。殺法，這裏指絕招。魏禧，即魏冰叔，明末清初江西寧都人，時稱魏叔子。明亡後隱居江西翠微峰，康熙年間薦舉『博學鴻儒，不應。』說明他與黃宗羲（1610～1695）、陳王廷都是生活在同一時代的人。而『打手』一詞，在清初仍可能與『拳手』屬於同義詞。從河南溫縣陳家溝《陳氏家譜》看，譜內歷代族人名字旁註『拳手』、『拳手可師』、『拳手大家』、『拳手最高』或『拳手神妙』者達二十餘人，說明『拳手』也就是對『技藝悉精』之拳師的一種稱呼。由此推之，則《打手歌》似也可作『拳手歌』來解釋的。打手的另一義是：手與拳通義，打手即『打拳』，今人多以走架為打拳，古代『打拳』一詞則以散手較藝為主。如明代戚繼光（1528～1587）《拳經·捷要篇》說：『余在舟山公署，得參戎劉草堂打拳。』意即說他在舟山公署與參將劉草堂一起作散手交流切磋。這麼說來《打手歌》似又可解為『打拳歌』、『短打歌』或『散手歌』了。」

有人指出，現在一般把打手理解為推手是不夠準確的。「打手」是技擊搏鬥，「推手」則是技擊訓練，而現代推手更明顯異化為體育表演和競技項目。確實，古代武

術的打法、練法、演法和競法、遊戲，具有不同的技術要求並分別用以解決不同的任務，因而實際內涵並不一致；然而其人體技術的基本結構和表現形式卻又大體相同或相似（例如軍事演習，就是按照實戰要求設定的），於是也完全可以相通和轉換。看不到其間區別是錯誤的，但把它們絕對對立起來也不客觀。特別在當代武術運動體育化的大趨勢下，那些不準確的理解反而有可能進一步演變成異化了的客觀社會事實，並預示其未來發展的某種可能取勢。

　　沈壽認為：「太極拳已有三百多年的歷史了，而『推手』一詞實是近一百多年來楊式太極拳假借『岳氏雙推手』之名而擬定的。在此之前，溫縣陳氏太極拳稱之為『擖手』。《陳氏世傳太極拳術》一書（1932 年上海版）作者陳子明所輯的《打手歌》，曾被改名為《擖手歌訣》。清・李亦畬（1832～1892）輯有武禹襄（1812～1880）《打手要言》、《打手撒放》，李本人也著有《走架打手行工要言》等文。此處『打手』兩字即取自《打手歌》，看來清代早期的『打手』，是比較接近於散手的。至於當今流行的各種推手配套練習法，則純係後人陸續創編而成的。如今推手理論和方法都相當繁富，並已達到了老少咸宜，人人皆可練習推手的地步。那顯然是經過歷代太極拳家和廣大太極拳愛好者，在繼承前人實踐經驗的基礎上，不斷地創新發展所獲得的豐碩成果了。基於古今語言有別，而今人往往把『打手』一詞當作『打人兇手』解，因此，有的人就於脆把《打手歌》改名為《推手歌》了，但若從保持古籍的原貌來考慮，那自以不去擅改為

好。」

　　就技術特點說，太極拳基本打法是比較文雅的「推」。因而其打手法則便可以說是推的法則。太極應敵過程中技術方法儘管五花八門，但基本都是從推法演變出來，由於用勁有大小，長短、剛柔、虛實的變換，還有走勁方向的不同，這就使推法的運用達到極為豐富多彩、妙趣橫生的地步。

　　顧留馨、沈壽、張卓星等均指出：外功拳講求踢打拿跌、奔竄跳躍，力大手快，這就無法避免訓練中的傷害事故，雖有點到為止之說，但事實上卻往往辦不到。如果採用護具又影響技術發揮，由此一直都缺乏認真的實戰訓練，確實難以提高技擊能力。那些套路式的對練，實際上是象徵性的舞台藝術，不僅不能增長功力，反而使花拳繡腿應運而生。太極推手則不同，它獨創以推代擊的勁法實行對練，它所追求的主要是人不知我，我獨知人的聽勁能力和以巧勝力的操作技藝：動作速度可以根據雙方程度由慢入快，這就既可達到鍛鍊實戰能力之目的，又可在不用護具情況下也能確保安全。雖然發放手也講求動作迅速，發勁剛強，然而此時技術純熟，聽勁敏捷，已經達到一定的高度，在以推代擊的辦法下，可以做到不打要害部位和點到（打動樁步）為止。太極拳訓練技擊所採取的措施，比其他拳術實際得多，而且不論男女老幼，體質強弱，人人都可從事鍛鍊，都能獲得實效。

　　本文本主要依據沈壽點校考釋本，但個別用詞和理解仍參考其他通行本。技術解釋則以沈壽、顧留馨、張卓星、郭福厚各家的理論專著和馮志強等人主編的集體著作

為基礎，在比較和吸收他們研究成果的基礎上，再參照各家不同理解並按筆者上世紀 50 年代後期以來六十多年的練拳和教拳經驗擇善而從，並在博取眾長基礎上作出一些個人新概括。

四 註釋與句讀

1.「掤捋擠按須認真」——掤捋擠按四種基本手法必須認真學習。

這是從臨事態度，意即從自身的學習和處事態度入手去提出問題。

這句陳李兩家所傳基本沒有分歧，兩儀堂本字詞次序有顛倒，如陳溝兩儀堂舊抄本《打手歌》首句作「擠掤攦按」；陳子明（？一 1951）《陳氏拳械彙編》所輯《打手歌》，「掤捋擠按」作「掤攦擠捺」，用字恐與鄉音有關，並無甚大礙，疑為謄抄筆誤。技術上「掤、捋、擠、按」是推手的基本技法，它跟傳統「攦、按、肘」這「老三著」的關係，可當再考。

「掤捋擠按」是太極拳八種技法和勁法中最基礎的「四正手」，這裏泛指太極拳的所有技法和勁法。在太極拳演練中，推手是技擊搏鬥和競技比賽的基本訓練方式。前面說過，歌訣中「捋」字原作「攦」，此字為拳家所創，不見於正規的字典。「須認真」，必須認真對待。這是一種學習和練習所必須具有的基本態度。

所謂「態度決定一切。」我們無論做什麼事情一開始都要端正態度；這並不是固執自我中心的一廂情願、獨斷專行，而是走出自我中心那明辨事理、把握機勢、擺準位

置、處好關係。人的態度確實不能改變外部事實和左右外界變化，但卻可以改變自己對外部一切事實的關係，並決定相應的行為方式和工作效應，由此反過來深刻地影響外部事實。所以人們在臨事時不能不先要端正態度。

2.「上下相隨人難進」──上盤和下盤協同追隨，使人難於侵入。

前四字是描述操作手段，後三字表達自衛目的。

這裏講應對外敵首先是要自我整合，強調「上下相隨」的統籌兼顧、周身一家、綜合協調、自我整合，肢體技術講究三尖相對、內外三合，節節鬆開、節節貫串和此退彼進、蓄發變換、進跟退撤、奇正生剋，由此一身之內、左右分工、蓄發同時、上下同步和一動無有不動、一靜無有不靜；只要自身上下、前後、左右各個方面都安排妥當並協調統一，敵手便找不到我的空子進入。上下相隨首先是指上肢和下肢的協調整合，同時還指身法上、中、下三盤的協調整合，並形成手與足、肘與膝、肩與胯三層防衛圈，還可泛指全身上下、內外所有動作和勁路的全面協調整合。

上下相隨有的本子作周身相隨，還有個別輯本作上下相遂。上下相隨是一種操作狀態，而人難進則是指上下相隨的操作目標和效應。人難進有的本子作人難侵、敵難近等等，恐屬潤改一類；但文義並無多大出入，其旨都在突出活動的自衛性質。

比較周身相隨跟上下相隨，二者儘管並無大的不同，但是細究起來後者似更為確切。「相隨」主要指上下，多數情況隨不好也是指上下而言；不過這樣說卻是忽略了左

右相隨等情況，不能完整表達氣遍身軀不稍滯、一動無有不動、周身一家的整體性要求。由此推究，應該說上下相隨是初步功夫，周身相隨是目標的功夫。所謂周身上下，打著何處，何處接應，身隨勁轉。這是太極拳技法的最大特點，與敵對手，並非僅靠兩手兩腳，而是周身上下，無處不能接招，無處不能發招，不外節節貫串、身隨勁轉、步隨身換。而敵手由此對己則無從捉摸和無從下手，因而稱之為「人難進」。至於有的本子改作作「引進落空任人侵」，則顯得過於消極被動，有失引進落空合即出那維權自保、自衛反擊的原意。

道門理論講究身國同構，引申於國而論，則為君臣同心、官兵一致、士農工商、分工協作、統籌兼顧、各盡所能；這樣才能應對自如和長治久安。回到個體自我之身，便是身心一體、內外協和、四肢百骸、有序運作：特別講究身手步履的整體呼應、全面安排、細緻周密、圓轉自如。其操作要領，則是梢引根催、手到身擁、進跟退撤、步隨身換、抽胯讓敵、引其入套、此退彼進、虛實換位、剛柔相濟、蓄發相生、攻守同一、守中用中。

就技術上說，連接上下的腰腿功夫當為關要，「有不得機得勢處，其病必於腰腿求之」。注意：這裏說的上下相隨、前後相連、左右顧盼、內外一體、統籌兼顧、自我整合是就同一主體而言的；至於體外環境條件以及不同主體，則同時還要講相互之間的磨合、協合和應合、耦合。應對外敵必須要走出自我中心的一廂情願，更不能落為人所制的妥協屈從；由此必須把敵、我、友以及周邊環境、條件等加以區別對待，並納入自身統一操作調控系

統。

3.「任他巨力來打我」——任憑對手用多大力氣向我打過來。

強調要敢於面對，正視不能選擇敵人的生存競爭前提以及相應那敵強我弱現實，並由此確定捨己從人、以順避害、張網設套、引進落空的虛己待敵態度。

這句有本子作「任他巨力人來打」，一作「任他巨力來攻擊」，一作「任他聚力來擊咱」。四種說法文義基本一致，而用詞改動則最多。任他巨力人來打一句，閱讀起來比較拗口，似不太可取。李瑞東傳本和新傳的李鶴林本「巨力」作「聚力」，略有不同但用意似乎更深；「來擊咱」，舞陽鹽店抄本作「來打我」，更為通用一點，不知是否王宗岳所潤改。比較「巨力」和「聚力」；舊時「巨」常借作「聚」的簡體字，由此引起誤解。聚力雖然可以理解，但於此恐為不妥。能聚力亦即懂得集中全部有生力量者，顯然絕非是低手，由此後面的牽動四兩撥千斤也就很難言勝。而所謂巨力也者，也就是只懂得用死蠻力之人，這便是應用四兩撥千斤的最好對象。「來打我」有作「來攻擊」，或「人來打」

作為一種技擊技術，任他巨力來打我並不是妥協屈服、附敵投降的「絕對不抵抗主義」，而是隨機就勢、捨己從人、引進落空、後發先至那順人而不失己的鬥爭方式；時時和事事都讓自身處於自由靈動的不敗之地，這就不怕對手的任何進犯。所謂順人而不失己、從人本是由己；捨己從人的「為客」是獨立主體的操作，並不等於任人主宰的「為奴」。

4.「牽動四兩撥千斤」——牽動四兩之力便足以撥動上千斤。

這是一個以弱對強的應敵原則，講引進落空、就勢走化和「以彼之力還諸彼身」的應敵方式，要求達到「牽動四兩撥千斤」的技擊效果。

在技擊中引動對手重心或使之露出破綻後，就可以乘虛而入，透過一個力學結構轉換而實現四兩撥千斤。這句陳鑫本作「四兩化動八千斤」，當為太極拳的標誌性口號。至於四兩撥千斤已經成為了婦孺皆知的成語。人人都知道這就是以弱勝強、以小搏大、以巧破力的意思。

漢語中「牽」字是個操作性的及物動詞（牽什麼），是操作主體發出來的動作（怎樣牽）。但時下人們討論四兩撥千斤時，「牽動」又往往被忽略掉；這個詞語確實有點怪異。那麼操作主體究竟由什麼來牽動自身那「四兩」勁呢？應該說是心意，調動四兩內勁並作用於對手；也許「調動」恐怕是太刻意了，所以古人改用「牽動」。這裏似乎是要表達這四兩勁也並不是單純由自己主觀主義地發出來的，而是被對手狀態所「牽引」所作出來的「應對」；但其效應又恰是反作用於敵手，並使其作戰意圖「落空」。

不過這句話落腳點恐怕還是「撥」。四兩勁怎麼就能勝過一千斤？奧妙就在這個「撥」字。就其本意來說，「撥」是用橫向的力量把直來的力往兩邊驅趕。因為不是直接與來力對抗，那麼就能以小力破大力了。但這樣理解還是相當粗淺的，因為一般學習太極拳的人都有體會，這種「撥」還是硬力，有時候甚至還撥不動對方。可見

「撥」在理解和指導太極拳拳理拳法上有一定侷限性。所以陳鑫本改成了「四兩化動八千斤」。「化動」更準確地揭示出了小力與大力之間的轉換過程。「化」有引化、轉化、消化、變化之意，總之不是硬撥，即使用很小的力量，哪怕是四兩，硬來也是不對的。顯然陳鑫本更勝一籌。也可以理解為「撥」就是在千斤上再加四兩勁，由此稍微讓開自身重心線並改變對方力的方向；這雖然有助於對以弱勝強的理解，但是終究還是不能明白準確地體現太極拳內勁的運用。

有人認為「撥」應該為「拔」，拔有提升和猝然拔地而起之義，亦即要把對手的根挫斷並凌空拔起，但這是功力相當懸殊時表現出來的效果，一般難以達到。很多太極拳愛好者在推手中對撥總是無法掌握，產生很大的誤解就是明證。

至於這裏的「牽」，當為牽牛鼻子的「牽」，其主要意蘊是抓住要害並就勢引出，由此改變雙方的力學關係和結構，抓到關鍵部位牽一髮而動全身。著重「牽引」勁去調動對手，當為太極拳勁路運行的一個基本特點。

這句承上面「人難進」和「來打我」兩句而來，表明其反抗侵略、自我維權的價值方向。「牽動四兩撥千斤」談的是以退為進、以守為攻、順勢借力、自衛反擊的戰略方針，同時依託敵我雙方力的關係結構的變換而不是敵我單方力的「絕對值」，涉及物理學上不同力的方向、角度、力點、力臂、合力、分力、力偶、重心、槓桿、尖劈、螺旋、圓轉、滾動、作功等等一系列原理，其具體操作則講究時機、位勢、勁路和發落點的準確把握，敵我之

力必須「接上」而連為一體，體現就勢反擊、借力打力的操作意圖。

5.「引進落空合即出」——在牽引誘使對手進攻落空後，發現合適機勢就便反擊。

這是講反擊機勢，強調引進落空時當合即出，由以其人之道還治其人之身，亦即由敵我雙方用力結構堅決回擊來犯之敵。有的本子這句作「引進落空任人侵」（陳鑫本為第二句）。引進落空都沒有異議，這句話實在是太重要了。李亦畬轉引「昔人云：能引進落空，能四兩撥千斤。不能引進落空，不能四兩撥千斤」。可見引進落空是太極拳以弱勝強、力量轉換的前提和關鍵所在。

一般解釋以為「引進」就是把對方的力量吸引過來，這操作上恐怕還不夠準確。其實漢語中多是單音詞，引進應該分開理解，即引是引，進是進。「引」是順著對手的力量化去其「勁頭」，敵進我退把它引向靠近自己的一邊，控制其「勁源」並使之落空，注意不是引到自己身上。「進」則是敵退我追，水銀瀉地般見空就鑽，順著對方的力量向前就勢走位並使之落空，同時還入勢跟進、黏逼還擊。引與進是包括對敵引化和自我跟進兩個方面，此引彼進、邊引邊進、蓄發同步、引進合一；否則，「只有『引』才能落空」，就成了一偏之見，不合進退顧盼、左右逢源之太極拳理趣。實際操作中會變成片面的只能在對方進攻時才會化，而當對方引我時，我就不會化了。這是不恰當的。總之，無論是引還是進，均須使對方的力量落空方能奏效。武澄清本和李瑞東本引進作「引勁」，指出引的對象是對方勁路，強調不同勁路內在的相互作用。此

太極拳譜釋義 太極拳理的文化學分析

外，也有把引進寫作「引人」，當屬筆誤或潤改。

這裏「落空」二字十分重要，其主要表現是使對方的著力點落空和著地點拔根（即「斷其勁、空其意、壞其形」），由此讓其處於所謂失勢、落形、散架的被動狀態。如果不能使對方這兩個點的力量完全失效落空，就有被對手乘機反擊之虞，而且自己也要花費更大的力量才能撥動千斤，四兩勁是遠遠不夠用的。既要完全落空，還要防止丟瘺，功夫全在自身的鬆靜圓活上。這又從用回到了體上。

還有「合」字，一般指適合、契合、切合、重合，強調空間上的適逢其會和時間上的正當其時，用以描述一種指向某個目標的適應性相互關係，而不是一廂情願那永恆不變的既定狀態。至於所謂「合即出」也很有意思。如何才是「合」？誰跟誰「合」？這都是需要明確界定的。前面既然說是引進落空，當然是指交手雙方無疑。所以此處的「合」，主要應是指交手雙方的對應，而不是單指自己要如何內三合、外三合的力量整合。那麼交手雙方你來我往如何才是合呢？兩個人搭手接觸就是合嗎？回答是否定的。必得是以我的太極內勁與對方的力量形成陰陽互動的應答關係，同時形成「得機」（時間的合）「得勢」（空間的合）的優勢地位，讓對方落空而己方得實；這才是所謂的合，也就是《太極拳論》所謂的黏，亦即用一定的技術手段把對手控制住。引進落空之後的合就是我順人背。那麼此時就可以發勁了——所謂「合即出」（與此相反的是「得實不發藝難精」）。

這句也可理解為一旦由「引進落空」跟對手「合上」

並由此得機得勢，就不要遲疑立即把對方發放出去；這點做到細微，便是一觸即發。《楊氏傳抄老譜・太極平準腰頂解》也有「合則放發出」一句，可作為旁證。在具體操作技術上，不同的人對「合」字也有不同理解。現分錄如下以備研究：「合即撥也」、「合乃以我之身合彼之身也」、「以我之力接彼之力也」、「乃虛實合歸無極也，即以周身一家的合勁發人也」、「會也」、「戰也」、「一走一回即合」。

　　這裏也有人把「合即出」解釋為「合就是出」。但這樣對初學來說恐怕未為允當，因為如此一來，上下文的語氣和意思就不順當了，似有未盡之意，讓人越聽越糊塗。但漢語中的即字，確有指示系詞的就是、便是以及時間副詞的馬上、立即這樣雙重的含義。方式上的轉換如果在時間上瞬間重合起來，作這樣的理解也未嘗不可，或曰更為精當；但這只能是相當高層次的要求，一般人恐怕難以做到。

　　陳鑫本這句的表述作「引進落空任人侵」，是作為全首歌訣的第二句，與其他版本不同。這是比較怪異的，但是從文義上看又似乎完全能讀得通。其前句為「掤捋擠捺須認真」，即四正手每個都要釐清楚，都要能真正做到引進落空，才能隨便侵犯都不怕。經過仔細比對卻又發現：就操作原則說，此句文義還是與「沾黏連隨」更為貼近，即沾黏連隨是引進落空的基礎；沾黏連隨是前提，引進落空是結果。這句與下句先後次序恐怕是否顛倒了；但就表現狀態而言，這樣的排列也無可厚非。

　　6.「沾連黏隨不丟頂」——應敵過程中，跟對手保持

一種若即若離，但又不離不棄的貼身沾連狀態。

　　武術上這屬於一種貼身短打或摔打、捆打方式。沾連黏隨和不丟不頂分別從正反兩個方面描述敵我雙方攻守往來的應敵狀態，強調一個開放主體活動中必須始終保持跟客體對象的訊息交換通道和隨機應變的態勢。沾連黏隨原作粘連黏隨，也有作沾連綿隨或黏連貼隨、沾粘連隨，今皆依簡體字及通行本。本來粘、沾、黏三字，都是用以表述兩個物體互不脫離的依附狀況，但其強調的側面仍因個人體會而有不同。不丟頂有作不丟開或就屈伸，強調其雙方連續作戰的相互黏連膠著糾纏狀態。

　　這句也是太極拳核心理念，但具體含義頗費周折。在陳王廷有限的遺作裏找不到蹤影；近年傳聞他的舅舅（同在千載寺學習過十三勢的李春茂）所作《無極養生拳論》中不見有論述。王宗岳的《太極拳論》裏也沒有完整論述，只說到一個「黏」字，提到了「隨」字。陳長興的拳論中只存名稱，而個別字還有所不同，曰「沾游連隨」，可惜沒有解釋。武禹襄、李亦畬論說太極拳的文章不少，也沒有具體論及。只是楊氏老譜有《沾黏連隨》一篇云：「沾者提上拔高之謂也。黏者，留戀繾綣之謂也。連者，捨己無離之謂也；隨者，彼走此應之謂也。」可供參考。

五 串講與討論

1. 第一句，臨事態度

　　「掤捋擠按須認真」這句說的是自身學習和臨敵應對之處事態度，「掤捋擠按」為操作的技術結構，它開始於

一個「認」字，落腳於一個「真」字。技術操作是人的行為，其中態度與方法密不可分；態度決定方法，方法體現態度。

「掤捋擠按」是太極拳基本技法的代表，可泛指包括整個「十三勢」的所有太極拳技法體系。現在的四正推手技法作掤、捋、擠、按；四隅推手技法作採、挒、肘、靠。而陳家溝和趙堡鎮最早流傳的推手方式，內容卻為摟、按、肘，活步進退；進為弓步，退作仆步。這與現在普遍採用的四正推手稍異；而步法又與四隅推手近似，由此被稱為「老三著」。有可能八法推手方式是其演變與發展。現在武系太極拳所保留的老三著，應為陳青萍所傳。

從推手中手不離手，互相捻連、來往循環，週而復始的方式看可這樣推斷：八門、五步十三勢及《打手歌》的形成，或是老三著的發展；或是二者並非出自同門。老三著中的摟法即今天的捋法。「掤捋擠按須認真」，有作「擠、抨、攦、捺須認真」。擠、抨、攦、捺即擠、掤、捋、按，跟現在的掤、捋、擠、按排列順序有異。

此四法和老三著摟、按、肘皆見於陳家溝和趙堡鎮，這樣或可認為，三著在先，四著在後，也就是說，在三著為用時尚未被重視。從擠法看，它出現於肘法之先（如能一氣聯貫的話），故當是從三著的肘法衍變而來。摟、攦、捋僅是字形的變化，概念含義相同。捺、按雖字音不同，而是同義詞。擠、肘二字，音、義皆不同，而用法相近。四著裏以擠代肘，而肘法成了四隅推手（又稱大捋）中的重要方法。甚至是否受肘法的啟發而悟出大捋的方式方法也未可知。由此可見，推手、打手的技法，確是經過

長期實踐，逐步總結、演化並完善起來的，並非一人一時所創造。

就現行技法而言，前面已經說到掤、捋、擠、按、採、挒、肘、靠是太極拳的八種基本手法和勁法，簡稱太極八法。理論上其前四法屬正法，後四法屬奇法；奇法由正法變換而來。《孫子兵法・勢篇》說：「三軍之眾，可使必受敵而無敗者，奇正是也。」又說：「凡戰者，以正合，以奇勝，故善出奇者，無窮如天地，不竭如江河。……戰勢不過奇正，奇正之變，不可勝窮也。奇正相生，如循環之無端，孰能窮之？」拳法如兵法，所以傳統拳術的基本手法也有奇正之分。

但什麼叫做「奇正」？奇正含義極為廣泛，一般地說先出為正，後出為奇；正面為正，側翼為奇；明戰為正，暗襲為奇；……總起來說，正法就是最基本的常法，奇法則是相輔助的變法。「以正合，以奇勝」，就是以正兵或正法迎敵，以奇兵或奇法制勝。《太極拳釋名》說：「掤捋擠按，即坎離震兌，四正方也。採挒肘靠，即乾坤艮巽，四斜角也。」四斜角，即四隅，也即四奇。奇，犄角，即斜角。

拳理闡釋上這裏是用八法與八陣、八卦、八門相應、相合，藉以使太極八法規範化。但在解釋打手運行時，則強調必須緊扣這「太極八法」的具體操作特點：「掤須向外激出，搂（捋）為左右旁拿，擠乃連身平進，按用下抑之力。凡此四勢左右進退皆具。」「採、挒、肘、靠由此變出。採挒即搂之變，靠乃掤之變，肘即擠之變。熟於掤搂擠按四法，則勁路可明，勁路既明，自能通變不竭

矣。」

　　以上技術規範若作仔細分析，當有一定道理。例如：在推手運動過程中，以自己的胸部方向為準，掤、捋、擠、按四正法，是正面應敵的；採、挒、肘、靠四隅法，則是斜向出手的。而正四法的勁別，是以橫勁、直勁各兩法來作安排的。即：掤捋兩手的運動，是應用與胸橫線相併行的橫勁；擠、按兩手的運動，則是運用以人體矢狀軸相併行或同一方向的直勁。相對地說，四隅法都是介於橫勁與直勁之間的斜勁；而且，其出手的遠近變化也較四正手為多，明顯地包羅了「遠手、近肘、貼身靠」。當然這僅是原則規範，實際運用中並非一成不變的。

　　《孫子兵法・虛實篇》說：「水因地而制流，兵因敵而制勝。故兵無常勢，水無常形。能因敵變化而取勝者，謂之神。故五行無常勝，四時無常位，日有長短，月有死生。」這是就變化而言。然而要能因敵變化，首先得打好基礎。整個太極拳以八法為基礎，而八法又以四正法為基礎。

　　而「須認真」則是指對待這些技法的必要態度。人是具有自覺意識的生物，所謂念頭產生動作，由此太極拳特別強調心靜用意；它不是心如止水的寂然不動，而是有感而應的的意氣領先。人的一切行為都是在一定思想意識指導下進行的，人世間其實並沒有「無頭腦」的操作實踐，不能認為找理論根據就是「思想不解放的表現」。儘管不能做先驗主義的倫理歸因、動機追究那種「態度先行」，但態度深刻地影響行為，有什麼態度將會帶來什麼效果，卻仍然是個萬古不易的真理。而且理論根據也不的等同於

主觀的思想態度。儒家有云「動心忍性」，佛家亦云「發願啟念」，一直到毛澤東的「思想上和政治上的路線正確與否，是決定一切的」，亦此之謂。

由此歌訣強調：對太極拳所有技法都必須認真對待，分別釐清其結構和性能。注意，道門的「認真」更多的是清虛自守、返璞還純的進退自如，而不是執著虛幻名相的死板僵化、拘泥外部形式認死理。「認真」必須堅持原則、守住底線，絕不能搞修正主義和教條主義。

這裏的「認」字，具有認知、辨識、認同、執著、計較和分析等義，強調主體性的凝神斂氣、心無旁騖、集中注意、仔細辨識、指向清晰，就是操作上絕不馬虎、不隨便、不分心、不貳志、不混淆，由此目標如一、專心致志、深入細緻、中規中矩、堅持不懈、矢志不移的努力探求。這裏的「真」字，具有本性、本質、真誠、真實、符合、的確等含義，強調操作目標在於實事求是、把握狀態、認準方向、校正方法、尋得真義、切合實際、處理適當，由此絕不盲從、不造假、不作偽、不虛誇，提倡憂患存疑、多方探究而不能落入自我麻醉、固執定在。

在學習和訓練中，仔細認真是前提，求真落實是目標，不要把態度當成了目標。如果方向不對、方法錯誤，態度認真、執著當下反而會造成南轅北轍，由此方向便又成了第一位的了。

目前社會上流行的那些以假亂真的假冒偽劣，顯然是由提倡「黑貓白貓」那不擇手段的價值傾向所致，而不是什麼態度認真、堅持原則所為。在一個「除了騙子是真的」年代裏，辨別真偽、釐定宗旨、認準方向，區分優劣當

是所有操作的基本前提。鄭曼青在解釋什麼叫做「須認真」時特別引用楊澄甫的話說：「若認不真，便都成了假的。吾今舉以告汝：掤若掤到人家身上去，捋若捋到自己身上來，都是錯認。掤不要掤到人家身上去，捋不要捋到自己身上來，此是真的。按與擠，皆要蓄其勁，不可失卻中定，此是真的。」接著進一步解釋說：「須認真三字，從來讀破太極拳論，未得悟徹。一經澄師道破，始知有尺寸，有法度，非經口授指點，不易瞭解者，皆此類也。此真家傳秘訣，學者其由此體驗之，便可得其尺寸，則不復失中定矣。至要至要。」

孔子有云，「必也正名乎」，「名不正，則言不順，言不順則事不成」。指鹿為馬、李代桃僵或可達到操作者某種不可告人的目的，然而其對人們真正認識、理解和把握事物的作用顯然是負面的。太極十三勢所有法式都具有自身質的規定，其操作及轉換不能混淆不清，否則則很難說就是掌握了該項技術。

當然，任何技術在應用過程中還有個因應情況的變化而實行變通的問題；必須強調，「認真」不是「執著」，因應隨變不能拘泥著相。但問題在於所有變通也都是在一定質的規定範圍內進行的，離開這些規定的只是變異而不是變通。

回顧《十三勢歌》開頭的「莫輕視」，這裏開頭則說「須認真」，兩句明顯是互相呼應的。《十三勢歌》說的莫輕視更多的是強調主體自身修練要心存敬畏、孜孜不倦、深入探求，以否定式句型表達；而本篇說的要認真更多的是突出對象（應敵技法和敵方狀況）認知的探索求

太極拳譜釋義 太極拳理的文化學分析

真、認準目標、落實措施，以肯定式句型表達。借《易》學說法，這是「定乾坤、設卦位、分剛柔、生吉凶」。

2. 第二句，自我整合

「上下相隨人難進」這句論述組織起來、自我整合（而不是上下不通、各自顧各）以應敵，方法上突出全面協調的「隨」字，目標上落實於使「人難進」的維權自保。

上下相隨的形態特徵，首先是指在操作者的手與足合、肘與膝合、肩與胯合的「外三合」和心與意合、意與氣合、氣與力合的「內三合」那內向之統籌兼顧、全面整合的基礎上，同時講究外向之攻守同一和蓄發互寓的多方照應和連綿不斷，特別強調隨人所動那與對手的「應合」，還有跟周圍環境條件的「磨合」和「協合」；這當是一個整體性的系統工程。其操作技術關鍵，就在於自身中節腰胯的靈活變換；所以拳論說「有不得機得勢處，其病必於腰腿求之」，這也就是「從人本是由己」。

這是上句「須認真」所要求的操作狀態。徐震解釋說：「『上下相隨』，謂身、手、步成相應也。審能如是，則穩定圓活，無隙可乘，故人難侵入。凡畏巨力者，彼力來而我受之也。如不受其力，反能順勢利用之，則彼之巨力，反為我用，此四兩撥千斤之術也。」面對無法選擇的敵人，必須首先進行極為「認真」的內部動員和自我整合，形成周身一家的上下相隨才有可能應敵（提倡各個組成部分可以脫離總體目標那「各顧各」的一盤散沙、各行其是，勢必被敵手各個擊破）。這也就是兵法所云先為

不可勝的「定家計」。而這所有整合的關鍵，又並不在於主觀主義的主體訴求或大吹大擂的自我標榜，而是在於遵循客觀規律和承認對手作用前提下自身內外各個方面應對配合的默契順隨。

拳法攻守跟戰爭一樣，首先講究上下相隨的全面配合。戚繼光說：「上下周全，無有不勝。」拳諺有云：「打人如親嘴，手到身要擁。」又云：「手到步不到，短打不得少；手到步也到，發人如玩笑。」此外，尚有「手進三分，步進七分」、「步隨身換」等說法。總之，是指手足齊到，全身應敵；而在這過程中，身體內部各個器官和各種機能又都必須要為著同一個目標而各司其職和通力合作。這些話都是從進攻角度提 要求的。

但本篇所說的「上下相隨」，卻是為使對方難於進取制勝，這說明原話是指肢體博弈中之防守而說的；太極拳並不主張主動出擊，更多強調你來我往的防守反擊，突出陰陽虛實的對應性變換，嚴守自我防衛宗旨。但無論攻守兩個方面，其要求上、中、下三盤特別是手足四肢的運作協調一致、「調動一切積極因素、正確處理自身內部矛盾」使周身上下勁力完整一氣。拳諺云：「萬拳求一力，萬力求一整」，即此之謂。任何操作都可看作是個系統工程，必須基於總體目標而統籌兼顧；就像兵法上有「集中使用兵力」要求一樣，中國所有武術都有「勁整」或曰「整勁」的要求。

這裏突出的是一個「隨」字。它表明運行中的自我整合是在普遍交往、多向互動、應對變化，而不是自我中心、事先設計、主觀妄想當中進行的，講究有感而應、因

敵成形、就勢假物、自然順遂、其關鍵不但要在內部各個不同部分進行協調溝通和相互照應的自我協調整合，而且更要在外部變化中不斷調整改變自身狀態和各種關係，注意跟環境條件、友鄰力量、敵方態勢的磨合和迎合，於是明顯區別於主觀盲動和妥協依附，由此形成動態適應得宜。《易》云：「隨，元亨，利貞，無咎」，即此之謂。這個「隨」字表明，它不僅要求身手要跟得上，而且還要求步法要追得緊，由此是動態的不斷跟進、調整，而不是靜態的永恆穩定、不變。

就操作技術說，上下相隨是節節貫串、周身一家的自我整合性要求。它不但要求手足動作上下配合協調一致，要求身法的上、中、下三盤以及技法的梢、中、根三節互相間的同步照應，而且還要求身心內外和攻守、蓄發各個方面配合協調一致，還有按照自身目的使敵我雙方關係相互作用的整合一致（借力打力、以其人之力還治其人之身，或黏住對方「敷、蓋、對、吞」使其乾脆無法用勁），讓操作主體自身的體能、技能和智能三個方面都可以得到合乎目的之充分發揮，於是使自己可以立於不敗之地。

《十三勢歌》的「十三總勢莫輕視」，也是說必須勢勢認真，才能能主宰於腰，才會上下自然相隨；而能相隨，則能化解和控制對方的攻勢，因此說人難進。《十三勢歌》第二句「命意源頭在腰隙」，技術上便是這個意思。就操作實施而言，「上下相隨」早 為太極拳通用要領，前輩拳家對此有大量闡釋，其關鍵很大程度上是強調一種正確的用力方式。如楊澄甫在《太極拳說十要》中

說：「上下相隨者，即太極拳論中所云『其根在腳，發於腿，主宰於腰，形於手指，由腳而腿而腰，總須完整一氣』也。手動、腰動、足動，眼神亦隨之動，如是方可謂之『上下相隨』。有一不動，即散亂也。」這就含有以腰為軸、一動無有不動的意思。

　　注意，有分化才有整合；太極拳的陰陽運行，必須明三節、分兩點。分不出三節、兩點，就是陰陽不分、虛實不明、剛柔不濟、運轉不靈，根本進入不了「太極」狀態。這裏所謂三節，是指根節、中節、梢節。上肢的三節，是肩為根節、肘為中節、指為梢節；下肢的三節，是胯為根節、膝為中節、趾為梢節；全身的三節，是手足為梢節、脊為中節、腰為根節；形態的三節，足為根節，腰為中節，頭為梢節；內勁三節，是頭為根節，腰為中節，足為梢節；如此等等。而所謂兩點，則是有上必有下，有前必有後，有左必有右，其中領勁點和發勁點一定要分清。

　　所有變動和發力，均要從根節開始，所謂動從根起、力循脊發，要想手上有東西、必先腳上有東西，太極拳所有的陰陽變換，首先也都是從腳底開始發動的。兩腳要平踩地面，重心由湧泉穴直指地心，但湧泉穴本身卻是空的，這叫做「實中空」。運行時腳底一定要「踩住」地面，重量「直透」地心不能「拔根」，但整個氣勢卻利用反作用力「自爾騰虛」。太極拳中有些流派也有「五趾抓地」的說法，這跟他們的攻防角度和發勁方式有關，特別是其發某種勁時的一剎那，其意在穩定重心；但並不一定老是腳趾用力而影響運行的輕靈。

所謂「步隨身換」，太極拳的步法必須不但要跟自我身法的變化協調一致，而且還要跟敵手的進退保持一致。有道是「教拳不教步，教步打師傅」；時下人們只注意自我操作的身手步伐之協調跟進，卻忽略了對敵時就勢走化與跟逼的步法應接，於是喪失了本應具有那外向的技擊功能。太極拳不但身手講究沾黏連隨，腳步也同樣講究沾黏連隨。其處理方式大體是：進時講究前腳先偷半步，矮步奔竄、入勢跟逼、捆住來打；退時則後腳先退，高步雀躍、跳出圈外、意氣不斷、不能散架。在這裏，樁功是總體的基礎，步法則是應對的關鍵。

　　無論全身還是上、中、下任何一盤，其梢節的作用是前進的引領，中節的作用是控制，根節的作用是發動和跟逼。由此必須充分發揮腰、胯、尾閭和肘、膝的調節控制作用。前進時前領後催，沉氣追逼、節節跟上；後退時命門先撤，收胯轉腰，「後隊變前隊」，乃是根節先走、中節穩住，梢節後退中相應的另一梢節卻反含前進之意。無論前進還是後退，其目標方位和前後程序的應敵關係必須清楚準確，無論手、足都要直指目標，太極拳反對不講方向、迷失目標、不論條件和不擇手段的反意義、無意義亂動。自身的發勁點和敵手的跌落點必須要連成一線。運行中發勁並不等於領勁，二者混為一談就是陰陽不分、虛實不明，因而進不了太極狀態，也無法整合自身。只有明確發勁與領勁的分化與整合，才能做好上下相隨、節節貫串的「周身一家」。在這裏，張卓星關於發勁點與領勁點的分析很是中肯，可找來參考

　　至於「上下相隨人難進」，實際上回應《太極拳論》

歸結的捨己從人，反對捨近求遠。到底怎樣能夠做到「上下相隨人難進」呢？《太極拳論》給的回答是：「虛靈頂勁，氣沉丹田，不偏不倚，忽隱忽現，左重則左虛，右重則右虛，仰之則彌高，俯之則彌深，進之則愈長、退之則愈促，一羽不能加，蠅蟲不能落，人不知我，我獨知人，英雄所向無敵，蓋皆由此而及也。」由此其具體操作便是服從於下句「引進落空、四兩撥千斤」效應的系統工程，並具有技術上的多方面要求。李亦畬整理的《走架打手行工要言》對此有相當精闢的論述，可找來參考。

上下相隨、前後相連、節節貫串、周身一家的方法論含義，就是統籌兼顧、自我整合、黏走相生、主客相應、陰陽相濟、整體協調。身體上下各個部分總是處在不停的變動過程中，要使這些不同的部分協調一致，就必須外求圓活，內求貫通，因勢就便，動態地協調整合它們的相互關係。

所謂「隨」的涵義，就是跟隨變化的同時調整。另外還要指出，整合協調並不僅是一個訴求或標榜，它還須有一系列的操作前提以及相應措施來保證。這裏有下面五個層面要注意：

（1）、意氣領先，講求意到、氣到、勁到，操作時意念先行氣貫四梢；引申到社會文化上便是「思想上和政治上的路線正確與否是決定一切的」。

（2）、勁力完整，講求節節鬆開、節節貫串、操作時必須其根在腳，發於腿，主宰於腰，形於手指，由腳而腿而腰，總須完整一氣；引申到社會文化上便是「統籌兼顧、適當安排、上上下下、萬眾一心」。

（3）、虛實變換，講求左重左虛、右重右杳，操作時讓人感到勁路隱現無常的仰之則彌高，俯之則彌深。進之則愈長，退之則愈促，引申到社會文化上便是「因應情勢、與時俱進」。

（4）、變轉圓活，講求進退轉折、圓活連續、鬆靜自然，操作時勿使有缺陷處，勿使有凹凸處，勿使有斷續處；引申到社會文化上便是「保持政策的連續性，轉彎不要太快」。

（5）、各種力量既相互補充而又相互制衡，講求有上必有下、有前必有後、有左必有右的八面支撐、相互制衡，引申到社會文化上便是尊重多數、照顧少數、隨機就勢、動態平衡。

顧留馨曾總結過太極拳運行對稱協調的五個規律：「① 意欲向上，必先寓下；② 意欲向左，必先右去；③ 前去之中，必有後撐；④ 上下左右，相吸相繫；⑤ 對拉拔長，曲中求直。」這引申到社會文化上便是不做兩極分化、不讓單頭獨大、不能各行其是，講求共同參與、整體制衡、多向互補。由此練拳時必須注意外型求正（左右對稱、上下對拉、前後對撐，中正不偏、自然順暢）內意求勁（節節鬆開、節節貫串、氣遍身軀、力循脊發，一動無有不動、一靜無有不靜）內外求合（意、氣、勁、形、神的高度統一）；應對時這上下相隨，周身一家當在得機得勢中實現。於此又回到《太極拳論》歸咎的捨己從人而又不捨近求遠的「陰變陽合」上。就社會文化上說，這也可以引申到權利與權力、職責與義務的制約平衡。

注意，本句落腳點是「人難進」而並不是「我能

出」，其所強調的並非是強權壓制、侵犯掠取、殺戮無辜、趾高氣揚，而是維權自保、自衛反擊、積極防禦、制止壓迫，著眼於《孫子兵法》中先為不可勝的定家計。太極拳反對一切形式的恃強凌弱和爭霸逞強；但也絕不迴避矛盾、放棄鬥爭。

3. 第三句，敢於面對

「任他巨力來打我」這裏說的是一種敢於面對、不畏強暴、勿失主宰、因應處置（而不是感恩奉獻、無奈屈從、放縱邪惡、任人宰割）的待敵態度，強調一個「任」字，落腳於一個「我」字。

恃強凌弱以至弱肉強食，是動物世界的叢林法則，也是人間階級分化後至今歷史的基本狀況；對此必須冷靜面對，而不能一味迴避或者乾脆無視。

漢語中的「任」，指任憑、聽憑，不論、無論。就是不管敵手怎樣來進攻、無論遇到什麼情況，我都必須正視敵強我弱的基本狀態和弱肉強食的競爭態勢，並且堅持避免實力抗衡的消耗性應對。

「任他巨力來打我」回應《十三勢歌》所說的「因敵變化示神奇」，並且是《太極拳論》所說對象化那因應隨變、人剛我柔、隨曲就伸、急應緩隨的主體性臨敵操作態度，拒絕自我中心、一廂情願、既這又那、平均用力的「雙重」狀態。《易》云：「臨，元亨，利貞。至於八月有凶。」「臨」即面對。蘇軾《留侯論》云：「古之所謂豪傑之士者，必有過人之節，人情有所不能忍者，匹夫見辱，拔劍而起，挺身而鬥，此不足為勇也。天下有大勇

者，卒然臨之而不驚，無故加之而不怒，此其所挾持者甚大，而其志甚遠哉也。」所謂「人在江湖，身不由己」，人所面臨的環境和敵手往往無法選擇，敢於面對擔當但又不作硬性抗衡，並有全方位的憂患準備，著眼於安排好自身，這樣才能有好結果。

人是個有限的社會存在物，在不能選擇敵人的情況下，絕不能做盲目的實力抗衡和硬性對抗，而要採用彈性靈活的隨機就勢、化解矛盾之法。這裏要所說的任他巨力來打我，是建立在獨立自主、靈活善變、誘敵深入、尋機反擊的隨機應變，而不是簡單的依附外物、迷失本性、逆來順受、甘受奴役的無奈受控；所謂從人本是由己是也。就價值論而言，任他巨力來打我體現了中國文化關於退避三舍、禮讓為先的操作取向，嚴守不主動進攻的自衛立場，講究有理、有利、有節。

《老子》云：「吾不敢為主而為客」。就操作而言，先讓一步是因應知機、尋機造勢的一個基本條件，透過敵方進攻而發現其基本意圖和態勢，並進而瞭解其總體佈局和優勢、劣勢。所謂「以空間換時間」，以便在退讓過程中做好自身的反攻準備。這也是隨機就勢、借力打力、以其人之道，還治其人之身的一個必要條件。

注意：所謂「任」，是任他而不是任己（操作主體無論何時都不能主觀任性），亦即隨機就勢的天道無為，而不是目空一切的自作主張和恣意妄為；由此強調以靜待動、以逸待勞；攻其必救、守其必攻；有備無患、蓄而後發；只要做到因應隨變的機動靈活，那無論遇到什麼情況都是能夠可以對付的。任他的「任」字突出誘發並放縱敵

手想像，而前述由己的「由」字則表明當依自身本性。

　　所謂「彼不動、我不動，彼微動、我先動」，讓敵先行、捨己從人的前提，是面對現實、正視矛盾、尊重規律、利用機勢，而不是無視現實、否認矛盾、不顧規律、自作主張的鴕鳥戰術；其背後的內涵反而是自我主宰而不是聽命於人，體現陰陽相濟中的陰變陽合。這裏任他的理論前提，一是敢於面對強敵，二是不怕以弱對強，三是就勢借力，四是掌握自身行動的主動權。它在被動的形式中始終維持自身的主動權，並把審敵和應敵融為一體，在沾黏連隨中瞭解敵情、化解敵力、利用環境、還擊敵勢，由此實現自身的技擊目標。

　　捨己從人結果是後發先至和致人而不至於人的技擊勝利。這是敢於面對並走出自我中心後的得大自在狀況。有道是：「不管風吹浪打、勝似閒庭信步」當今社會上一般用「打太極拳」和「推排球」來形容迴避矛盾、推卸責任和喪失了主動權，這顯然是極大歪曲。打太極拳講究捨己從人，就是要正視矛盾、應對現實、切近自身、承擔責任和走出主觀想像，它的引進落空、借力打力則恰好是技擊主動權的生動表現；它更像打籃球而不是推排球，操作上特別強調要主動接球和控球。

　　捨己從人裏面有沒有主觀因素（意識和行動）呢？當然有。如果沒有豈不成了始終盲從對方擺佈而置自己於毫無作為的處境了嗎！不過，這個主觀因素的存在，是以尊重客觀形勢、順應客觀規律、利用客觀條件為前提的，否則就是主觀任性和盲目放縱了。《五字訣》云：「先以心使身，從人不從己；後身能從心，由己仍是從人。」前兩

句是指初練推手時的情形，後兩句是指推手熟練後的情形，都是強調「從人不由己」同時都存在主觀因素。至推手熟練後的主觀因素，已經昇華到了自然反應，隨勢而動而又從心所欲的天人合一境界了。可見合法的主觀因素（意識和行動）是必須的。《五字訣》接著還寫道：「由己則滯，從人則活。」這裏的由已，無疑是主觀主義，因此則滯。至從人為何則活？因為有「合法的」主觀因素存在之故，如果沒有操作上合法的主觀因素是活不了的。

《太極拳論》提出：「本是捨己從人，多誤捨近求遠。」那麼近和遠又是什麼意思？推手不是主張從相互作用的客觀形勢出發嗎？好，客觀形勢總是現成的，擺在眼前，近在手邊，就該主動接受它、抓住它、利用它，隨機應變、因勢利導，透過客觀規律和外部力量施展功夫，該化就化，該打就打，該改造就改造。倘若置這個近在手邊的現實於不顧，偏要憑主觀願望去另外尋求一個自己心目中早已設計好了的理想形勢，那就必然要多費周折，多走路程，豈不遠了嗎！況且這樣做，正犯主觀任性的錯誤，結果事與願違，招致失敗。

李亦畬說：「挨何處，心要用在何處。」因為此處是交鋒的焦點。陳鑫說；「依著何處何處擊」，因為此處最近。這些都是捨近求遠的註釋。不過依著之處（黏著點）也往往是可走而不可擊的，因此善於即黏即打的高手，常常在黏走的同時，還運用他的嫻熟纏絲技能不為人知地越過黏著點，而徑向遠處放勁打落在對方身上並立收簡便快捷的打擊效果，那麼這是不是捨近求遠呢？不是的。因為這時客觀形勢表明，遠處的對方身上才是現成的，真正的

可打之點隨手可得。從《拳論》的遠近觀點來說，此處是近不是遠。《拳論》說的「遠、近」，是指時間上的遠、近，它與空間上的遠、近有時一致，有時不一致，如果把空間上的遠、近概念來認識這裏的問題，就會差之毫釐，謬之千里。

總起來說，這句的文化精神可以作這樣四個層面的理解：① 不畏強暴、冷靜面對的獨立自主精神；② 捨己從人、遵循規律的客觀性原則；③ 以柔克剛、以弱勝強的弱者戰略戰術；④ 敢於鬥爭、敢於勝利的樂觀主義心態。

4. 第四句，應敵原則

「牽動四兩撥千斤」這句論述的是誘敵深入、牽制對手（而不是手足無措、被動挨打）之應敵原則，注意一個「牽」字、弄懂一個「撥」字。

這裏說的是在避敵鋒芒時主動的誘敵深入、引進落空、隨機就勢、借力打力之法。上句敢於面對是講態度原則問題，這句應敵原則是講具體操作問題。句中牽字當是牽牛之牽，強調捨己從人的被動應敵形式中，必須要有自身的主動權，亦即指技擊過程中要主動地牽著對手的鼻子走，因勢利導讓他不由自主地聽從自己的指揮，由此突出太極拳意動神隨，從人本是由己的意蘊。

全句體現捨己從人、以順避害、以靜待動、以柔克剛、以退為進、以守為攻、曲中求直、後發先至那弱者戰略意圖所導致的制敵效應。

操作上這兩句分別從原則和實行兩個方面說明太極拳

太極拳譜釋義 太極拳理的文化學分析

順人之勢、借人之力、以小力化解大力的基本技法。本來，借力使巧之法並非太極拳所獨有，前面多次提到先秦的《莊子》和《吳越春秋》，就已涉及就勢使巧借力問題。近代則有《少林拳術秘訣》一書中所載《趨避歌訣》說：「趨避須眼快，左右見機行。趨從避中取，實自虛處生。山重身難壓，隙開進莫停。勢猛君休懼，四兩撥千斤。」這秘訣最後兩句與《打手歌》第三四句基本上是一個意思。一說不怕他來勢多猛，一說不管他來力多大，總之都認為用小力是足以化解和反擊大力的。

　　然而大不相同的一點是：少林拳派一般只把借力當作技術和戰術之一，幾乎所有的外功拳術同時也兼備借力之法；然而太極拳卻把借力之法提高到戰略原則上來看待，把一系列以小勝大、借力發人等技術、戰術，都當作保證實現戰略原則的主要手段，由此「變通」成了「通變」。這正是主柔、主守的太極拳，從理論到方法都與外功拳有很大差別的原因了。

　　「四兩撥千斤」的拳諺至遲在明代就很流行了。四兩怎麼能撥動千斤呢？這很大程度上是含有藝術誇張的形容性說法。沈壽曾舉下述例子說明：「把對手比作一個千斤大石，這塊石頭壓到我身上，那可不得了，準被壓個半死吧！若要不讓它壓著，那就如古諺所說的：「泰山雖重，其如壓不著我何！」壓不著，自然無損於我一根毫毛。如果這塊千斤巨石牢固而平穩地豎立在地面上，那即使有幾個大力士也沒法推動它，更不用說四兩之力就能把它跌翻了。但如這塊巨石被烈風吹動，其重心已在底盤邊緣極限而搖搖欲墜，只消再加四兩之力就會使它跌倒，那麼「四

兩撥千斤」豈不成了現實？！或許有人認為：這個例子太「典型」了，意義不大。其實在推手過程中，人體始終處於運動狀態，人體重心偏向底盤一側是經常的。何況人只有兩隻腳，而不同於四腳爬行的獸類，因此，在一般情況下，底盤總是有其較窄的一面：加上自身的攻守失誤和對方的虛引詐誘，人體終不免有處於動搖之時，而不能像千斤巨石那樣巋然不動地豎立在地面上的，正因為如此，「四兩撥千斤」的機會就多了。有時對方用大力推來，由於身法前傾、上下不相隨，你只須用小力牽動一下，就可使他向前跌仆，甚至有時只須斜閃放空，也可使力大而不太懂技藝的人發生傾跌現象。總之，借大力的形象化說法，又有誰會用天平去衡量呢！」西哲有云：「給我一個支點，就可以把地球翻轉」，亦此之謂也。

郭福厚認為，「『牽動四兩撥千斤』與『四兩撥千斤』有質的差別。只用『牽動四兩』為條件，就能撥動對手的千斤力，是不可理解的。如果說這是指特定的情況，那就應該說明是什麼具體情況下，用多大的力去牽動四兩？不然，何以牽動對手四兩就可以撥其巨力呢？也有人設想用秤的道理來解釋這句話，『牽動四兩』比之移動秤錘。道理似乎講得通，但與實際差距太大。秤是槓桿原理，秤錘的重量與秤桿的長度，決定著被秤物體的重量。誰見過能秤千斤的秤的秤錘是四兩重的呢？」

看來人們對一些比喻的說法理解並不完全一致。鄭曼青在解釋什麼叫做四兩撥千斤時引用楊澄甫的話說：「四兩何能撥千斤？人皆未之信。所謂四兩撥千斤者，只要用四兩勁牽動千斤，而後撥之。此牽與撥，是兩回事，非真

太極拳譜釋義 太極拳理的文化學分析

以四兩撥千斤也。」接著就此發揮說：「牽撥二字，分開解釋，便能見其妙用。牽之之法，譬如牛重千斤，穿鼻之繩，不過四兩；左右如意，其欲奔馳不可得也。蓋牽者，牽其鼻準，若牽其角，其腿，不行也。是牽以其道，以其處也。然則牛可以四兩之繩牽之，如千斤之石馬，亦能以四兩之朽索牽之乎？不能也。此活與死之作用不同。人有靈性，其欲以千斤之力攻人時，其來有方向。譬如對直而來，則我以四兩之勁，牽其手之末，順其勢而斜出之，此謂之牽。因牽動之後，彼之力已落空，則此時以勁撥之，未有不擲出尋丈之外者。然牽動之勁，只要四兩足矣。撥之勁，酌用在我耳。然牽動之勁，不可過重，重則彼知之，可以變化脫逃也。或則借牽之勁，換其所向，得以襲擊之也。否則彼知我牽之，便蓄其力而不前，蓄其力，其勢已退挫，便合牽之之勁，而反為發放，則彼未有不應手而倒。此反撥也。」這些說法，都是深有體會的經驗之談。

5. 第五句，反擊機勢

「引進落空合即出」這句論述的是有感應、因敵成形（而不是主觀設計、以想當然）的反擊機勢。這裏講究一個「合」字，落腳於一個「出」字。

就發生機理而言，道家文化強調無中生有、以有還無、有無相生、大化流行，其原則操作則突出虛無為本、因循為用、虛以待物、引進落空，但這引進落空又並不是逃避現實、否認矛盾而是借力打力、解決問題。引進落空合即出，就是隨對方來勢而將其力引向空處，引到和我的

出擊條件相合時，便就勢出擊挨著何處何處發。其表現形態主要是讓身取位、封勢挫根、步趨身擁、接勁彈發（這很容易使人聯想到打籃球中的傳球、運球和接球投籃，其中人跟球的關係，就是沾黏連隨）。

「引進落空」是隨機就勢、捨己從人的落腳點。這裏的「引進」，是指順勢引其深入我的控制範圍，體現對手先進攻我，即任他巨力來打，而我則毫不抵抗並順勢借力，決不生拉硬拽暴露意圖。這「引」字有兩重涵義，一是因勢利導使其落空，一是故露破綻，誘他冒進。有道是「虛籠詐誘，只為一轉」，「虛籠詐誘」就是引進落空，落空則指的是對手力量和攻勢落空，對我並不構成威脅；而這「轉」字就是出擊，亦即本文的「合即出」。合即出指該出手時就出手、得實不發藝難精，技擊任務在於保存自己、消滅敵人，在機勢均適當時就要及時反擊。所謂逢化必打、逢丟必打、摸實就打，就是這個意思。只有實現了對敵還擊，才是完成任務的「既濟」。

這裏的合，不但指敵我雙方關係演變的機勢順背相宜，而且還指自身力量各個部分的整合適當。就機而言，這時敵方舊力已過，新力未生；而己則是蓄勁已成，能整合全身力量並發勁專主一方，這是時機的合。而就勢而言，則是我順人背，可以不丟不頂、順勢借力地或擊其偏，或擊其退，這是與人之走勢合。

武式太極拳家認為，「合即撥」。這裏所說的「撥」，就是上句「牽動四兩撥千斤」的「撥」字，由此體現被動形式中的主動內容。從技術上說，推手中使人落空的目的，在於令彼失去平衡，或傾斜失勢，或控制不了

慣性等等，從而為我反擊造成最有利的條件，達到「以弱勝強」。

從文化上說，這個合即出中「合」字的直接意義，是我順人背中敵方落空、我方落實那機緣際會正當關竅切要之處，整個把敵勢敷蓋起來使其無法變更。但當要有一定的前提和背景：其前提主要是操作主體上下相隨、周身一家的主動性和機動性，其背景則是該出手時就出手那合規律性和合目的性的統一。至於「出」字，則是防守反擊。有壓迫就有反抗，不加反抗的屈服退讓無法保持真正的平衡與和諧。

操作上「引進落空合即出」可分析為化引、拿發這樣兩個方面。化引為「引進落空」，拿發則是「合即出」。具體說來，「化」是化去對手攻我之勢，使我脫離對手的控制。「引」則是引誘其勁而使之落空，對方攻來，我就引之使進，卻又不使他的剛發之勁落實到我的身上，而使其落空。「拿」（擒拿之合稱，單手為擒，雙手為拿）是鉗其關節勁路、制其發勁根基，使其走向背勢。「發」是加己勁於彼勁之上，發落點對時，合力放出；彼勁被我引進落空後，其身法必然有所傾側，落入我的控制範圍，而這時我已蓄勁蓄勢充分，並認定機勢無不合度，便抓住戰機，瞬間發放，這樣也就無往不利了。

「合」指合度，包括很多方面，主要是指得機得勢而得其「中定」，而不是單純地指外形的開合之「合」。化引之目的是造成我順人背的態勢，拿是控制對手的變化，拿不住就不能發；如尚在我背人順，化引之功未竟之時就要拿，結果是犯了雙重而不能運化，最後只能為人所制。

而發則必須具備五個要素：①態勢（即背、順），②時機，③方向，④勁道，⑤著力點。發並非一己之力，而是雙方的合力。至於時機的認定，即上段所云：逢化必打、逢丟必打、摸實就打。

往寬裏說，這裏所謂的「合」至少有三個不同的層面：一是「統合」、二是「協合」、三是「應合」。所謂「統合」，是就自身各個方面力量的整合而言，講究組織起來、分工合作、統籌兼顧、併敵一向；所謂「協合」，是對獨立於我之外相對穩定的環境、條件以及友鄰力量而言，講究順應環境、利用條件、藉助機勢、協調磨合；所謂「應合」，是對發生衝突的對手而言（這對我來說是一種難以捉摸的破壞性力量），則要講捨己從人、引進落空、就勢借力、隨機應對。我可以示形造勢、引進落空並誘其墮入我之圈套，或者乾脆戰勝以至消滅之，但卻無法一廂情願地直接支配或統籌它。而其中使用的基本方法，則是在正視現實、尊重規律基礎上的陰陽變換之對立統一；拳訣云「分為陰陽分、合為陰陽合」，即此之謂。

就文化而言，「合」即適合、恰當、適宜，它反映了中國人的「宜」思維。因時制宜、因地制宜、因人制宜、因事制宜，無論什麼問題都因時間、地點和條件而轉移。由此什麼事情都要強調具體問題具體分析，並且強調其數量上恰到好處的精當。一個高明的拳手，其化引拿發掌握得極為精當，確實使人有某種「神化」之感。

武澄清在《打手論》中，把「引進落空」解釋為「引勁落空」。此處「進」字作「勁」字講。不知作者另有所本，還是個人的心得體會。雖一字之差，頗值得探討。

「引進」見於外形，是透過空間的運動，引長對手的身肢，而使彼勁待盡、落空，為反擊創造條件。「引勁落空」的方式方法較為廣泛，其中也包括「引進落空」之法。也就是說「引進落空」具體，但含義狹隘；「引勁落空」技法含義較廣；但如何能使彼勁落空則不夠明確，非懂勁後不能理解。從理論來說引勁落空，比引進落空的境界更高。走化的方式方法，已突破了「引進」的框框。

這裏強調「合」的技術關鍵，就是「引進落空」。陳鑫（1849～1929）在《搌手十六目》（以下簡稱《十六目》）一文中。第9～12目對「引進落空」四字作了逐字的解析，可供參考。

此外，「合即出」的「出」字，當解作勁力發出、發放，而總的來說都屬打的範圍。打要快，切不可稍有遲疑，拳諺說：「遲疑必失機」、「機勢一失掉，空有兩手巧」。所以強調合即出。《十六目》第13～16目，實際上就是為合即出三字所注，其中：「得」相當於「合」；「打」就是「出」；「疾、斷」講的是「即」。

從《十六目》「速而又速」之句，聯想到《太極拳論》的「動急則急應」。這些話充分說明太極拳並不是簡單地只要慢不要快的。特別是推手和散手過程中，快慢都必須服從整體戰略、戰術原則的需要，也必須能順應對方的變化，這才能稱得上因敵變化示神奇！這是藉助隨人而動的被動形式，實現特立獨行的無為而無不為。

太極拳並非是一般人所說的老人拳或豆腐架子。說它是老人拳，不外是因為從事太極拳運動的體育生命特別長，可以自幼打到老，因此老年人特別喜愛；但若為提高

太極拳的技藝水準計，那還得要大力從兒童抓起。至於那些所謂豆腐架子，那或者是說者為外行，或者是練者為豆腐，但這些都並不是太極拳本身固有之弊病，而是人們的誤解或操作者的扭曲。

6. 第六句，活動狀態

「沾連黏隨不丟頂」這句論述的是打手時的基本活動狀態，也是黏、走兩大戰術應用「引、化、拿、發」的四大技法，注意負面著力、逆反操作、虛實變換、出奇制勝的「不」字，表現為連綿不斷的「隨」字。

它是上句引進落空合即出的前提條件和狀態描述。換言之，不能沾連黏隨、不丟不頂也就施展不出引進落空合即出的技術效果。「沾連黏隨」也就是跟對手沾連不脫，由此造成引進落空、我順人背和借力打力、四兩撥千斤。沾連為不丟，這是人走我隨的「黏勁」；黏隨為不頂，這是人進我退的「走勁」。這裏突出的是作戰過程中雙方若即若離而又不即不離的膠著糾纏互動狀態，在這狀態中，主動的一方持續跟進、不依不撓地控制著另一方，而被動的一方卻左右不是、進退不成無法擺脫自身的失勢態勢。有道是「宜將剩勇追窮寇，不可沽名學霸王」，亦此之謂。其操作關鍵在於操作上蓄發同時、虛實變換、攻守同一、剛柔並濟、曲中求直、後發先至。應接就是反擊，沾上就要跟發。

這個說法回應《太極拳論》所說狀態上的動分靜合、隨曲就伸、人剛我柔、我順人背，還有操作上的無過不及、中正安舒、不偏不倚、忽隱忽現，立如平準、活似車

輪，偏沉則隨、雙重則滯，黏即是走、走即是黏，陰不離陽、陽不離陰，陰陽相濟、方為懂勁。以及歸咎上捨己從人而不捨近求遠。這是《太極拳論》上述種種說法在敵我關係中的過程性基本表現，呈現某種循環往復的大化流行中事事無礙、來去自如的瀟灑狀態。《老子》有云：「天地之間，其猶橐籥乎？虛而不屈，動而愈出。」亦此之謂。

　　太極推手是對立雙方在以肢體相沾黏著的情況下進行的，這是一種以破壞對方站立平衡來建立自身平衡為目的之技擊形式；其活動法則就是不丟不頂。所謂不丟，就是在整個活動過程中，雙方始終保持著肢體上的接觸；所謂不頂，就是不用拙力與對方作正面抵抗。推手只在不丟不頂中討生活，不丟是不脫離對方的手，不頂是不抵抗對方的勁，這中間包含沾連黏隨四種動作。沾連是屬於不丟的，黏隨是屬於不頂的，就是說對方進我用沾連，對方退我用黏隨。它研究的重點是如何將來勁引進並使之落空，以取得我順人背之勢。這些內容，太極拳把它稱之為「沾連黏隨」，或曰「黏走相生」。

　　作為一種活動狀態，它需要靠一定的技法和勁力來維持，拳訣有云：「掤捋擠按世間稀，十個藝人九不知，若能輕靈並堅硬，黏隨沾連俱無疑。」又云：「採挒肘靠更出奇，行之不覺費心思，果得沾連黏隨字（果能輕靈並堅硬），得其環中著支離」。這兩首拳訣都強調勁法，可見維持沾連黏隨的狀態，必須靠輕靈並堅硬即剛柔相濟的八門勁法才行。如果用一般的拙力則是很難辦到的，即使是勉強具備了沾連黏隨的表象，也必然會變成扁、抗、丟、

頂的病手

　　所謂扁，就是因為沒有掤勁而被對方將己手擠壓貼身；所謂抗，就是因為用力過大而造成拼消耗；所謂丟，就是與對方脫離接觸；所謂頂，就是用大力跟對方正面對抗。這就是說，病手跟功手之間的區別，不在外面的手勢，而完全取決於勁力的質量。以病手進行技擊，起不到引進落空的作用，即或能夠勝人，但那也只是有力打無力、手慢讓手快的先天自然之能，非關學力而有為，謂之其他拳術都十分勉強，更加不能稱之為太極拳技法。

　　俗語云「菩薩畏因、凡夫畏果」，中國文化關注的是一個「如是世界」或「運行世界」，而決不是基督教中那個被確定的「受造此世」；其著眼於因緣假合那生生不已之整個大化流行，並不執著和斤斤於一時一事的成敗得失。所謂「勝敗乃兵家常事」，由此產生「殺頭不過風吹帽，二十年後又是一條好漢」的中國式「樂感文化」。

　　作為一項基本技擊功夫，沾連黏隨指的是在應敵過程中維持自身黏走相生、連綿不斷的本領或能力，這是一種應對中隨機應變的動態平衡，由此回到《太極拳論》開頭所說的「人剛我柔謂之走，我順人背謂之黏、動急則急應，動緩則緩隨」的基本戰略上面。就技術上說，這種黏走相生、蓄發互寓、虛實變換、剛柔並濟的能力，不僅要表現在手上，而且也要表現在身上，功夫深的拳家，全身各處均具沾連黏隨本領，無論何種情況下，也不管對方攻達他的哪個部位，他都能在不丟不頂的原則下，將來勁就地消化而安然無恙。沾連黏隨是一項綜合性的功夫，這一功夫的形成和提高，有賴於各項太極行功的全面熟習、過

硬和靈活運用，推手則是鍛鍊這項功夫的主要形式和方法。掌握沾連黏隨不丟頂是個長期的練習適應和糾偏修正過程。

樂亶指出：「推手練習所追求的目標是不丟不頂，但要知道，不丟不頂就是以丟和頂作為基礎的。不丟不頂是標準，丟頂或頂匾丟抗是偏差。丟匾是不及，頂抗是太過。丟頂是攻擊中的過與不及，匾抗則是應付中的過與不及。按一般道理，過與不及雖根據恰到好處的標準來說的，而實際上也沒有脫離過與不及的恰到好處，問題只是如何儘量縮小偏差的程度而已。所以，丟匾頂抗雖是根據不丟不頂的標準來說的，但實際上也沒有脫離丟匾頂抗的不丟不頂。兩人敵對中，誰的反應細、圈子小、調整快、偏差低，就能比較地不丟不頂，而占於上風地位了。因此推手所練習的，實際上只是逐漸縮小丟頂的偏差度而已。一般推手練習中，如果不明確上述道理，就可能發生兩種偏差。第一種偏差是片面地發展『頂』，有些人片面地追求武術效果，急於求勝，寸步不讓，雖然暫時也能充分發揮自己的體力，但結果只能冒沖冒打，頂牛角力，一直停留在初級階段上。第二種偏差則是片面地發展了『丟』，等於和第一種偏差背道而馳，這些人沉醉於所謂太極拳的『化勁』之中，你來我化，不惜丟匾，似乎可以防止頂牛，但結果都一直陷於被動，亦不能有較大的提高。所以開始練習時，雖然一時做不到不丟不頂，但卻一定要明確不丟不頂的方向，然後便要既丟且頂，亦丟亦頂，頂頂丟丟，丟丟頂頂，由粗入細，由淺入深，功夫到時，自然便能不丟不頂了。」其具體特點，張卓星關於「不丟、不

頂」和「聽勁」的一些說法分析頗詳，可以找來參考。

　　注意：在雙方肢體黏著的情況下，黏著點必然成為技擊交鋒的焦點。同時，雙方的攻防動作和勁力也必從此點出發，並由此點作用到對方身上以實現其技擊目的。因此，在此點上所感知到的敵情，無疑要比在一定距離以外憑視察得到的敵情及時、準確得多。況且當對方的意圖一被感知，便可立即發起攻防勁力作用出去，不給對方以變招的時間，從而保證奏效。由此可見，黏著點既是聽勁之點，又是交鋒之點，所以，如何在此點上聽取對方的意圖和隱蔽自己的意圖，便成為太極打手所研究的重要問題。《拳論》指出：「一羽不能加，蠅蟲不能落，人不知我，我獨知人，英雄所向無敵，蓋皆由此而及也。」就是對審敵功夫所提出的要求。其用辭雖有誇張之嫌，但可以看得出它是把問題提到高度上來認識的。

　　聽勁的功夫，首先是依靠靈敏的本體感覺，其次還要有一定的手法動作相配合，所以它是一個既是審敵，又是格鬥的完整功夫，這個功夫，主要是透過推手形式來培養。反過來又是推手、散手和發放手不可分離的一個組成部分。太極打手水準的高低，是與聽勁水準的高低成正比的。相傳楊少侯與人較技，動輒一交手便以迅雷不及掩耳的速度發人跌出丈外，這種「即黏即打」技術，從表面上看來，好像並沒有透過聽勁的做法，其實恰恰相反，因為如果不透過聽勁處理，是不可能把打擊時機和出擊點選擇得如此恰當的，這只能說明他的聽勁功夫達到了極高水準。

　　「沾連黏隨」四字，近代太極拳家大多作了逐字分

解，如《十六目》第1〜8目，除1〜2目「較、接」二字指推手較量外，第5〜6目「因、依」二字則是從「黏」字中衍生的。《十六目》實際上是針對《打手歌》最後兩句中11個字所作的逐字分解；這裏雖未談到不丟頂三字，但如能做到沾連黏隨，那也自然能做到不丟不頂了。不丟頂是沾連黏隨反面（即匾抗丟頂）的否定性說法，意即在捨己從人、隨人而動的過程中，既不丟開，也不用勁頂人。換句話說，黏不住人，必犯「丟」的毛病；做不到捨己從人，就易犯「頂」的毛病。後人進一步由「丟、頂」二子，把它繁衍為「匾、抗、丟、頂」四字，統稱為「雙重」之病。總之，沾連黏隨是四要，丟頂是二不要。繁衍後二不要就成為四不要，或稱「四病」。楊澄甫所藏《太極拳譜》中有《沾黏連隨解》和《頂匾丟抗解》各一篇，字字珠璣、論述精當可找來參照。

其中所云「提上拔高謂之沾」，與《十六目》「手與手相沾，如『沾衣欲濕杏花雨』之『沾』」的說法有所不同：「沾衣欲濕杏花雨」突出有如「水之滲入」，其勁有「偷進」之意；而「提上拔高」則強調有如「真空（負壓力）吸引」，其勁有「牽引」之意。「提上拔高」是為了便於借力，這與李亦畬《撒放密訣》「擎起彼勁借彼力」句中「擎」字的含意相近似。所以，沾中須含擎意。「留戀繾綣」就是密切得難分難捨之意，與「如膠漆之黏」含意相近。其餘各句也無矛盾之處。

頂匾丟抗的「匾、抗」二字，凡頂得厲害就成了「抗」。抗，即以大力抵抗。作為術語字，這是從「頂」字中衍化派生的。丟，即離。匾，同癟。人走時，我不能

連隨，那就成為「丟」，與此相反，人黏逼而來，我雖不與頂抗，只是丟了掤勁，掤不住，化不開，手臂一下子被壓扁，貼住自己的身軀形成「自困自」的「軟手」，這就稱為「匾」。它既像掛在中堂的橫匾，缺少拱形的抗壓力，又像洩了氣的皮球，癟掉了。那自然立即被人得實發放了。由此推論，匾，雖與丟的方向、現象都不相同，但卻是從「丟」字中衍化派生的。這是指術語的繁衍，實質上也就是對《打手歌》理論的一大發展。這四病都與《太極拳論》所說「雙重之病」相合，也就是都會被對乘機借力或乘隙進攻得逞的。因此，《打手歌》的最後一句，便成為太極推手和散手運動中最重要的基本要領了。這也就是《打手歌》之所以被後人尊奉為太極拳經典著作的緣故吧！

就肢體技擊應對而言，一般有長距離（拳腳之外）、中距離（一肘之遠）、近距離（貼身作戰）三種狀態，不同流派武術於此各有所長。具體交戰則有應接攻勢、近身糾纏、解決戰鬥、脫離接觸四個基本環節。在這方面太極拳善於搶位入勢、貼身近戰，講究引化敵勢、進位拿發、雀躍跳出、韌性戰鬥。

太極拳的這種活動狀態在軍事上歸屬於「以柔克剛」的運動戰。由此推廣開去，筆者想到了毛澤東關於「敵進我退、敵駐我擾、敵疲我打、敵退我追」的運動游擊戰略，「集中優勢兵力，各個殲滅敵人」的基本戰鬥原則，以及「你打你的，我打我的；打得贏就打，打不贏就走」，「你發揮你的優勢，我發揮我的優勢；你有你的一套打法，我有我的一套打法。你打我時，叫你打不到，摸

不著。但我打你時，就要打上你，打準你，吃掉你。我能吃掉你時就吃掉你，吃不掉你時也不讓你吃掉我。打得贏不打是機會主義，打不贏硬打是冒險主義」，「以其人之道還治其人之身」的總體戰鬥效應。這是一種以弱對強的中國生命智慧。

最後就此文表達形式而言，中國詩歌中的「七律」為七言八句，但本歌訣卻只有七言六句，形式上並不完整。但這是在流傳中有所缺失還是原來如此呢？前引《李氏家譜》抄本所載此歌還有這樣兩句：「剛柔快慢自有為，形觀耄耋能禦眾」用以論述「打手」的效應和意義，內容和形式都較為完整，然而全詩的韻律、平仄卻又都改變了。不知道通行本於此到底是無意抄漏，還是有意刪去。

小說《西遊記》中說到，「天地原是不全的」，所以唐僧最初取到的完整「真經」也就必須掉到水裏被弄濕，在曬經時又要被石頭黏去一部分，由此「以應天地不全之數」。這是一種「中國式的智慧」，象徵發展中的任何東西都不可能絕對完備，而發展只有在死亡時才結束，由此一切都有待於發展過程來逐步完成，此外這裏還包含有自身運動那可持續和能承受那「永續循環」的深刻考慮，如此等等。

如果說上句「合即出」對應《易》的「既濟」卦，那麼這句「不丟頂」則是對應《易》的「未濟」卦，象徵一個回合完成後還有下一個回合；不排除本篇缺最後兩句或是有意為之。特別是就整本拳譜編輯角度看，本句不但可以回應《太極拳釋名》中關於「長拳者，如長江大海，滔滔不絕也」的狀態描述，而且更是回應《太極拳論》開篇

關於「人剛我柔為之走，我順人背謂之黏」的機理分析，由此讓拳譜內四篇文章很大程度上可視為相互呼應的有機整體。它是自足的，但又給人們留下可以發揮想像的空間。

前面已經提及，所謂「沾連黏隨不丟不頂」反映了道家人物瀟灑警醒的「遊世」（不是渾渾噩噩的「混世」）態度，它一方面不離不棄、密切聯繫並參與世態人情的變遷，另一方面又不頂不抗、若即若離地跟對象保持一個距離，以免過於執著拘泥並為人所制，從戰術上的「變通」統合構成戰略上的「通變」，由此明顯區別於儒家綱常倫理、積極乾預的「入世」操作和佛家超越輪迴、往生極樂的「出世」訴求。

其最高境界，當為《莊子‧刻意篇》所云「不為福先，不為禍始；感而後應，迫而後動，不得已而後起。去知與故，循天之理。故曰無天災，無物累，無人非，無鬼責。不思慮，不預謀，光矣而不耀，信矣而不期，其寢不夢，其覺無憂，其生若浮，其死若休。其神純粹，其魂不罷。虛無恬淡，乃合天德。」

如果再把它引申到現代社會生活，待人接物的「沾連黏隨不丟不頂」便是象徵深入社會生活、密切聯繫人民群眾，反映群眾要求，但又不做群眾尾巴；始終跟進社會事態發展，正視客觀矛盾運動，絕不跟風從眾，實現人與環境的雙向互動。這些古代的生命智慧使人總是立於不敗之地。

六 參考釋文

《打手歌》是應用當時白話文撰寫的一首通俗性拳訣。就字面而言，其文義並不深奧，因此，古人也從未作過今譯。採取今譯的辦法，在客觀上依舊難於表達其中術語的基本概念，而仍須藉助於註釋。但為統一體例姑妄試譯之，僅供參考。

> 掤捋擠按四法必須認真對待，
> 上下相隨可以使人難於入侵。
> 任憑他用多大力氣來打我啊，
> 僅四兩之力便足以撥動千斤。
> 引進落空一經合度立刻發放，
> 切記沾連黏隨狀態不丟不頂。

附錄　風骨氣概
─與太極拳研究家阮紀正的對話

余功保

（本書作者2006年給學生講太極推手）

太極拳是要有風骨的。

風就是風格，風範。骨就是骨骼、骨架、骨氣。

拳為心畫，拳的風格就是人心的外展，腹有詩書氣自
華，腹有經綸拳自華。若腹內空空，則為浮萍飄絮，任他
雨打風吹去，風吹雲散，拳練千遍，也是「拳奴」，終究
沒有自己的風格，在拳中感受不到「自我」的實在，拳始
終是別人的。

風範是風格形成後，並於拳道規矩高度吻合，舉手投

太極拳譜釋義 太極拳理的文化學分析

足皆是文章大氣。

拳架正，骨架正。氣順，骨氣乃生。練拳若無骨氣，則失之於「弱」，骨氣錚錚，氣概必大，心胸必闊。風範與骨氣相融合，拳法必然剛柔相濟。故看拳家高低，不必看拳，舉手投足間高下立判。關鍵就在「風骨」二字。

在當今研究太極拳的專家當中，阮紀正先生是稱得上具有風骨氣概的一位。

我和阮先生的初識是20世紀80年代的全國武術科學研討會上。因為是北大校友，談話自然就多些。阮先生是學哲學的，其時系統地以哲學方法和知識來研究武術，並且達到相當的高度，是不多見的。阮先生身兼哲學、武術兩個領域的專家於一身，長期研、練堅持不輟，達到自然、精純境地。

2006年春，在廣州阮先生家中相見，四壁圖書，一把長髯，有飄灑之勢，魏晉之風，談吐間天人縱橫，風骨獨具，不由感嘆，天地有雅氣，斯人獨太極。

一 轉益多師是汝師

余功保：

您本人是社會科學研究的專家，但一直在太極拳等武術研究領域有很多論文問世，從文章中看得出來，您對於武術技術、理論方面也很有造詣，請您介紹一下習武的經歷。

阮紀正：

我出生於抗戰的「走難」時期，個人體質極為虛弱，學習領悟能力也不高，平時走路經常暈倒。再加上母親很

早去世常受別的小孩欺負，從小就萌生強身自衛的心理。1957 年初中時學校辦武術班，報名測試後卻被認為「素質實在太差，根本不是學武的料子」，終於不予錄取。於是大大激發個人自尊和自學熱情；最初是根據蔡龍雲《中國武術基礎訓練》和王子平《拳術二十法》看圖識字般比劃，接著是跟同學練習顧汝章傳下來的十路北少林，也接觸過一點洪拳基本手法。1958 年看到徐致一的《吳式太極拳》，開始關注太極拳。後來經過努力，1959 年春終於正式進入廣州市青少年業餘體校，跟黃嘯俠學習彈腿，跟賴忠學六路短拳、龍行劍和南派單頭棍；當年夏天又到廣州沙面網球場跟鄧錦濤學習 24 式和 88 式太極拳，同年秋又跟楊新倫學習傳統楊式太極拳架和推手，還以通信方式向徐致一問拳。

　　1963 年到北京大學哲學系讀書，加入校武術隊太極拳組，教練是李秉慈。在北京文革期間，還經常到各公園向名師「偷拳」，跟楊禹廷搭過手，到清華大學武術隊學過形意拳，1980 年後還跟其他（例如大成拳、形意拳、八卦掌、太虛拳、詠春拳、查拳等）一些拳種的人推過手和問過勁。1968 年畢業後長期在湖南城步的苗族山村勞動鍛鍊，當過農村基層幹部、「五七」幹校教員，從事過水稻雜交工作和受過「莫須有」思想嫌疑的審查，直到 1980 年 7 月解除審查分配教少數民族中學。1980 年底從湖南調回廣東從事建材技工培訓工作，開始依託廣州市太極拳研究會和廣州太極推手研究組研習太極功夫，又分別向楊振鐸、顧留馨、李天驥、吳英華、馬岳梁、孫劍雲、陳小旺、沈壽、林墨根、于志鈞等名家問拳、交流、學拳

和推手。

　　1984 年還受命組建廣州太極推手研究組，任組長。1985 年受聘為廣州武術館兼職教練，1989 年受聘為廣州精武體育會太極拳總教練。此外還給海內外來訪拳友提供諮詢和參加過若干大型的武術研討活動。2004 年從原單位退休，又受聘為廣州體育學院武術系教授。

　　余功保：

　　有沒有過拜師？

　　阮紀正：

　　沒有。我是長期向一些不同的老師和拳友學拳和問拳，但不是某一門派的弟子。我是無門無派。

　　余功保：

　　那是轉益多師了。

　　阮紀正：

　　應該說是興趣廣泛，但卻淺嚐輒止。我一生與武術特別是與太極拳結下不解之緣，在學習過程中儘管有不少跟各家嫡傳大師直接接觸和交往的機會，但並無成為這些大師入室弟子的緣分。

　　余功保：

　　這種與名師「接觸」是一種很寶貴的經歷，您上面提到的許多老師都是太極拳的大家，已經故去，其人風範，為後學仰止，能親耳、親身感觸其功技理法當為幸事。

　　阮紀正：

　　這使我收益良多。我較重視自身的修為體驗，而不計較身外的名份，特別不願意受門派的束縛。這是我的人生態度，也是我對太極拳的態度。在太極拳方面我不算專

業、正統，是業餘吧。

余功保：

太極拳其實是沒有「專業」、「非專業」，「正統」、「非正統」之分的。什麼是專業？什麼又是正統？練得好，悟得透，見解精，理法明就是專業，就是正統。太極拳的正統就是能夠充分反映出中國文化的根脈。

阮紀正：

中國文化的根脈是太極拳的大統。

余功保：

您接觸的這些老師都給您留下了什麼突出印象？

阮紀正：

可以說每個人的特點不一樣。那些老師各有各的特點，並且都很鮮明。

余功保：

老一輩的拳家都是很生動的。

阮紀正：

比如，顧留馨先生，就是見多識廣，思路很開闊，很清晰，推手很細膩，我和他搭過手，手上的東西感覺很清楚。馬岳梁先生，很渾厚，他的架式一出來，不一定多麼劍拔弩張，但你感覺到形體之外的氣勢。

二 應物自然，體驗生命

余功保：

您在武術文化方面好像下的工夫比較大。太極拳是中國武術發展到很成熟階段出現的，它對中國傳統文化的融會已經到了水乳交融的地步。如何從文化角度認識和理解

太極拳？

阮紀正：

我以為，太極拳本質上歸屬於中國武術，亦即歸屬於肢體衝突應對那「以技行擊」的「用武之術」；當是肢體應對操作性的技術範疇，而不是形體造型鑑賞性的藝術範疇。但泛化開去，則可以是包括身體發展、身體教化、身體應對、身體娛樂以及體現在日常生活中的身體文化和手工操作上的身體技術等等在內的「綜合實用技術」；而不是西方式追求人體極限那單項技能的「高水準競技（Top Level Sport）」運動。就整體而言，我把它看作是中國人的身體文化符號，特別是看作是中國弱勢人群的生存策略和存在方式。

余功保：

一種是整體觀，一種是量化性的思維方式。

阮紀正：

「綜合實用技術」尚沒有從生產和生活中全面分化出來，其技術可以用來應付挑水、砍柴、推車、鋤地、挖泥等生產勞動，也可以用於個人強身、禦敵，或者用於修心、養性、怡情等生活技巧；它更多地是個體的（廣東人把練武術稱之為「玩拳」或「打功夫」，強調的是內向的體驗和修為）；而「競技體育運動」則已經從生產和生活中分化出來，並作為單項的體能技術的較量而從屬於政治、經濟或文化；它更多地是群體的（這裏人們看到的更多是外向的商業廣告和商業炫耀）。作為一種尚未從生產和生活中完全分化出來的「綜合實用技術」，太極拳的社會功能是多方面和多層次的。作為一種肢體活動，太極拳

不僅具有防身禦敵、制人取勝的技擊功能，具有強身健體、祛病延年的醫療效果，而且還導致修心養性、悟道怡情的精神超越。它綜合了儒家不偏不倚、變理陰陽的「中庸之道」、道家返璞歸真、應物自然的「無為之道」、佛家諸行無常、諸法無我的「涅槃之道」。當代以來，它還吸收了西方文化直面對象、弘揚個性的「自由精神」。事實證明，太極拳的開放兼容能力極強，可以成為當代人體活動的一個生長點。

余功保：

太極拳是一種文化的「複合體」，從單一層面上可以得到詮釋，但不是它的全貌。

阮紀正：

這裏強調一點：就是很多人都把「綜合實用技術」中的「技擊」跟「體育運動項目」中的「競技」混為一談。把傳統技擊說成是現代競技，結果什麼東西都說不清楚。「技擊」操作出發點是「不能選擇敵人」的生死博弈，追求目標是「不管黑貓白貓，抓住老鼠就是好貓」，屬綜合素質的隨機較量；而「競技」的操作出發點是「公平競爭」的奪取錦標，追求目標是「更高、更快、更強」，為單項技能的比試。這不同社會屬性背後所依託的生物本能，前者是覓食求生中的攻擊和自衛本能，而後者則是延續後代的性炫耀和性選擇。

余功保：

原國家體委主任伍紹祖先生曾說：「武術屬於體育，但高於體育」，論述了中國武術和現代競技體育之間的關係。就是中國武術，包括太極拳，比單純的體育競技有更

加豐富的內涵和更高的層次。

阮紀正：

太極拳以及整個中國武術都包含有身體教育的因素，但它們本質上卻歸屬於肢體衝突應對的綜合實用技術。我想以極簡要的觀點談一下太極拳產生和發展的狀況，這對我們認識和理解太極拳文化是必要的。

太極拳在中國武術史上出現是個重大事件，把它放在人類「體育史」中來看，同樣是一個重大事件。這裏我完全同意您在《精選太極拳辭典》前言所說的一些觀點，並對此作點補充和發揮。

首先、太極拳是中國武術演化的邏輯結果，儘管出現較晚，但發展卻極為迅速。開始時它從社會邊緣群體那裏被引入王室，大批高級知識分子參與介入，在短時期內又回過頭來普及至社會的各個層面，並被世界各國廣泛引進，目前已經有一百幾十個國家的上億人口在學練太極拳，不分貧富貴賤具有極大的普適性。

第二、太極拳作為中國武術的精華之一，卻又在一般意義上具有某種「反武」的性質。它把「對力的迷信」轉換為「對力的運用」，應對方式是「捨己從人」的，它用文明約束野蠻，還有從相互關係（即「勢」）中去研究人體潛能的充分發揮等等，都對當代科學發展提供極大的啟發和參照，由此成為「武至極為文」的「文拳」。它那隨機就勢、借力打力、陰陽相濟、以柔克剛、曲中求直、後發先至的基本戰略，在被動的形式中包含了極為主動的內容，這對怎樣走出工業化時代資源枯竭、生態危機和人類「自我中心」的困境，具有極大的啟發意義。

第三、傳統武術大多只有拳法而缺少拳論，但太極拳卻最大限度地吸收了中國古典文化的養料，甚至出現了「純哲學化」的拳論。其中蘊含的哲學思想確是令人炫目，並在身體實踐中可以找到對應。太極拳不但用理論引導操作，而且還以一種體驗的方式去闡述自然規律，即以肢體語言講述中國古人對宇宙、對生命、對運動的理解；這種方式顯然是激動人心的。把打太極拳說成是「跟空氣作戰」，這是不理解太極拳背後的文化含義。

第四、太極拳的發展史頗有點「從群眾中來、到群眾中去」的味道；從草野走入宮廷，又從宮廷回到草野。它為適應社會而不斷自我更新的舉措，反覆改革、修訂架式、套路以及訓練方法，一方面用科學思考去破除各種神祕主義，另一方面又保留了傳統特有的有價值訓練方法，用某種「神祕感」去征服群眾，與此同時還形成各種個性化的風格和流派；由此不但成了真正的廣泛普及的「平民拳術」，而且還在當代世界「後現代」關於「怯魅」和「返魅」的兩極張力中面對未知而探究未來。

第五、太極拳有堅定而且明確的「以武養生」的方向，並自覺地將技擊傷身與頤養保身的矛盾（軍事上表現為「消滅敵人」跟「保存自己」的關係）推到「拳學」理論的第一線；尊重生命、崇尚自由、止戈為武、至武為文，讓技擊為養生服務，把練武作為強身護體的手段並讓生命意義由此得到昇華，由此實現中國傳統武術的最佳定位。

余功保：

您從什麼時候開始比較側重武術的文化研究的？

阮紀正：

從文化方面研究武術是從 80 年代中期開始的。我在
1984 年底基於同武術有關的一個偶然機會，調入廣東省
社科院從事理論研究工作。1986—1987 年間，在一些雜
誌上發現有關於體育文化和比較文化的討論，看後頗感興
趣。當時正好我在中國文化書院比較文化函授班進修，於
是確定以「太極拳系統文化論」作為畢業論文的題目，陸
續發表了《中國武術與中國文化》、《太極拳系統文化論
綱》、《試談太極拳的文化學研究》、《中國武術的本體
和載體》、《中國武術的文化學內涵》、《武術——中國
人的存在方式》、《太極拳技擊形態簡論》、《武以觀
德——中國武術的倫理道德結構》、《太極拳與現代發展
戰略》等幾十篇有關武術文化的文章，2004 年開始又為
廣州體育學院武術系編撰了《王宗岳太極拳譜的文化學研
究》書稿，此外《至武為文——中國武術文化論稿》等手
稿也在思考、撰寫和編輯之中（2015 年已在廣州出版社
出版）。我覺得自己的這個研究剛剛開始由於知識和能力
的限制，很多方面尚未完全成熟。現在拿出一些不成熟的
意見是拋磚引玉，希望能夠得到大家的幫助。

為了促進這個研究，我特意自學了系統論和文化學，
到中山大學旁聽了「語義學」和「語用學」，參與組建廣東
省系統工程學會、廣東省文化傳播學會和廣東省老子文化研
究會、廣東省國學教育促進會等等，並跟同事合作出版了
《科學探索和辯證方法》、《比較哲學概論》等七本社會學
術專著，出版了《變革中的哲學文化思考》、《中國：探究
一個辯證的社會存在》等兩本個人學術專著，發表了《試論

改革中宏觀和微觀的關係》、《儒家文化傳統和當代道德建構》等 120 多篇社科學術論文，承擔《廣東百科全書》文教分篇編委兼體育編輯和《（新編）廣東百科全書》文化藝術分篇副主編、《嶺南文化百科全書》有關武術團體的撰稿人，此外還有一些上級交辦課題和小冊子等等。我的這些工作和研究，目的是想把武術放在一定社會歷史文化背景上並作為一個「人體文化符號」，並由這樣一個操作技術載體，去瞭解中國人到底是如何提出問題和如何解決問題的，由此企圖從文化上把握什麼是中國人。這個研究跟我當時從哲學方法論的層面去研究中國社會歷史特別是當代史的發展，是對應互補的。由此我的學術研究、學術思想和學術風格，都明顯地是屬於太極拳式的。

三 不知文，不為武

余功保：

太極拳的發展應該是先有理論，後成拳法，至於比較成熟的套路和技術規範是後來的事。它的相關理論在很早就已出現，如何看待這一現象？

阮紀正：

一般說來，任何「人為事物」都或多或少存在這個情況。我們說「實踐可以出真知」，而不是說「經驗就是真知」。實踐是有意識、有目的之操作活動，任何實踐創造都需要理論，而不是不要理論；只有動物式的本能衝動，才是不要理論的。有人把經過長期訓練而形成「學力而有為」的活動定勢稱之為「回到本能」，這恐怕是搞錯了的。人類活動的特點在於有「自我意識」，很難設想可以

太極拳譜釋義 太極拳理的文化學分析

有「無頭腦的實踐」。文化的真諦在於有目的之「改造創作」，而不在於無目的之「因應趨避」。借用太極拳的話就是「太極之道，首在用意」。有道是：「沒有革命的理論就沒有革命的運動。」講的也是這個道理。

具體地說，技術形態可以劃分為經驗性技術和科學性技術這樣兩大類。前者以經驗為前提，沒有相關經驗就沒有相應的技術，例如沒有跟泥土、水和火打交道的經驗，就不可能產生陶瓷技術，由此被稱之為「後生技術」。後者則是在理論指導下形成的，例如原子能技術、太空技術、基因重組技術等等，都是先有理論後有技術的，由此被稱之為「前生技術」。在中國武術史上，幾乎所有的拳種都屬於「後生技術」，但太極拳卻是屬於「前生技術」，它是在太極理論的指導下成型的。當然，它之所以接受太極理論也是以先前的大量經驗積累為前提的。

太極拳的形成充分體現了人類實踐「心主神明、意氣領先」這個品格，它自覺而充分地利用了已經存在的文化資源，使自己的產生和發展建立在該起點上。

余功保：

太極拳的產生是中國文化綜合性孕育的產物，是水到渠成的天然。單一性地考察太極拳的產生、發展都是片面的。也難以理解太極拳的真正內涵。要瞭解太極拳等武術，首先要瞭解中國文化，研究中國文化的核心、根脈、主幹、枝節等結構。

阮紀正：

就像人有生老病死一樣，我把包括太極拳在內的中國武術分成這麼幾個階段：

一、前史（胎兒期）。這是包括理論在內的相關要素形成和積累史。所謂「拳起於易而理成於醫」，易理和醫理是拳理的主要構成要素，自然要早於拳法而出現。此外當然還要有搏鬥的相關經驗，這裏它藉助了兵法。

二、形成史（從兒童到青壯年）。這是各種相關要素構成體系的歷史，其核心則是技術的演化。離開技術演化孤立地講師承源流是說不清楚的。中國武術器械在先秦已經極為成熟，但徒手的拳術最後成熟卻拖到宋元明清幾代。又例如「太板」概念，在先秦應用時基本還是個帶哲學味的宇宙演化論概念，後來到了宋明理學中，才變成一個真正抽象的哲學本體論範疇，由此深入人心並用以解釋一切。

把太極拳全面形成的時間大體定位於明清之際是有一定道理的。這時氣功跟武術實現了真正的融合。作為一個晚起的拳種，不但需要不同拳種歷史發展的支撐，而且還需要一定社會歷史背景來展開。明末清初是中國武術發展的高峰，可以為太極拳產生提供社會背景。至於太極拳的流派分化史，也開始於這個時期。因為這是發展中的百花齊放，表現一種繁榮景象。

三、發展轉型史（老年退休後）。這是有關社會屬性和功能的變遷史。從民國以來特別是新中國成立以後，基於社會環境的演化和社會需求的變遷，中國武術逐步從統一的綜合實用技術逐步發展轉型，並跟西方傳來的競技運動和群眾體育這樣兩個分支合流。隨著其活動領域的改變，原先的一些社會功能逐步衰退，而新的社會功能則不斷出現，太極拳同樣也經歷了這個歷史的宿命。

余功保：

在研究太極拳的發展中會發現一個有意思的現象，即它本身雖然是一個富於濃郁文化色彩的拳種流派，有著豐富的文化內涵，但主要的太極拳流派如陳式、楊式都發源於山村，您認為是什麼原因？

阮紀正：

中國文化是一個「全息映照」的有機整體，它任何一個組成部分都包含有這個整體文化的所有特質；這就像肌體上任何一個細胞都包含有整個肌體的全部遺傳基因，或全息照片任何一個碎片也包含有整個照片的全部訊息的道理一樣。所謂「禮失求諸野」，山野農村是中國農業社會文化的誕生地。又謂「以農為本」，古代的農村是整個社會的經濟重心（城市則是政治統治的中心）。「朝為田舍郎，暮登天子堂」，還有官宦人家的衣錦還鄉等等，中國古代「山野田舍」跟「宮廷殿堂」本來是相通的。從前的農村，是有很多傳承文化的「耕讀世家」的。即使是目不識丁的普通農民，在這樣的社會文化氛圍下，對古典文化也是能夠耳熟能詳。

就社會環境而言，中國的農耕文化經歷的時期特別漫長，這為基於農耕文化的各種文化樣式的充分發展提供了條件。就中國農業社會內部階級分化來說，大致形成相對的固定的人群是「士農工商」，而「武」這一社會階層自秦漢之際從「士」分化出來後，便「文化下移」進入草野山林，有的還融入民俗活動。再加上古代統治者強兵禁武，一方面加強國家軍事力量，另一方面卻嚴禁民間習武。在政治統治中心的城市，統治者對那些「有佛有道、

非佛非道，遇佛反佛、遇道反道，妖言惑眾、聚眾鬧事」的武術團體嚴格控制和打壓，由此城市武術只能沿著江湖賣藝和勾欄瓦舍那觀賞娛樂的方向發展；而作為社會經濟重心的農村，其守家護院、宗族械鬥的客觀需求，卻給技擊武功的發展提供了真正的平台。特別是兩極分化的「官逼民反」形成的江湖綠林和祕密社團，更給武術技擊提供了相當廣闊的活動平台。

就太極拳本身來說，它在自己的旗幟上寫下的是「以柔克剛、以弱勝強」，這是「非主流」那山野陰性文化的旗幟，跟社會關係中所處的弱勢地位相關。作為道家取向的拳種，太極拳不僅與農耕文化有密切的關係，還與更為原始的母系文明有著密切的聯繫。在中國傳統社會，文化的陽面是由儒家支撐，而文化的陰面則主要由道家和釋家支撐；道家的文化源頭似乎更為久遠，它在社會底層有著更為深遠的影響。這恐怕是太極拳主要在山野孕育和產生的幕後社會背景。

就個人生活條件來說，山野農村生活結構簡單，節奏運行緩慢，人們心無旁騖，從而有利於人們靜下來潛心修練；而城市則是一個花花世界，人們心神容易外騖，這對創拳來說也是非常不利的。

前面說到，近代以來依託市場的城市生活方式是人類生物基因安排的異化，它跟太極拳「返璞歸真」的取向是完全相反的。精神超越和武功修為規律跟市場經濟商品交換規律，具有完全不同的性質；中國武術反對好勇鬥狠的張狂表現，而自身修為和操作體驗也都不是簡單地用錢就可以購買得來的。

四 太極拳的生態智慧

余功保：

太極拳的傳播動力在不同時期著力點有所不同。在過去，它獨特的技擊效能是一大亮點。在當代社會，它的健身性受到廣泛推崇。其實我覺得，太極拳廣泛流行的文化意義是最需要我們重點研究和關注的。

阮紀正：

作為一種人體文化符號和身體哲學思考（不是時下放縱情慾的「用身體寫作」），太極拳廣泛流傳的文化意義顯然是多樣的，面對當代環境變遷，我把它的核心傾向定位於「借鑑古人生態智慧以探究發展的生態道路，同時也提高自己的生命質量和活動能力」，其背後則是人的生命權利。太極拳本來是產生於農業社會的一項身體技術，在工業社會背景下很多方面確實顯得頗為「過時」。但是保留在它裏面的一些生命智慧元素，特別是它對自然和社會生態關係的思考，橫向的「天時、地利、人和」與縱向的「生命、生活、生態」全面整合，這對於人體發展恐怕永遠也不會過時。

余功保：

「生態智慧」是文化中最精粹的部分，是關於人體自身、自然環境、變化趨勢、系統關係的綜合體驗、思考與結晶。它的根本規律是適用於任何時候的。

阮紀正：

我們知道，跟農業社會依託生物（包括植物和動物）新陳代謝的「流量技術」來維持生活的生存方式不同，工

業社會是依託不可更新的地下資源和非生物能源的「存量技術」去發展生產的。

隨著人類工業化的大規模經濟活動全面展開和加速運行，不僅惡化甚至毒化了人類生存環境，而且也影響了人類基因規定的原有生活習性，由此人體活動能力日益退化，人體功能性生理疾患日漸增加，人們抗病能力越來越弱，人類整體生存狀況全面異化。西方現代化模式所造成的資源、環境、生態、文化危機已將西方那孤立主體、自我中心的「現代人文精神」的缺陷暴露無遺。

發展的物理學涵義當是「熵」的減少而不是增加；一種造成環境惡化、「熵」值增加並破壞人跟自然平衡的社會運行方式，不但無法長久地持續下去，而且當下也變得越來越難以承受。

健康問題還不僅僅是個單純的個人生理問題，它同時還是個社會狀況問題，其產生背景是社會生活環境條件和相應的生活方式；國民健康狀況是社會穩定的一個基本要素。在當代全球化條件下，它也不單純是個國家性的問題，而且還是個人類性問題，涉及當今整個人類的生存狀況和人際關係。

我們在享受現代化成果的同時，還得關注現代化所帶來的問題。隨著生產力的提高和社會歷史的發展，人們的健康水準和預期壽命確實是在不斷提高，然而由於不合理的生產方式和生活方式的客觀存在，人類的生存本身又遇到了極大的挑戰。

在這樣的背景下，思考太極拳所具有的生態智慧，玩味太極拳應對環境的基本方式，體驗太極拳運行的個人樂

趣，獲得太極拳鍛鍊所激發的活動能力，這對於怎樣建構一個新的生態社會，恐怕是不無啟發的吧？

余功保：

由於太極拳具有的獨特練習方法和行為原則，太極拳對人的精神境界和生活層次有重要的提升作用。

阮紀正：

太極拳運行可以看作人的生命昇華，這是對現存狀態的超越，具有某種相當深刻的生態型智慧；它從天地人「三才貫通」那「參天地、贊化育、奪造化、通大道」的大系統提問題，由此生命、生活、生態三個層面是有機統一的「大化流行」。太極拳那捨己從人、就勢借力、避實擊虛、因應自然的行為方式，更多地是從「自我」跟「非我」之主客體關係上進行思考，它那節約能源和利用環境的基本思路可以看作是中國人關於可持續發展探究的濫觴，對目前建構循環經濟和節約型和諧社會頗有啟發。在現代社會中，人們用太極拳來表達生命的感受、反思生命的狀況、優化生命的質量、挖掘生命的潛能、提高生命的價值；它那遊戲式的創造方式，也是當代人類自由全面發展的一個方面和途徑。

在當代「體育項目」中，借用的太極拳是一項能夠同時滿足有氧運動、終身運動和休閒運動三大潮流的項目，可以同時發展人類的生理適應、心理適應和社會適應的能力。面對各種環境異化和身心失調的現代病，太極拳的現代價值表現得特別矚目。太極拳由「捨己從人」進到「從心所欲」，表現了一種對個體生命尊重、對潛在可能探究和對自由發展追求的品格。其方法論特徵，就是《莊子》

所說的「物物而不物於物。」和《孫子》所說的「致人而不至於人。」

太極拳所體現的操作戰略，是一種「人是根本」的內源多向有機應變的戰略，它以人的生命、生活、生態三大層面的統一為核心，以環境應對為基本手段，著眼於每個社會成員的共同參與和平等對話。

余功保：

太極拳本質上講，就是一種生存、生活的方式，這種生活方式的最高原則是「和諧」。各種因素在同一系統中如何和諧相處，達到系統的整體平衡。

所以我們在宣傳太極拳，推廣太極拳中應當把握住它的文化價值，要敢於、善於從單純的技術範疇中跳出來，這是對當今乃至將來社會具有特殊意義的。這樣才能夠最大程度地發揮太極拳的作用。這種跳出來是要站在更高的台階上極目遠望，並不是背棄技術規範。

阮紀正：

我完全同意您的這個觀點。作為一種文化現象和文化活動，發展和推廣太極拳並不能單純把目光放在操作技術的層面上。發展和推廣太極拳，要滿足太極拳文化內涵的所有層面；在不同的層面上，要適應不同的接受人群，採取有針對性的並且是兼顧普及與提高的活動方式。

從哲學上看，訴求的前提是稀缺而不是滿足，建構和諧的前提恰好是現實不和諧。太極拳操作的方法論意義，就是怎樣在不和諧中恢復、重建並維繫新的和諧。這裏面會涉及對以前太極拳運動中一些現象的評價問題。對於這些問題不會有一致的看法；時間長了，經過實踐的驗證，

大家的看法也可能會趨於接近。這正是文化存在和發展的基本方式。

　　但是，有一條我是比較擔心和困惑的，這就是太極拳運動與市場經濟的關係。我的看法是，當代條件下透過市場管道去推廣和發展太極拳，一定範圍內應該是必要和可行的；目前社會大環境是市場經濟，而大多數人也都能夠接受有償服務。然而無論政府主導公共領域的全民健身，或者個人主導私人空間的自我修練，本質上又都不是個什麼市場交換的問題。全民健身是公共產品的共同消費，而自我修練和自家受用追求的是內向使用價值而不是外向交換價值；如果把它變成一場「生意」的單純市場化道路，很可能是不可持續的。近 30 年來我們教育、醫療和住房的產業化，變成了壓在老可姓頭上的「三座大山」。物質和非物質文化遺產保護問題上的產業化，帶來了「去真造假」風潮，其破壞後果競然超過了以前三千年的總和。體育運動最早產業化的足球，更是做出了大量的幕後醜聞。資本控制下的市場經濟往往迫使技術造假，所以我對太極拳的「產業化發展」問題，一直都在深深思考。

　　余功保：

　　太極拳的產業化發展是一個複雜的問題，不僅是經濟學方面的，也是社會學上的。這些年，許多傳統文化都做了產業化。應該說，傳統文化在現代社會中具有價值，經濟價值指標是其中的一個方面。從經濟學上來說，有需求就有市場，但文化的產業化又不是一個簡單地把文化變成產品進行推銷的過程，其中包含了文化特色的保留，精髓的東西不被商業所污染，在「流通」中的不走樣，在商業

環境中保持獨立性等問題。太極拳的產業化是一門科學，不是一種簡單的「生意」。不能因為產業化而損害了太極拳本身的內涵。

阮紀正：

確實是這樣的。太極拳自古以來都是一種自我修練、自家受用的東西，它強身健體、祛病延年、防身禦敵、制人取勝、修心養性、悟道怡情等一系列功能，都是生產與消費同一的自我服務。即使它進入民俗以後，也屬社區交往、自娛自樂、精神寄託、身分認同的非商業性質。由此「業餘愛好者」把它作為一種生活態度和生活方式，做到「行住坐臥、不離這個」，讓它占領每天的 24 小時。而一些「專業工作者」卻屬於生產與消費分離的產物，為人作嫁、用以換錢，太極拳的操作原則最多只能占領其上班的工作時間，「自我修練」也就異化成「與人作秀」。如果再把它納入消費社會、文化工業、時尚引領、品牌戰略的框架，那原先的東西到底還能保留多少？

我以為，儘管當代生產力條件下市場經濟確實別無選擇，但市場自身也有其內部容量和外部邊界的限制，並客觀存在大量的「外部性問題」。推廣太極拳過程中有的東西（例如基礎訓練教學、娛樂表演、競技比賽、器材場地、相關服務等等）或許可以透過市場，但有的東西（例如研究探索、自我修練、技巧發揮、精神境界等等）卻無法透過市場。眾所周知，產業化的基本內涵是資本主宰、利潤推動、工業標準、批量生產、商業運作、市場交換等等；然而我始終弄不清楚諸如自家受用與拿來賺錢、個性表現與工業標準、內向修練與市場交換、自我體驗與批量

生產、全民健身與利潤追求、資本主宰與勞動解放等一系列實質性衝突的關係，到底是怎樣竟然會在「產業化」過程中變成「和諧」的。

文化確實需要建立在一定的「經濟基礎」上面，但其本身卻具有某種超越功利的性質。商業炒作和市場價格未必就能真的反映文化本身的歷史價值。把一種自由自主的「活動」變換為聽命於市場的「工作」，把勞動者的社會身份定位於生產力中的「生產要素」，在西方文化霸權話語的前提下，利用西方式運行框架填入若干中國文化的若干「元素」作為招牌，這恐怕未必就是什麼中國文化的現代發展。這裏讓我感到困惑的是：把傳統的身心修練和環境應對改造為現代的演員表演和觀眾欣賞，怎麼竟然會是一脈相承的呢？

五 太極「三昧」

余功保：

談太極拳，離不開它的練習方式方法，您自幼習武，對太極拳更是投入了主要精力，您認為太極拳最重要的鍛鍊原則是什麼？

阮紀正：

這個問題從不同的角度，可以有不同的答案。人們追求的目標不同，他們所處環境以及自身具有的條件不同，由此訓練的重點也就不同；這和中醫看病是一個道理。我這裏只是就大文化的角度，談談自己對太極拳基本原則和相應的操作特點的看法。

我以為，武術之道在於練和用而不在於看和賣，就文

化的意義來說，太極拳是在太極文化直接指導下的人體活動，「雖變化萬端，而理唯一貫」：「鬆靜為本」、「意氣領先」、「陰陽相濟」、「以柔克剛」，這四大原理和相應的操作原則，也就是太極拳最重要的鍛鍊原則。

余功保：

請您具體解說一下。

阮紀正：

首先是鬆靜為本：這是太極拳的基本價值參照系。作為獨具特色的一個成熟武術流派，太極拳屬於內家拳類柔性武術。其鬆靜為本、占中求圓的身體活動集中反映了中國式的「主靜文化」特色。

不少學者指出，「西方文明是動的文明，中國文明是靜的文明」。而太極拳是建立在中國文化基礎上的肢體應對、民俗活動和身體訓練，透過身體的文化符號體現了中國文化的獨特性質。其基本的身體活動理念，便是鬆靜為本、動靜相兼、以靜禦動、動中求靜、中正安舒、柔和圓活、螺旋圓道、占中求圓。由此一方面區別於外家拳術和西式體操等「以動求動」追求外壯運動量的動力型運動；另一方面又區別於靜坐、樁功等「靜中求動」強調內壯功夫的靜力型運動。太極拳以自身鬆靜自然和「動中求靜」的身體符號和肢體語言，鮮明地體現出中國文化的基本特徵和主體訴求。

余功保：

「靜」的練習方式和思維方法的確是中國文化的一個特色。有的人甚至極端提出了「生命在於靜止」的說法來進行強調。

阮紀正：

　　「鬆靜為本」屬於「無極」，它是太極拳運動的一個「原點」或曰「基本出發點」，哲學上可視作「正題」。就基本狀態而言，「鬆」的含義是虛而不實，與緊相對。太極拳所說的鬆，更多地是指活動中減少身心各個方面一切不必要的緊張，不要形成刻板僵化的行為定勢，由此進入更為自由靈活的有序運行狀態。而「靜」的含義則是安靜專注，與動相對，這裏更多地是指一種精神控制下舒緩持續的穩態運行方式，並由協調平衡形成某種可承受和可持續的活動機制。「為本」的「本」字則是「木下之根」，亦即區別於西方所謂「本體」的「本根」或「根本」，由此產生本末、根枝、源流、體用等一系列操作上的關係。總起來說，「鬆靜為本」就是在「鬆」和「靜」的基礎上形成含而不露、沉著穩重而又飄逸瀟灑、行雲流水般的應對行為風格。體現出身體活動的輕靈、柔韌、圓活、暢達、順遂、以及冷靜、清醒、沉穩、和緩、均勻。

　　在這裏，放鬆是變化的前提，而靜止則是運動的參照系。「鬆靜為本」強調的是作為運動前提的某種「混沌」狀態。

　　從理論上說，「鬆靜為本」的基本考慮在於面對生命的有限性、著眼變換的靈活性、落腳運行的穩定性。我們知道，人是無限宇宙中的一個有限的存在，包括生命過程在內的任何運動過程都有自身的起點和終點，而這所有過程的展開又都是要耗費能量的。人的生命活動具有自己的起點、終點和能量消耗，並且還表現為一定程度和一定範圍的緊張和鬆弛的交替活動。「物質不滅、能量守恆」，

由於地球的存量資源和能源都頗為有限，與此相應那人體所擁有的物質和能量則更為有限，無論環境和人體都不可能無限地持續緊張和消耗下去。即就個體活動的當下而言，全身肌肉不鬆弛，身體無法變換形態進入下一個動作。骨絡關節不鬆開，任何動作都無法進一步展開。精神狀態不鬆靜，思想僵化原有定勢適應不了外界新變化。而全身儲備能源和有效補充資源都消耗完了，亦即古人所說的「油盡燈枯」，死亡於是也就隨之到來，生命也就因而結束。所以「鬆靜為本」並不是不要活動，而是「儘量減少那些不必要的緊張和消耗，充分利用現有資源並努力提高其有效利用率，由此尋找新變化」的一個基本前提。這就是說，太極拳「鬆靜為本」的出發點是無限發展中的具體過程有限性、人的生命有限性和肌體能量有限性。而其落腳點則是具體過程的合理展開、人的生命保養延續和肌體能量的有效利用。

余功保：

「靜」是將自己的心境放的無限大，來彌補自身「體」的有限和不足。

阮紀正：

第二，是「意氣領先」，這是一個操作論原則，注重操作上身心互動的精神導引。它不是主觀想像而是行為自覺，強調「以心行氣氣運身」和「意到氣到勁也到」。人是地球上具有自我意識的生命，所謂「心主神明」，實踐不外是思想意識指導下的操作行為。太極拳跟其他全身運動的特點是強調「用意不用力」，以至被時人稱之為獨特的「心理體操」。時下人們對人類知、情、意等心理過程和個性心理

太極拳譜釋義 太極拳理的文化學分析

特徵等精神世界方面的研究明顯滯後。人類的心理感知、理解、體驗、表達的能力就極為複雜和有限，再加上其外部環境條件、歷史進程、社會關係、人際境遇等等的約束，我覺得這方面今後進一步探討的空間非常大。

第三，是「陰陽相濟」：這是太極拳的基本結構原則，也是基本操作原則，還是太極拳「鬆靜為本」價值參照的本質要求。我們知道，「陰陽相濟」是中國文化對宇宙萬物運行規律性的理論解釋，又是中國人待人、接物、處事、應世的「統籌兼顧」、「協調平衡」之系統論方法；其核心的精神，則是整合相關所有事物對立統一的兩個方面，使之成為達到自身某種既定目標的有機整體。陰陽相濟的外部表現是中正和圓活，其內部狀態則是平衡與變換。

太極拳的陰陽相濟是全方位的，它不但貫徹始終，而且滲透在操作的所有方面。就身體活動的層面而言，它講究「心身一體」，透過「氣」的運行整合「身」的動靜、開合和「心」的形神、體用，表現一種動靜有序、行雲流水狀態；就社會功能的層面而言，它講究「體用一如」，透過「勢」的利用整合「體」的虛實、剛柔和「用」的攻守、進退，形成隨機就勢、借力打力的功能；就精神走向的層面而言，它講究「天人合一」，透過「神」的追求整合「天」的有無、陰陽和「人」的性情、志趣，由此達到「參天地、贊化育、奪造化、大自在」。而這一系列東西，都要求陰陽相濟，強調其互補配合的性質。

再重複一句，陰陽相濟的操作原則要求全面協調面臨的種種關係，例如人體的身心、動作的開合、功能的內

外、關係的主客、行為的進退、力量的剛柔、變化的虛實、狀態的有無、屬性的陰陽，還有人格的性情、態度的志趣，如此等等。

就身體活動來看，太極拳主張內外兼修、開合有致、形神兼備、體用兩全，把自身的方方面面都照顧到了，然而又有輕有重、有主有從，並不平均使用力量。

就應敵防身來說，太極拳又隨曲就伸、捨己從人、以退為進、以守為攻、引進落空、後發先至，在保存自己的同時，有理、有利、有節地反擊敵人，這是在主客關係上充分尊重現實、面對矛盾、利用條件、運用規律。

就精神發展而言，太極拳更是由捨己從人、隨機就勢而走出「自我中心」那一廂情願的困境，利用陰陽有無、性情志趣等等符號系統去把握和建構一個新的生活世界，由此從必然中獲得自由。當然，太極拳這一切都不是絕對的，然而卻確實是有個性的。

作為一種環境應對的操作技術，相濟互補並不是折中主義的和稀泥，更不是迴避矛盾的不變論或放棄原則的依附論，而是在「有進有退、有來有往」的矛盾應對過程中，時刻注意和協調矛盾對立的兩個方面。它不但是在訊息不平衡條件下迅速把握對象特徵的方法，而且還是在應對複雜環境時防止偏差的方法。

太極拳不偏不倚、中正安舒的守中、用中，是由陰陽相濟的動態平衡來達到的。太極拳主張「服人」而不是「傷人」，是和平主義的；但和平的實質不外是博弈過程中各種力量的平衡，而不是自我主體的消解。它不是簡單維護原有兩極的繼續存在。而是在運動中把握兩極的陰陽

變換。它不是事先設定一個絕對平衡，而是在不平衡中找平衡。它講究「捨己從人」走出自我中心，但又「順人而不失己」地「借力打力」。在多種力量博弈過程中，弱者希望強者能夠寬容，而強者則希望弱者被接納吞併。

所謂「有感則應」、「有壓迫就有反抗」，博弈中等級差序、單邊霸權的「大一統」，恰恰是當今社會紛爭的根源。而自我調控的「有理、有利、有節」，則是以自力更生為基礎的。借用佛家語言來說，一方面是「破除兩執」不要有「分別之心」，另一方面則要「依自不依他」不能迷失「自我本性」。模糊目標、消解自我、放棄原則、依附外力，不可能達到新的平衡。西哲有云：「上帝死了之後，任何情況都可以發生。」面對當代「風險社會」，我們隨時都得要有「陰陽相濟」的兩手準備。

余功保：

陰陽相濟的本質是追求一種大的「中和」的狀態。在這種狀態中，人的體能、智能得到最佳的頤養和運行。

阮紀正：

是的。「中和」不是平均主義的調和折中，而是對應統一的動態平衡。它所追求的就是操作原則的第四點，即克敵制勝的以柔克剛：這是太極拳運行的一個類型特徵，這是太極拳「鬆靜為本」價值參照的必然選擇；其基本精神是在力量不均衡條件下的博弈中追求自身消耗最少而效用最大。我們知道，事物中陰陽屬性或狀態無不在一定條件下向自己的對立方面轉化，問題在於到底怎樣讓這些轉化於己有利。從哲學上看，如果說「鬆靜為本」的「無極」是「正題」，「意氣領先」和「陰陽相濟」的「太

極」是「反題」，那「以柔克剛」的「神妙」則屬於二者綜合的「合題」。

以柔克剛的前提是以弱對強。陰陽變換大體可以劃分為「陽剛」的「勇者戰略」和「陰柔」的「弱者戰略」這樣兩種類型，操作時到底應用那種類型，則要由操作主體的性質以及其所處的環境條件決定。

就哲學上說，「以柔克剛」的可能性在於老子所云：「反者道之動、弱者道之用」的辯證法，亦即事物無不在一定條件下向其反面轉化。由此「天下之至柔，馳騁天下之至堅」，「弱之勝強，柔之勝剛，天下莫不知，莫能行。」這種思維方式包含有高度的主體智慧和創造的無限可能。

余功保：

太極拳的技擊技術全面徹底貫徹了這一原則。

阮紀正：

就物理機制而言，我們必須要把力量跟力量的運用區別開來。「有力打無力、手慢讓手快」本是「先天自然之能」，這是別無選擇的「客觀規律性」；但現在問題在於「力」是個「向量」而不是「標量」，它不僅有個數量上的「絕對值」，而且還有個非數量的方向和力點、力臂。方向不對，作用不到點子上，力量再大也沒有意義。而且，應對環境和抗擊敵人也不是個自身力量的顯示問題，它要處理不同力量的相互關係和有關力量的運行機制。孤立討論單個力量其實沒有實質意義。

太極拳以「柔」為體，以「不爭」為用，突出崇虛、尚柔、貴化、善走、用反、守弱，反對好勇、鬥狠、誇

強、爭勝、持力、頂抗，表現出「反者道之動，弱者道之用」和「無為而無不為」的哲學信念，巧妙地利用「矛盾統一和轉化」的規律，「欲取先予、欲抑先揚」地從反面入手去達到正面的目的。

它考慮問題的基本思路，首先是改變自己以適應環境，其次又是進一步的改變環境發展自己；這是一種雙向的改造，其核心追求則始終是隨遇而安和動態平衡那維持自身的存在和發展。

余功保：

「以柔克剛」給出了每個人都能成為強者的可能性。它是一種讓人性得到充分放鬆與自由的思維方式與操作模式。這種強弱、剛柔的轉化模式是一種「運動」的世界觀的體現。

阮紀正：

對太極拳來說，「以柔克剛」是價值取向上「鬆靜為本」和運行狀態上「隨曲就伸」的外部展開，又是操作原則上「捨己從人」和技擊效應上「借力打力」的功能表現。它那「因應趨避」的運行方式，發展出把審敵和制敵融為一體的「走化」和「黏發」兩大應對技巧，表現出跟「逃避」或「妥協」表象相反的內容。其文化內涵在於充分利用環境訊息和走出自我中心困境，因應整個大化流行，奪取天地造化，由此實現「人的使命」。

六 萬變歸宗成「哲拳」

余功保：

「虛」和「實」是陰陽表現的一對最為典型的形態之

一，在太極拳中處處可見，我在「隨曲就伸」系列的第二部就是以「盈虛有象」來作為書名，就是強調「虛實」在太極拳中的重要地位。太極拳的研究中有很多關於「虛」的和「實」的內容，您怎麼看待這個問題？

阮紀正：

太極拳特別重視「虛」與「實」的關係，它不僅是個操作力量配置問題，而更重要的還有理論與實操的關係問題。太極拳理論研究也應該特別重視「虛」和「實」的關係。這也是「虛實相生、陰陽相濟」，「一處自有一虛實，處處總此一虛實」。

人類所有的活動都可以歸納為認識世界和改造世界這樣兩個方面。前者是物質變精神形成認識的「由實到虛」（物質內化），後者則是精神變物質付諸實行的「由虛到實」（精神外化）。由此人類實踐便有了「務虛」和「務實」這樣兩種活動方式。人類實踐活動總是由理論指導的，這就是太極拳所說的，「意在勁先」。研究方式應當跟研究對象同構。例如，太極拳中關於「鬆靜為本」、「以意領先」、「虛實相生」、「陰陽相濟」等一系列說法，都是我們處理太極拳虛實理論問題上的重要指導原則。

現在的問題，恐怕是對於「虛」的問題，如「本」的問題、「先」的問題，重視得還不太夠，研究得還不夠充分、不夠深入，而對於「實」的問題，如技術問題、獲利問題、枝葉問題，倒是強調得多了。這是當前的傾向，是值得太極拳理論界關注和思考的傾向。

余功保：

相對於「實」來說，「虛」的元素更難以確定和把握一些。

阮紀正：

太極拳處理物質與精神的關係、主客體關係、敵我關係、人與大環境的關係，它依託的文化背景是十分淵博和凝重的，也是非常有特色而且是非常成功的。這是人們鍾情於太極拳及太極拳文化的主要原因。我們的太極拳研究絕不應不重視這一方面的研究。這裏面最有文化價值同樣也最有實用價值的東西是什麼？太極拳理論工作者應該回答這個問題。這個問題釐清楚了，技術層面的問題才有了切實的依據。太極拳的歷史上出現過不少有重大貢獻的人物，他們不僅是太極拳術的實踐家，而且在太極拳理論方面也卓有創見。但是相對說來，他們大致還停留在他們那個時代的水準上，基本上還是以總結個人經驗為主，還不能形成具有現代形式的理論體系。

余功保：

如何把傳統的理論與現代的科學理論有機對接，這也是「虛實轉化」的一個課題。

阮紀正：

人們一直對於太極拳理論懷有大的理論預期。舉例來說。太極拳使人著迷的內容之一，是它的「內勁」。講「引進落空」和「借力打力」，運用現代力學知識，人們就可以理解了。說是「巧勁」，經過一定程序的訓練，人們也可以達到。但在太極拳經典的理論，卻只孤立地講「無形無象、全體透空、應物自然、西山懸磬」。古典拳

論並非沒有道理，問題是人們在理解中卻把結果、狀態跟原因、條件混淆起來了。沒有「內勁」所有技巧都會落空，而離開操作技巧而一味追求實力也同樣會有問題；具體的生理能量總是有限的。太極拳所說的「功力」其實並不是「天生神力」，而是依託技術「學力而有為」而形成的「實踐能力」；太極拳的「內勁發揮」跟「就勢借力」，「輕靈巧妙」與「沉著穩重」本來是一個問題的兩個方面；這一切都得有理論上的認識。我以為，太極拳所有的身體「實證」，都是以超越自我的精神昇華為前提的；由此其理論研究也應該一樣，做不到超越當下那透體的「鬆、通、空」，那是把握不住太極拳基本精神的。這正是需要我們理論界下工夫的地方。

余功保：

很多人都在談太極拳文化，但認識的角度、範圍和程度都不一樣。作為對太極拳文化長期關注並進行不懈研究的學者，您認為太極拳的主要文化內涵是什麼？

阮紀正：

我把太極拳看作是標誌中國人的一個人體文化符號，由此太極拳的主要文化內涵就是整個中國文化的主要文化內涵，它反映了中國人的思想方式、價值取向、審美情趣和行為定勢，並分別地體現在太極拳內部的不同層面上。

余功保：

太極拳是中國文化的一個縮影，一個濃縮。有的人把太極拳翻譯作「影子拳」（shadow boxing），倒是可以稱之為「中國文化的影子」。太極拳雖然變化萬端，最終都歸根於中國文化的土壤中。

阮紀正：

我們知道，太極拳是個非常複雜的動態建構系統。人們可以根據不同的實踐目的，從不同的方面或角度去對這個內涵進行分析。我這裏把它分析為拳理闡釋，應敵原則、演練功法三個層次，用宋明理學的理論框架來處理，也就是所謂「理、氣、象」問題。現在再按「唯物主義」原則把順序倒回來變成操作發生學上的操作活動，並把它對象化為練身、用技、修性三大活動領域來加以研究。

第一是「練身」層次

作為一種身體訓練，這裏解決的是人體內部的心身關係，系統論上稱之為系統內部基本要素的關係，哲學上則屬於精神和物質的關係，文化學上便是人跟自我的關係。一個活人不僅有身，而且還有心；身心互動則表現為生命。從客體方面考察，它呈現為動靜開合；從主體方面考察，它表現為形神體用。這是人體一種特殊的心身運動，講究鬆靜為本、身心合一、形神兼備、體用兩全、自然順達、返璞歸真，由肌肉的舒張收縮活動和意念的興奮抑制活動來調節人體生命過程。它把人的形體訓練跟心理訓練結合起來，特別強調心理意念的作用，亦即所謂「以心行氣、以氣運身」，「意到、氣到、勁到」。這心身運動的中介環節是「氣」，由升降出入的「真氣運行」去推動身心兩個方面的活動，在身的一端表現為勁的發揮，在心的一端表現為意的流行。這時的「氣」是生理功能的一個範疇，尚未擺脫生命活動的具體機能狀態。這個層次的基本功能，主要是強身、健體，祛病、延年。最後，它由「體用」關係對象化上升為技擊領域。

第二是「用技」層次

作為一種肢體衝突應對的技擊技術，這裏解決的是人體外部的敵我關係，系統論上稱之為了系統間的相互關係，哲學上則屬於客體和主體的關係，文化學上涉及人與社會的關係。人生不僅要處理自我的心身關係，而且還要處理自我跟非我的「主客體關係」（主要是社會性的人我關係），生命在應對環境過程中表現為現實人的生活，由此才有生命過程的展開和生命意義的形成。這是「人的自然化」和「自然的人化」雙互作用和雙向生成。

第三是「修性」層次

作為一種精神追求，這裏解決的是人與宇宙的天人關係，系統論上稱之為整個大系統與周圍大環境或大背景的關係，哲學上屬於必然和自由的關係，文化學上則較多地涉及人與外部世界的關係，亦即表現為生命運行中一定的社會歷史和環境生態關係。人生天地之間，是頂天立地「三才貫通」的整體性存在。考察它的基本範疇，在天道的一端是有無和陰陽，在人道的一端是性情和志趣。

太極拳在處理這個問題時表現出來的文化精神，就是中國傳統中「萬物一體、天人合一」的天人融和。它的基本傾向，則是客觀感受的「虛無」，「空靈」和主觀體驗的「虛靜」、「空明」的統一。這天人融和的中心環節是「神」，由「陰陽相濟」復歸「自然之道」，呈現出應物無方、陰陽不測、窮神知化、知幾其神的特性。在這裏，個人的心理活動變成一種精神和智慧，個人的身體活動則變成有社會內容的主體能動性，強調人的精神生命在運動中的作用與功能。它是前兩個層次「氣」和「勢」的融合與昇華。

余功保：

可貴的是，在太極拳中這幾個層面是完整一氣的。交融成一個整體。彷彿是一個透明的立方體，透過一個角度都可以隱約看到另外的存在。

阮紀正：

是這樣的。在這裏，太極拳三個層面的主題分別是生命、生活、生態，其目標則相應是健康、功業、自由。這些都是人類文化的共同主題。但其中的「氣」、「勢」、「神」，卻跟源於古希臘的西方文化大異其趣。它跟源於中國的其他文化形式一樣，具有所謂「輕實體、重關係」的「元氣論」特徵。這是一個不同於西方文化的特殊價值系統，但卻同樣是人類生存和發展的一個可供選擇的文化模式。特別是在工業化後的當代社會中，它對解決「技術異化」而形成的「現代病」，則至少可從個體發育角度提供一條頗有啟發的思路。就一定意義上說，太極拳確有所謂「慢節奏、低效率，超穩定」的嚴重「缺陷」。但優劣本來就是相對的，只要轉變一下觀察角度情況便會完全改觀。太極拳考慮和處理問題的一些方式，在某種意義上確有超越時代的永恆意義，並跟現代社會的發展戰略相通。就太極拳理論的抽象層面來看，它確實是既不能證實又不能證偽的。但問題在於太極拳並不是一個純抽象的理論體系而是一個具體的實踐方式，它是用來組織經驗和實施操作的，因而既可證實又可證偽，並能在實踐中不斷地豐富和發展。

余功保：

從某種意義上來說，習練太極拳是學習研究中國哲學

的一個有效途徑。一種生動化的管道。一些抽象的哲學概念，在太極拳實踐中可以具體化。太極拳可以說是中國哲學的通俗讀本、運動讀本。透過太極拳也可以更深刻地理解中國哲學內涵。

阮紀正：

對。太極拳的本質規定是肢體技術而不是理論說教，是身體操作而不是邏輯推演；如果只是簡單引證古代經典來比附太極拳，離開社會歷史背景和現實生活應對，僅就概念名詞去空談心性，此路恐怕走不通。

所以正確做法是透過太極拳實踐去印證中國哲學觀念，而不是反過來用古典哲學觀念去推演太極拳操作。

余功保：

由「拳」到「理」是從自然到自覺的過程。

阮紀正：

被人們稱之為「哲拳」的太極拳是個「大器晚成」的拳種；基於中國文化的「全息映照」，其理論實際上是反映了一部完整的中國哲學史。我以為，研究太極拳的理論基礎和淵源，實際上也就是要把整個中國哲學史梳理一遍。作為一種武術，太極拳學理的基本骨架跟其他所有的武術都是一樣的。首先是易理、兵法和中醫三大支柱，還有價值論上的道家和道教哲學。而前述三大支柱也明顯地帶上某種哲學的性質：周易本身就是哲學，兵法是軍事哲學，中醫則是人體哲學。

在太極拳中，易理是其拳理闡釋，兵法是其應敵原則，中醫為其提供一個人體操作模型，道家則是其基本價值取向。由此練太極拳、讀中國哲學，確實可以做到古人

所說的「相互發明」和現代人所說的「相互促進」。

余功保：

易理構成了太極拳「變」的結構，中醫構成了「養」的結構，兵學構成了「術」的結構。

阮紀正：

拳諺云「拳起於易」。易理是拳理的第一個支柱，它給武術活動提供最基本的解釋框架。古語云「兵武同源」。兵法為拳理的第二個支柱，它給武術活動提供技術支撐和戰術指導。俗云「拳起於易，而理成於醫」，它說明了我國古代拳術跟中醫的密切關係。中醫為拳理的第三個支柱，它給武術活動提供了人體活動的身體機理模型。

余功保：

太極拳的「哲學素養」是全方位的。中國古代哲學的各種體系在其中都有不同程度的映射。從儒、釋、道乃至先秦諸子百家，都有跡可尋。

阮紀正：

太極拳的基本價值取向是道家的。太極拳是種「內家」武術。作為內家拳術典型代表的太極拳，在自身發展過程中特別突出道家取向。

中國文化的各種因素對太極拳的產生和成熟，都直接或間接地起過作用和起著作用。在這錯綜複雜的各種因素相互作用當中，道家取向則是其主要線索和基本底色。「萬物負陰而抱陽，沖氣以為和」和「道生一，一生二，二生三，三生萬物」的「道本論」，給它提供了本體論支撐。而「反者道之動」、「弱者道之用」、「無為而無不為」的陰柔方式，給它提供了方法論原則。「返璞歸

真」、「自然無為」的發展走向，則成了它的價值坐標。此外道家的「虛己順物」、「人取我予」和「虛心實腹」、「緣督為經」，也在技擊技術和養生方法上給它奠定了堅實的理論基礎。

在道家文化的滋養下面，太極拳逐步發展出一整套師法自然（仿生）、參贊化育（參與）、利用環境（就勢）、藉助對手（借力）、契合規律（體道）、寄託精神（歸真）的藝術和技巧。由此，人們往往把太極拳稱之為「道家武術」以突出其道家取向。

作為一門成熟的「哲拳」，太極拳的學理淵源並不限於易理術數和道家取向；大凡中國思想史上的一些積極的東西，都被它在兼收並蓄的前提下有選擇地加以借鑑、融匯和發揮，呈現出一種開放而不封閉的不斷完善和發展狀態。由此，太極拳的學理淵源史，一定意義上也可以看作是一部濃縮了的中國學術思想史。

太極拳除了上面所說的基本東西以外，還有諸說精華、理學框架和新學參與這樣三個方面。例如諸說精華，就包含有先秦諸子中的儒家學說、墨家學說、法家學說以及陰陽家、縱橫家等等諸子學說，也包含有漢代經學、魏晉玄學以及隋唐佛教理論和道教理論。它的理論框架主要是宋明理學，包括其分化出來的心學、氣學和實學。

余功保：

一些經典的太極拳論，受到宋明理學的影響很大。從思維到文字可以看出端倪。

阮紀正：

宋明理學把先秦宇宙演化論的「太極」觀念發展為哲

學本體論範疇，使其具有普遍的解釋能力。正是這個哲學本體論的「太極」理念後來成了太極拳的真正靈魂。

近代以來還有新學（即西方近、現代理論學術的中國版）滲入。這又表明太極拳理論是個不斷發展的開放系統。在這裏，我還注意到中國的傳統理論主要是給太極拳提供一個操作模型，而引進的西方科學給太極拳提供的則主要是一種解釋框架；二者的重點其實並不一致（有人以為，陰陽五行理論只能解釋而不能操作，這明顯是一種偏見）。我們需要在中、西文化對比的基礎上進行新的綜合，從而把一種身體發展、身體教育、身體技能和身體娛樂提高上升到現代學術的殿堂。

七 身心一體練太極

余功保：

太極拳是中國傳統養生技術的一大門類。研究中國古典養生體系離不開太極拳。在當今的中醫學院、中醫藥大學中，太極拳都是主要的技術專修課。從傳統養生文化的角度如何認識太極拳的養生原理？

阮紀正：

太極拳是中國傳統文化的一個組成部分，也是中國傳統養生文化的一個組成部分。中國傳統養生文化主要由中醫理論提供的人體生命機制原理，而對於這一原理的運用，則分為兩大派別：「順」者主要以中醫為代表，「逆」者主要則以道教人體修練為代表。這就是所謂「順則生人、逆則修仙」。

余功保：

道教典籍中有許多關於養生的著作。一部《道藏》，關於養生的論述比比皆是，占了很大的比重。也有人認為，太極拳的產生與道教養生有密切關係。

阮紀正：

太極拳在養生以及人體修練上，主要採用的是「順」的中醫方法，但它可以成為「逆」的修道入門功夫，「順」與「逆」在大化流行中本來就是統一的。

所謂「順」的養生方法，簡單地說，就是動中求靜、精神內守、順用陰陽，在這個過程中，實現「陰陽變換」，包括習太極拳者從身體體質到精神氣質的根本轉換，讓生命進入更高境界（至於「逆為修仙」，涉及宗教體驗，我就不談了）。在這裏，太極拳全面吸收了中醫關於經絡、俞穴、氣血、導引、藏象等理論，並由程式化的人體活動方式，去挖掘自身各種適應環境、養護身心和自我發展的潛能；特別是根據中醫的陰陽、五行和經絡臟腑學說以及相應的導引、行氣、存思技術，建立起一整套極有效率的協調身心的演練功法。

太極拳的健身養生機理可以概括為這樣幾句話：活動筋骨、疏通經絡；調和氣血、充實腑臟；養精凝神、平秘陰陽；舒暢情志、涵養智慧。

余功保：

這幾個方面是有內有外，由表及裏，身心一體的。

阮紀正：

第一、舒筋通絡

中醫談人體活動，講究活動筋骨、疏通經絡，並由此

達到內外一體、整體操作。這是從外動引導內壯，是古中醫導引術的進一步發展。

太極拳是一項以自己獨特的運動方法去通經活絡的經絡疏通法。它主張「鬆靜為本」、「形正氣順」，強調全身心放鬆的運動，講究「鬆而後能活，活而後能通」的機理，因而特別有助於「通經活絡」；它那「一動無有不動」的整體性、全面性、協調性的肢體活動，極為有利於「脈氣」在全身上下、表裏的經絡系統中運行。

太極拳緩慢、輕柔、舒展的招式動作，適應經絡的傳導速度；而它那特有的在放鬆基礎上圓潤旋轉、陰陽交錯的大小動作，又能使經絡的多層次、多功能、多形態的立體結構和經脈循行路線上三百多個腧穴，得到廣泛的、深層的觸動按摩，並且由此形成一種類似針灸的良性刺激，用以疏通經絡和調整失衡。

太極拳「虛靈頂勁、氣沉丹田」和「主宰於腰」的要領，是鍛鍊任脈、督脈、帶脈、衝脈的重要方法。它那「尾閭中正」的要求，不但是穩定重心幫助發勁的方式，而且還是擠壓「長強穴」通調任督二脈的一個措施。特別是它那反覆摺疊、圓弧旋轉、動貫四梢的纏繞運動，運行中「往復須有摺疊，進退須有轉換」，就更使肌肉纖維、韌帶和關節在均勻、聯貫的反覆旋轉的活動中，去打通經絡以及調和氣血，並由此達到上下相隨、內外相合、周身一家、全面發展。

余功保：

太極拳套路也是一種系統的導引術，結合了呼吸吐納。

阮紀正：

第二、調氣實內

中醫談強身健體，講究調和氣血、充實臟腑，並由此得到真氣運行、貫達四梢。這是從內動獲得的生理效應，並由此進一步壯內以強外。太極拳走架行功中，「以心行氣，以氣運身」，強調「心為令，氣為旗，神為主帥，腰為驅使」，讓不同的肢體、不同的動作、不同的勁路、不同的意念以至不同的聲音，都可對應不同的經絡和臟腑，並使其在運動中到一定的鍛鍊、加強和協調。

太極拳操作要領裏，要求虛靈頂勁、氣沉丹田、虛胸實腹、腳踩湧泉、腎水隨神往上升、心火跟氣往下沉，由此使體內心腎相交、水火交泰，又由「外形正」、「內氣順」，讓動作上下相隨、內外相合、前後相連、連綿不斷、讓真氣升降出入、吐納補瀉、反覆纏絲，從而使氣血得到調和、臟腑得到充實，並由此達到身心合一、勁路完整、動作輕靈、效能顯著。

余功保：

太極拳動作練習講究「內功」，要有「氣感」，在「氣感」的狀態下動作，可以達到外動牽涉內動。

阮紀正：

第三、陰陽平衡

中醫談生命修養，強調養精凝神、平秘陰陽，並由此達到形神兼備、性命雙修。這是人體活動的自我保養、自我修復和自我平衡，是宇宙間「天人一體、內外合一」總體性原則的要求。《內經·素問》說：「提挈天地，把握陰陽，呼吸精氣、獨立守神，肌肉若一，故能壽敝天

地。」太極拳之所以能夠養生、康復，道理也正在這裏。在這基礎上，中國武術功理於是形成了「煉形、惜精、養氣、凝神」四大觀念和「虛實變換、陰陽相濟」那生剋制化、自我平衡的操作方式。

根據這點，太極拳跟氣功一樣，在自身鬆、穩、慢、圓、勻、柔的身體活動中特別講究調身、調息、調心；它吸取了「存思」和「內丹」的基本經驗，在操作上突出「以心行氣、以氣運身」那養氣調神和斂氣凝神的「意氣運動」，並且強調活動中對立雙方的相濟協調；以至被稱之為區別於一般體育運動的一種獨特「心理體操」，充分發揮人體身心雙向調節的良性互動，讓精、氣、神三個方面的陰陽平衡，都在自我修練中都得到充實和提高。這是一種生命訊息運動「自組織」的「穩態效應」，講究自然秩序和動態平衡。其理論基礎明顯區別於建立在解剖學和生理學基礎上的近代西方醫學那機械的實體還原理論，並可跟現代科學系統理論的發展在精神上相通。

我以為，中醫學說給太極拳提供的不僅是一種強身健體、祛病延年的養生技術，而且還是一種待人接物、經世處事、應對環境的人生智慧和生活技巧。流傳的《張三豐太極行功說》有云：「太極行功，功在調和陰陽，交合神氣」；由此太極拳在演練時，便特別強調「內外兼修」和「形神兼備」，十分講究身體怎樣「從無極進入太極」和「從太極復歸無極」。這裏的「無極」是指「陰陽未判」，而「太極」則指「陰陽已分」。

太極起式先是進入「無極」狀態，「寂然不動、感而遂通」，丹田內轉、分出陰陽；由此神向上升、氣往下

沉，陰陽交匯、乾坤交泰；根據太極機理「動之則分，靜之則合，無過不及，隨曲就伸」地逐步演化。最後又「氣沉丹田」地回到「無極」狀態。在這裏，「太極」指派生萬物的本原和機理，包含了動靜、開合等一系列陰陽的狀態；並具有動而生陽，靜而生陰，既對立、又統一，相互消長、轉換、變化的功能。

太極拳正是依據這個理論，講求動靜、開合、收放、進退的陰陽相濟；形體外動，意識內靜；拳路整體以渾圓為本，招式皆由各種圓弧動作構成；形體外動時要求意守於內，以靜禦動，用意識引導氣血運行於全身，如環之端，週而復始，從而使人保持陰陽平衡，達到「陰平陽秘」的健康狀態。

余功保：

太極拳的一招一式，練的就是陰陽，所有動作都是圍繞陰陽元素來設置的。太極拳論，說的就是陰陽關係的理論，太極拳勢，就是陰陽變化的結構。

阮紀正：

第四、凝神養智

人是身心的統一體，中醫養生內容大致可從心、身兩方面加以概括。太極拳不僅是一種身心自我修練的良好手段，而且還是應付環境、發展智慧的重要手段。太極拳的以柔克剛、以慢禦快、以小制大、以靜禦動、以退為進、以守為攻、後發先至、曲中求直，極為鮮明地體現了人類智慧的主題。

《壽世保元・攝養》概括的養生綱要云：薄滋味、省思慮、節嗜欲、戒喜怒、惜元氣、簡言語、輕得失、破憂

沮、除妄想、遠好惡、收視聽。其中薄滋味（飲食有節）等可以說是一種生理機能方面的調養，而省思慮等側重於心理調養。任何心理活動，都是人體內的神經系統跟人體外的環境變遷相互作用的結果。離開環境應對特別是社會環境應對的心理調整和自我化解，恐怕只能是「吃不到葡萄便說葡萄酸」的自我欺騙，無法從根本上解決人的心理問題。

余功保：

解決人的精神層面的問題，是太極拳練習的特色和高境界。透過形體運動，達到增進智慧，改善身心健康水準，是太極拳的養生根本。

阮紀正：

中國武術歷來講究「養練結合」，它不但講究個「練」字，亦即透過學習和訓練提高身體活動應對環境的技能，而且還要講究個「養」字，亦即透過休息和養護擴展生命能量的效能。這裏所謂的養生功能，是指對人體生命能量的養護和調適，其基本內涵是益壽延年，著眼於生命本身的有效持續和生命能量的有效利用。

應該指出，強身跟養生是人的生命活動中既有聯繫，又有區別的兩個不同層面，我們不僅需要有即時的健康身體，而且還需要有持續有效的生命活動。所謂「光練不養無法持久，光養不練難以發揮，又練又養相益得彰」。「養」就有精神和智慧的內容。

余功保：

透過練太極拳，真正獲得人生的感悟，是練拳之「大成」。

阮紀正：

我們對待生命的態度，不能僅僅侷限於簡單「保命」的層次，應該有更高的生命體驗和精神境界要求。所謂「盡心知性、知性知天」就是把握規律、「成人成己」。所謂「頂天立地、三才貫通、奪取造化、替天行道」，就是實現「無可逃於天地之間」那「人之所以為人」的「天命」。

八 研究是發展的基礎

余功保：

在太極拳發展的整體而言，研究還是一個相對薄弱的環節。這在當今科技文化高度發達的今天，研究尤其顯得格外重要，特別是要突破過去的只知其然的侷限，實現還要知其所以然的程度，研究是絕對不可忽視的。這是我們自身完善的需要，也是太極拳國際化交流、發展的基礎。今天我們不重視，或者不下大力氣開展多種形式、多種程度、層次的研究，將來就會影響甚至嚴重影響太極拳的發展。

研究就要講究方法，講究科學，不是單憑下工夫就行的。比如研究的方向、方法、輕重緩急的順序，課題的設置，研究成果的推廣、轉化等需要有合理的定位。就您自身的體會，您認為應該如何開展太極拳的研究？

阮紀正：

我覺得，無論什麼研究，首先都必須明確研究對象本身的性質和狀況，同時還要符合科研自身的規律和研究者的價值目標。研究者心目中的太極拳到底是個什麼東西

呢？它必須表現出什麼樣的狀態？為什麼需要這種狀態？怎樣才能形成這種狀態？這些東西如果弄不清楚，那是無法展開太極拳研究的。

由於多年的工作，太極拳運動現在在國內外都廣受歡迎。這是很好的社會背景。但在這種背景下，也很容易產生一種潛在的危險，就是大家的心浮在表面上，被現象所迷惑；更有些人會利用這種社會情勢，利用人們對太極拳的熱情，而去圖謀個人的名利，從而造成對太極拳運動的傷害。

余功保：

如果單純從經濟利益的角度出發經營太極拳，必然會損壞它的整體架構。

阮紀正：

現在太極拳自封「大師」的也不少，缺乏依據和說服力。我以為，如果要真正開展太極拳研究，就必須明確太極拳本身的內涵界定和相關的科學研究；這些東西東西都是「無用之大用」，不具有當下的商業價值。在一個商業社會中，完全排除商業考慮顯然不現實的，但如果僅僅只依託市場規律，那就絕對不可能有超越性的真正科研成果。

余功保：

現在一些太極拳的「大師」封得太隨便，不具備權威性。大師不是封來的，它是在歷史的時間檢驗和廣大群眾的長期認同中自然形成的地位和造詣。必須有精深的功夫、理論修養和拳學境界。

阮紀正：

現在滿天飛的「大師」盛名下有多少是名副其實的？

含金量有多少？出於膚淺的自封和出於商業意圖的贈送可能會搞亂了人們的視聽。不過這也要聯繫整個社會環境進行分析，簡單和孤立的倫理歸因和道德追究是解決不了任何問題的。

余功保：

從歷史上看，太極拳的發展中還存在什麼問題？

阮紀正：

發展總是社會性的，是相對於一定操作主體的價值目標而言的；離開社會性的價值目標，只能說是「演化」而不是「發展」。

例如，在太極拳的多種功能中，要明確到底「以什麼為主」；這裏不同的性質定位，則會產生不同的價值目標和發展方向。

其次是由上一問題派生出來的問題，例如太極拳的「技擊」功能和「養生」功能，兩者如何兼顧，這是一種技術在不同活動領域中怎樣展開的問題。在實踐中，有人偏重於養生，忽視對於環境人物的應對；有人熱衷於技擊，而偏於技擊往往傷身。

但在這些現象背後，則超出其技術本質的歷史規定，涉及社會關係學、文化人類學和組織行為學、衝突社會學等方面的東西。由於中國武術人的非身分性和非職業性（這明顯區別於西歐騎士和日本武士），一些不同操作主體的關係糾纏和價值衝突很值得進一步探究。所以，研究中必須分清其中的社會問題和技術問題，釐清這兩個不同性質問題的相互關係，不要簡單地把它們混為一談。

余功保：

太極拳中養生和技擊是高度統一的。在理論上統一，在練法上也統一。這是它的精妙處。

阮紀正：

高度統一的是普泛性的技術原則和操作要求，至於不同操作者的價值目標和活動領域，則同樣有生剋制化的關係狀況。所謂「和而不同、以他平他」，生命不僅要養而且還要護。「人不犯我、我不犯人」，太極拳從來都反對主動的進攻。但如何解決好矛盾衝突是形成「和諧」的關鍵。

余功保：

「和諧」不是沒有矛盾因素，而是讓各種矛盾進行化解、轉化，使整體系統保持動態平衡。

阮紀正：

中國人所說的「養生」，是包含有社會內容的「大養生」；練武本身就是養生的基本手段，而武術本身姓武，缺乏技擊內涵的身體活動也無法稱之為武術。就社會的角度來說，技擊具有強大的身體保護作用，從這方面說，技擊也有利於養生。

太極拳不是思辨哲學，它的每一個理論都需要身體操作來實證。然而這種實證又必須要以環境應對狀況來判斷。一廂情願沒有對手的自我陶醉和自我迷狂，恐怕也不是陰陽相濟的太極拳藝。

余功保：

太極拳的所有傳統理論都應該在實踐中能得到檢驗、驗證，不能驗證的理論就是空泛的，不具有經典意義。所

以，看所有的傳統拳論都應當從社會實踐的角度來解讀。

阮紀正：

當然，「兵者凶器、備而不用」。現在不少人對太極拳的「技擊」和「養生」功能各執一端，把手段和目的對立起來，由此把自己弄得無所適從。

我覺得，不能「唯技擊論」，也不能「唯套路論」。套路規則參照競技體操，這是用「競技運動」取代「綜合實用技術」的發展路向。

作為身體技能的展示和人體極限的追求，競技的核心是個外向的「耗」字，其結果是「努力鍛鍊來把身體搞垮」；而作為防身護體以及生活應對，技擊技術的核心首先卻仍然是個內向的「養」字，其意義在於保護生命不受傷害。

由此看來，技擊應用仍是傳統養生內部的平衡，而走向競技則可能是傳統養生的異化。

余功保：

應該說，競技武術是當代武術的一個重要組成部分，對於武術的宣傳、推廣，技術的發展都發揮了很大的作用。當然，單純強調競技而忽視了傳統武術、武術文化就片面了。

阮紀正：

還有一個通常稱之為「效率」的問題。太極拳就個體而言，叫做「太極十年不出門，形意三年打死人」，就群體而言，則是「學拳者如牛毛，得道者如麟角」，顯然不那麼符合現代社會「多快好省」的要求，這裏技術傳授和技術訓練方式確有值得人們反思的地方。社會在發展，太

極拳的傳授訓練方式確實也應有所改進。

余功保：

您認為當前太極拳研究中，最迫切、值得研究的重要課題有哪些？

阮紀正：

由於還沒有真正和完全進入這個行業，我對時下整體的研究狀況並不熟悉。僅就個人體會，感到一些需要重點研究的大問題有以下幾方面；這裏一些大問題可能需要專門機構和集體協作來完成，單靠愛好者個人力量恐怕是難以支持的。

1. 太極拳的生理——心理機制及人類潛能開發的研究，這是一種基礎性的研究，涉及時下所謂人體科學或曰生命科學的問題。當代科學認知已經外展到宇宙空間，但對自身的認識卻仍然相當膚淺。

2. 太極拳的運勁方式特別是其力學原理的研究，涉及人體力學以及肢體內外各種力的關係問題。肢體衝突的核心表現為不同勁力運行的相互關係，這在一定意義上可以看作是武術技術的「本體」。

3. 太極拳本具的文化內涵包括相應的比較文化研究，主要是文化人類學和組織行為學方面的深入探究。太極拳是中國文化歷史演化的產物。時下人們對此研究大多是倫理歸因和道德追究，用道德說教或宗教體驗取代現實社會關係和活動條件的分析。基本沒有注意到不同的操作主體應用技術所起的不同作用。

注意：技術文化的核心是方法論而不是倫理學，其關鍵在於肢體操作而不是宗教信仰和道德信條。

4. 太極拳技術操作系統的形成及其歷史變遷研究，應注意拳術跟器械的關係流變。例如太極拳的引化拿發技術，我理解就跟中國武術的劍術和槍術密切相關。從發生史上看，中國的武術器械先秦時早就非常成熟了，但拳術卻是等到宋明時期才逐步成熟。套路技術有明顯原始巫術痕跡；但其後來的發展，宮廷百戲、宋元雜劇、勾欄瓦舍、街頭賣藝的影響似乎更深。

5. 太極拳史（前史、形成史和流派分化史、轉型發展史，而不僅侷限於師承源流史）研究，注意「史實」跟「史影」的關係，不要把二者混為一談。口碑傳聞跟正史記載，其實都屬於史影。

6. 太極拳（內部流派、外部拳種、不同項目）的比較研究，注意這不同特點背後的為什麼。中國手工操作的肢體技術，講究整體把握、個性應對，其實是非常個性化的。所以其拳理越來越統一，但風格卻越來越多樣。「同源異流」和「多源會聚」是中國武術發展的基本方式，很多知名拳師往往是師出多門、雜學旁收的。所以我們要在「同中看到異、異中發現同」。

7. 太極拳特有的訓練方式和訓練內容研究，注意其理法功技形成的緣由根據。例如其反常規的「大鬆大柔」和「用意不用力」追求背後，就有大文章可做。這裏要注意一些概念的內涵界定，以及「陰陽相濟」那對立統一的技術要求。由於定義域不同，很多爭論都是自說自話空對空的。

8. 太極拳練功過程以及不同練功階段的比較研究，注意肢體教學與運動訓練的關係。太極拳特別注意「因材施

教」、「循序漸進」和「自我修練」、「自家受用」，強調「行住坐臥不離這個」，明顯區別於「工業標準、批量生產」的教學班模式。

9. 太極拳經典文獻研究，注意收集整理和意義詮釋。近年已經有不少人在做這個工作，取得一定成果，但好像還未見有大的突破。

10. 太極拳的哲學和社會學研究，探究其操作思維方式、社會歷史背景和今後發展可能。近年做這個工作的人也不少，但簡單比附的多，深入分析的少。特別是基本沒有人注意到西歐騎士、日本武士的身分化和職業化，而中國武人卻是非身分化和非職業化狀況在武技上的巨大影響。必須注意社會關係對技術演化的不同作用，但又不能把社會問題跟技術問題混為一談，這裡的另一個問題是意識形態的市場傾向，根據當下市場需要而炮製迎合資本需要的「心靈雞湯」。

太極拳的研究歸根到底，是以技術為基石的。脫離技術的研究是空洞的。所以研究者自身要在太極拳技術上多下些工夫，這一點十分關鍵。

（本篇原為書面採訪，其文經編輯和刪節處理後發表在余功保主編、人民體育出版社 2008 年 9 月出版的《上善若水—中國太極拳名家對話錄（三）》上。其中有些內容與前面正文略有交叉重複，然而其表述較為簡約，可當作那些章節的提要來看。收入本書時有個別的刪節校改和若干補充潤飾。）

修訂版後記

　　本書原是筆者 2004 年退休後受聘為廣州體育學院武術教授時，為學生編撰的教學講義改寫稿，內容為對太極拳經典《王宗岳太極拳譜》的文化學探究，分別用神（理論依據）、形（技術結構）、體（訓練原則）、用（技擊應對）四個方面概括、整合和闡釋，發揮《王宋岳太極拳譜》的道家武術文化「理、法、功、技」之理論體系；藉以體現太極拳以戈止武、至武為文，習藝修德、以身載道，盡心知性、窮神知化，奪取造化、盡性立命的武道理念。這是從太極拳的技術規定回過頭來印證和理解道家文化，即「以技體道」。其中具有多重文化意蘊，需要人們進一步深入思考和多角度的分析研究。

　　本書表達的一得之見，只是提出問題的拋磚引玉，絕不是讓人只能接受的金口玉言。附錄是本書作者就太極拳文化回應記者採訪的對話錄，可作全書思路一個通俗和簡要的提示。所謂「人身小宇宙、宇宙大人身」，在中國文化的生態擬人宇宙觀中，「修身、齊家、治國、平天下」是完全相通的：由此「不為良相便為良醫」。不過本書的任務在於材料分析而不是結論宣示，主要強調其帶普遍性的方法論之啟示。與同類著作比較，本書相對突出太極拳在古今中外文化交匯裡全方位的宏觀文化審視和義理發揮。

　　全書中西錯雜、學術並重，以學為主，不離操作；力求其學可成一家之言，並注意術的可操作性。編撰時有話則長、無話則短，不強求形式上的對稱。本書原是多年前舊作修訂，原先框架不便大動，引用材料和得出結論恐怕也相對

陳舊並有些過時（本版已經做了力所能及的多處刪改和補充），然而其文化積累和啟發思維之功自當存焉。作為愛好者和探索者的一家之言，僅是作者個人體會的一孔之見，知識、眼界和環境、條件的限制實在是無法避免。

筆者希望能夠努力以平實、平易、平淡、平和、平等討論的態度並透過相關材料爬梳整理和相應的理論分析，跟人們一起去作出自己的思考和判斷，並以此作為接受同道批評和跟同好對話的平台；因而難以認同市場上那些裝腔作勢、故弄玄虛、嘩眾取寵、強加於人的商業炒作和道德說教。讀者對象預設為中等文化以上的太極拳愛好者、中國文化愛好者和武術專業研究者。

本書稿曾加上五篇武術論文，2009 年10月編入《拳以合道》一書，由上海人民出版社正式出版；看來這些話題頗受武術界同人和太極拳愛好者的歡迎；由此不但原版被高價炒作，而且還出現了多種複印盜版本。現跟上海人民出版社的 5 年合同期已過，而該社又沒有重印或重版此書的計畫。為滿足有關讀者的需要，作者決定把這篇講義跟相關論文分開，經進一步補充和修改後，分別編為《太極拳譜釋義》和《太極拳道新探》兩本書，交臺灣大展出版社出版修訂本。

作為一個自學出身的業餘愛好者，筆者自知個人淺陋不才、觀念滯後，實在難以跟上時髦，希望借此得到海內外各位前輩老師和先進同道不吝賜教指正。

不勝惶恐、先行謝過！

後學小子：阮紀正

國家圖書館出版品預行編目資料

太極拳譜釋義—太極拳理的文化學分析／阮紀正著.
— 初版 — 臺北市，大展，2020 [民 109.11]
面；21公分—（武學釋典：45）
ISBN　978-986-346-315-3（平裝）
1.太極拳
528.972　　　　　　　　　　　　　　　109013533

太極拳譜釋義——太極拳理的文化學分析

著　　者／阮紀正
責任編輯／艾力克
發 行 人／蔡森明
出 版 者／大展出版社有限公司
社　　址／臺北市北投區（石牌）致遠一路 2 段 12 巷 1 號
電　　話／（02）28236031，28236033，28233123
傳　　真／（02）28272069
郵政劃撥／01669551
網　　址／www.dah-jaan.com.tw
E - m a i l ／ service@dah-jaan.com.tw
登 記 證／局版臺業字第 2171 號
承 印 者／傳興印刷有限公司
裝　　訂／佳昇興業有限公司
排 版 者／菩薩蠻數位文化有限公司
初版 1 刷／2020 年（民 109）11 月

定價／480元

大展好書　好書大展
品嘗好書　冠群可期